石城是我家
我是实诚人

政协江西省石城县委员会◎编

中国文史出版社

**图书在版编目（CIP）数据**

石城是我家　我是实诚人 / 政协江西省石城县委员会编. —北京：中国文史出版社，2024.12. —ISBN 978-7-5205-4980-6

Ⅰ. K925.64

中国国家版本馆 CIP 数据核字第 2024PC5560 号

责任编辑：王文运　　　　　　装帧设计：程　跃　王　琳

---

**出版发行：中国文史出版社**

社　　址：北京市海淀区西八里庄路 69 号　　邮编：100142
电　　话：010 - 81136606　81136602　81136603（发行部）
传　　真：010 - 81136655
印　　装：北京联兴盛业印刷股份有限公司
经　　销：全国新华书店
开　　本：787mm×1092mm　1/16
印　　张：18.75
字　　数：257 千字
版　　次：2025 年 1 月北京第 1 版
印　　次：2025 年 1 月第 1 次印刷
定　　价：118.00 元

---

# 《石城是我家　我是实诚人》编委会

顾　　问：张小川　刘诗河

主　　编：赖松林

副 主 编：董外院

编　　委：赖松林　董外院　严有华　黄泳川　刘　敏

　　　　　刘善泳　周东洪　黄运洋

撰　　稿（按姓氏笔画排序）：

　　　　　刘　敏　巫志强　李方圆　黄运洋　黄泳川

　　　　　曾松根　谢莲秀　赖礼三　廖令鹏

图片提供：黄　洋　刘　敏　刘小健　邹　琴　等

# 序

　　近年来，县政协以高度的文化自信和文化自觉，凝聚力量，主动作为，文史工作卓有成效、成果丰硕，为我县文化传承与发展作出了特殊贡献。得知专题文史资料《石城是我家　我是实诚人》编辑完成即将付梓，极有意义，可喜可贺！

　　2018 年 8 月，习近平总书记在全国宣传思想工作会议上指出："要弘扬新风正气，推进移风易俗，培育文明乡风、良好家风、淳朴民风，焕发乡村文明新气象。"这一重要论述，在全国迅速掀起学习热潮，也让我们更加充分感受到在岁月积淀中这一论述的真理伟力。不知不觉，我在石城已经工作了六年。这些年，我走过了许多街头巷尾、偏远村落，也对石城人的"实诚"有了粗浅的了解。

　　**石城的实诚，存在家国中。**石城是"客家摇篮"，是中华客家文化发祥地，石城人忠诚担当的品质代代相传。石城还是中央苏区全红县、中央红军长征重要出发地。苏区时期，全县总人口 13 万余人就有 19327 人参加红军，走完长征到达陕北时仅剩 73 人，有姓名可查的革命烈士达 4225 人。

**石城的实诚，印在山水间。**石城是赣江源头县，这里的人民像保护自己的眼睛一样保护着生态环境。境内空气清新、河水清澈、环境清幽，她以通天寨、八卦脑、九叠泉、琴江河等样貌脱俗而真实地展现，"清水出芙蓉，天然去雕饰"，见证着人与自然的双向奔赴。

**石城的实诚，刻在骨子里。**这里的人们勤劳质朴、热情好客、善良温润，"万山叠嶂中，耕桑畜牧、无奇邪偷惰之风""力耕无饥、开卷有益""忠勇、孝悌、和睦、清廉"等警句训言镌刻在县志、典籍、族谱、碑文中，深厚的文化土壤孕育了"请客不收礼、节俭办宴席"文明新风，成为全省乃至全国唯一。

人间烟火气，最是抚人心。实诚这一独特品质，惊艳了时光，温柔了岁月，使石城每个角落、每个普通的日子都充满温情、充满感动，让人心动、让人神往。"实诚"已然成为石城这个千年古邑的精神标识和气质名片，已然成为县外人对石城人的普遍赞誉，已然成为石城人引以为荣的自我期许，须发扬光大。因此，县委倡导唱响"石城是我家，我是实诚人"好声音，就是要有"一家人"的归属感和"公事当成家事办"的责任感。历届县委、县政府传承发展"实诚"基因，引导实诚淳朴的民风，培育风清气正的政风，弘扬苏区干部好作风，不骛虚声、不慕虚荣、不做虚功，实诚谋事、实诚干事、实诚成事，不折腾、不懈怠、不变频，一张蓝图绘到底，一任接着一任干，踔厉奋发、勇毅前行，创造了新时代第一等的工作。石城先后荣获"国家全域旅游示范区""中国温泉之城""国家卫生县城""国家生态文明建设示范区""国家'绿水青山就是金山银山'实践创新基地"等称号，并连续多年获评省、市高质量发展综合考评先进县。"石城是我家，我是实诚人"赢得全县人民的广泛认同和赞誉，文化自信心、家乡自豪感明显增强。

回看走过的路，我充分体会到，这些年的发展，是中央、省、市坚强领导的结果，是全县上下共同努力的结果，更是习近平总书记考察江西重要讲话精神在县域生动实践的结果！我也更加深切感受到，这样淳朴、实诚的百姓是多么值得我们为之全情全力付出！干在石城，何其有幸；为人实诚，何其光荣！

今天，我们欣逢盛世，比历史上任何时期都更接近中华民族伟大复兴的目标，石城也是盛世图景中的一个点位。然而，往往成绩越是辉煌、目标越是接近，任务越是艰巨、攀登越是艰难，就越是需要保持赤诚为民的初心、坚守慎终如始的使命，越是需要倡导实事求是的态度、涵养知行合一的品格、弘扬苦干实干的作风，实实在在、诚心诚意把石城的事情干好。王阳明言："惟天下之至诚，然后能立天下之大本。"我相信，只要我们至诚于本心，至诚于人民，至诚于这份共同的事业，走在前，勇争先，善作为，就一定能够从胜利走向胜利，在推进中国式现代化新征程中谱写更加壮美的华章。

寥寥数语，难表深情。是为序。

中共石城县委书记　张小川

2024 年 12 月 18 日

# 目录

# 石城是我家

上篇

第一章

# 源远流长　概说石城

石城是千里赣江发源地、客家民系发祥地、中央红军长征重要出发地。琴江两岸，阡陌纵横，这里是国家生态文明建设示范区，国家重点生态功能区，享有"中国白莲之乡""中国烟叶之乡""中国民间文化艺术之乡""中国灯彩艺术之乡""中国温泉之城""全国卫生县城"和"国家全域旅游示范区"等美誉。

祖根中原地，摇篮客石城。石城是客家先民迁徙的重要中转站、中华客家文化的重要发源地。这里客家建筑众多，客家风情浓郁，客家民俗文化、饮食文化依然保存中原古韵；客家名人辈出，客家风物别致，十大名砚之一的石城龙砚、"百年老字号"王润生毛笔远销海内外，以"明如玉、质如扣"闻名于世的横江重纸曾是清朝贡品，"石城灯彩"已成为石城一道亮丽独特的文化风景。

近年来，石城县深入学习贯彻习近平新时代中国特色社会主义思想，认真落实省委、市委决策部署，深入学习贯彻党的二十大和习近平总书记考察江西赣州重要讲话精神，聚焦"走在前、勇争先、善作为"目标要求，围绕省委打造"三大高地"、实施"五大战略"，市委"三大战略、八大行动"，高质量打造"两地三区"（全国知名温泉康养旅游目的地、品牌运动鞋服智造基地，生态文明先行示范区、乡村振兴示范区、红色基因传承示范区），全县经济社会发展取得明显成效，连续多年获评省、市高质量发展考核先进县。2020 年还荣获"全国脱贫攻坚组织创新奖"。"实诚精神"广泛传扬，"请客不收礼"文明新风吹遍大地，"精致县城、秀美乡村、特色景区、集群产业"建设效果明显，"石泉食美石城"成为省内外知名的宜居宜业宜游典范县。

## 第一节　自然地理

　　石城县位于江西省东南部、赣州市东北部，武夷山脉中段西侧，因境内"环山多石、耸峙如城"而得名。石城东邻福建省宁化县，南抵福建省长汀县及本省瑞金市，西毗宁都县，北靠广昌县，为江西赣州、抚州和福建三明、龙岩四地市交汇处。全县位于北纬 25° 57′ 47″～26° 36′ 13″，东经

石城第一高峰——鸡公崠

116°05′46″～116°38′03″之间，南北同经长 71.8 千米，东西纬宽 53.7 千米。全县总面积 1567.4 平方千米。

石城地处亚热带季风湿润区，四季分明，日照充足，雨量充沛，无霜期长。年均日照时数 1796.7 小时，无霜期 289 天。年降水量 1400～1900 毫米，4～6 月为集中降水期，占全年总降水量的一半左右。年平均温

"闽粤通衢"门楼

度在 15.5℃～19.1℃之间，最热为 7 月份，平均 24.6℃～30.4℃；最冷为 1 月份，平均 4.6℃～7.6℃；有记录的最高气温为 38.4℃，最低气温为 −7.8℃。

县内多山，东北部群山林立，西南部丘陵连绵，中部地势相对平坦，时见岗峦起伏，山地、丘陵约占全县总面积的 89%。海拔 1000 米以上的山峰有牙梳山、金华山、八卦脑、牛牯嵊等 10 余座。八卦脑上有万亩杜鹃，风景绝佳。石城丹霞地貌资源丰富，县域范围内集中分布达 23 处之多。全县最高山峰为海拔 1389.9 米的鸡公嵊，最低点为大由乡的龙下渡，海拔为 173 米，形成自东北至西南倾斜的地势。

赣源嵊是江西的母亲河赣江发源地，每年向赣江输入国家 I 类标准优质水 1000 万立方米，为石城赢得了"江西水塔"的美誉。抚河源头、韩江（汀江）源头亦与县境接壤。水运时代，石城为赣东南前往闽西、粤东之枢纽，"闽粤通衢"以此得名；今有济广高速、泉南高速、206 国道、356 国道和兴泉铁路在境内纵横交错，通用机场正在建设中。

石城水系发达，河网密布，有"一江六河"之称，飞瀑流泉处处可见。

主河道琴江自北而南贯穿县境，支流遍布全县。河流所过之处，形成一串串葫芦状河谷盆地，其间多为农田，农田约占全县总面积的 10%。江河塘库形成的水域，占全县总面积的 3%。其他如道路、城镇、村落、厂矿等，占全县总面积的 10% 左右。人谓"八山半水一分田，半分道路和庄园"，是个典型的东南丘陵低山地区。

境内地下水属浅层地下水，具有埋深小、补给条件好、更新快、易开采等特点。据赣州市水环境监测中心历年抽样监测结果，石城境内多年平均浅层地下水资源量达 28.4 亿立方米，水质级别为二级、三级，矿化度为 0.19 克 / 平方米，水质较好，符合国家生活饮用水标准，饮用水水质达标率为 98%，属良好地下水。

石城矿藏丰富，处于全国 19 个重要成矿区带之一的武夷山成矿带中南段西侧，成矿条件良好，目前已发现钽、铌、钨、锡、钼、铜、铅、锌、锂、锆、铷、稀土、煤、铁、磷、萤石、高岭土、长石、硅石、花岗岩、砚石、火山岩、地热、矿泉水、云母、电气石等 26 种矿产。在赣州市范围内属于优势或特色矿产的有地热、萤石、硅石、钽铌、砚石。石城是"中国温泉之城"，已探明 7 处温泉点。全县硅石远景储量可达 1.65 亿吨，萤石矿物量 598.8 万吨。钽铌是石城县的优势矿产，全县钽、铌已查明储量 2286 吨，分别占赣州市资源储量的 53%、71%。砚石是石城县在赣州市范围内的独有矿产，又称石城砚石，矿区位于石城县龙岗乡新龙村。石城砚开创于北宋，以石中有花纹图案而闻名，失传于清末。1991 年以来，本地艺术家重新发掘石城

石城被中国矿业联合会授予"中国温泉之城"称号

砚石，石城砚得以传承并发扬光大。

万绿赣江源，百里荷花香。石城是集追根寻源、养生休闲、科学考察、自然探险为一体的旅游胜地。国家地质公园和4A级景区通天寨有国内最典型的龟裂凸包丹霞地貌，4A级景区八卦脑有大面积的杜鹃花海，3A级景区赣江源有亚洲落差最大的漂流，而作为江西首家"中国温泉之城"，更是省内外游客的重要目的地。秀美乡村建设注入客家文化、生态文化内涵，休闲农业与乡村旅游相得益彰。

## 第二节　沿革区划

早在新石器时代，石城境内就有人类活动。《尚书·禹贡》记载，古代中国设冀、兖、青、徐、扬、荆、豫、梁、雍等九州，石城为扬州境地。西周武王时，石城为吴王封地。东周元王三年（前473），越王勾践灭吴，石城改属越地。东周显王三十六年（前333），楚灭越，石城属楚地。秦始皇二十六年（前221），分天下为三十六郡，石城属九江郡地。西汉高祖元年（前206），楚项羽立英布为九江王，石城属楚地。西汉高祖四年（前203），改九江郡为淮南国。西汉高祖六年（前201），分淮南置豫章郡，设雩都县，石城属豫章郡雩都县地。西汉高祖十一年（前196），封兄子濞为吴王，割豫章郡于吴，石城属吴地。西汉景帝三年（前154），濞反被诛，改豫章为郡，石城随雩都复属豫章郡地。

东汉献帝初平二年（191），析豫章郡设庐陵郡，石城随雩都属庐陵郡地。汉代，石城设场，属雩都县地。三国吴嘉禾五年（236），析庐陵地置南部都尉，又析雩都东北地置阳都县。又析阳都之陂阳为陂阳县，随后改为揭阳县，石城属庐陵南部都尉揭阳县地。西晋太康三年（282），改南部都尉为南康郡，石城随揭阳属南康郡地。西晋太康五年（284），以揭阳县移治故陂阳县，石城随揭阳属陂阳县地。西晋元康元年（291），置江州都尉府，南康郡隶之，石城随陂阳属江州、南康郡地。南朝宋永初元年（420），改南康郡为南康国，石城随陂阳属南康国地。南朝齐永明元年（483），南康国复为南康郡，石城随陂阳属南康郡地。隋开皇九年（589），改南康郡为虔州，隶洪州总管府，陂阳县转入虔化县，石城随陂阳县转入，随虔化县属洪州总管府、虔州地。隋大业元年（605），虔州复为南康郡，石城随虔化属南康郡地。唐武德五年（622），南康郡复称虔州，石城随虔化属虔州地。唐贞观元年（627），分天下为十道，虔州隶江南道，石城随虔化属江南道、虔州地。唐开元二十一年（733），分江南东西道，虔州属江南西道，石城随虔化属江南西道、虔州地。后梁开平四年（910），于虔、韶二州置百胜军，石城随虔化属百胜军地。南唐升元元年（937），改百胜军为昭信军，石城随虔化属昭信军地。

南唐保大十一年（953），升石城场为石城县，隶昭信军。北宋开宝八年（975），改昭信军为军州，石城县隶之。北宋太平兴国元年（976），分江南为东、西路，复改军州为虔州，虔州隶江南西路，石城县隶江南西路、虔州。南宋绍兴二十三年（1153），改虔州为赣州，石城县隶之。元至元十三年（1276），置江西行中书省，石城县随赣州隶之。元元贞二年（1296），改赣州为赣州路，石城县隶之。明洪武元年（1368），改赣州路为赣州府，石城县隶之。明洪武九年（1376），分全国为13个布政使司，江西行中书省改称江西布政使司，石城县随赣州府隶之。清乾隆十九年（1754），改宁都县为宁都直隶州，石城县隶之。

民国元年（1912），中华民国成立，废府、州、厅。次年，地方政权设省、县两级，石城县属江西省政府管辖。民国三年（1914），全国行政区划设省、道、县三级，石城县隶赣南道。民国十五年（1926），废道，石城县隶江西省政府。民国二十四年（1935），江西省政府将全省划分为8个行政区，石城县隶第八行政区。

苏区时期（1930—1934），1930 年 6 月 27 日，红军第一次解放石城，石城隶江西省苏维埃政府。1932 年 9 月，石城隶福建省苏维埃政府。1933 年 1 月，复归属江西省苏维埃政府。同年 7 月，石城管辖的驿前、木兰、高田 3 个区及所辖 21 个乡划归赤水县管辖；高田区岩岭乡改为区，划归彭湃县管辖。同年 8 月，析石城横江、大由、龙岗、珠江、洋地与瑞金日东、湖陂和福建宁化淮阳，成立太雷县，县苏维埃政府驻横江，为中央直辖县。1934 年 10 月，石城、太雷两县合并，称石太县。

1949 年 9 月，中国人民解放军解放石城，石城县隶宁都分区。1951 年 6 月，宁都分区改称宁都专区，石城隶之。1952 年 8 月，撤销宁都专区，并入赣州专区，石城县隶属赣州专区。1954 年 6 月，改赣州专区为赣南行政区，石城县隶之。1964 年 5 月，改赣南行政区为赣州专区，石城县隶之。1971 年 2 月，改赣州专区为赣州地区，石城县隶之。1999 年 7 月，改赣州地区为赣州市，石城县隶之。

历史上，石城县内行政区划屡经变易。建县至清，多为乡、里、图、坊之设。自宋至清末，石城县分长松、陂阳 2 乡，乡之下先后分二十四里、十里、八里半、九里。苏区时设区、乡，民国时又设区、保联、乡、保等，变动频繁。

解放初石城县分 7 个区 43 个乡，至 1955 年改划为 8 个区 110 个乡。1958 年成立人民公社时，设 1 个镇 14 个公社与 1 个垦殖场，至 1972 年定为 1 个镇 14 个公社。1984 年恢复乡（镇）、村（居委会）建制，石城县设 1 个镇 14 乡，下辖 138 个村、2 个居委会、1879 个村民小组。2001 年，乡镇合并后为 5 个镇 5 个乡：琴江镇、小松镇、屏山镇、横江镇、高田镇，木兰乡、丰山乡、大由乡、龙岗乡、珠坑乡。

2018 年，从横江镇析出 11 个村，设立赣江源镇，至此，石城县辖高田镇、丰山乡、木兰乡、小松镇、琴江镇、屏山镇、大由乡、龙岗乡、赣江源镇、横江镇、珠坑乡等 6 个镇 5 个乡和 1 个城市社区管委会，下辖 131 个行政村、25 个居委会、1881 个村小组。

石城人口变动较大。南宋淳熙年间统计，石城有 9 万人左右，为历史上第一个人口高峰。中国古代时期，石城人口最多的是清同治八年（1869），达 228095 人。截至 2022 年底，全县户籍人口 33.3 万人，常住人口 28.8 万人，基本为汉族，少数民族中畲族人口相对较多。全县共有 287 个姓，其中人数较多的姓为陈、温、黄、刘、赖、张、李、邓、廖、吴等。

## 第三节　石城名片

中国民间文化艺术之乡

中国灯彩艺术之乡

中国白莲之乡

中国烟叶之乡

中国矿山机械城

中国温泉之城

国家全域旅游示范区

中央红军长征重要出发地

赣江源头

客家民系发祥地

苏区全红县

国家卫生城市

全国休闲农业与乡村旅游示范县

全国首届生态宜居城市（县城）

全国电子商务进农村综合示范县

全国健康促进试点县

中华文化旅游名县

中国最佳文化生态旅游目的地

中国大学生最喜欢的旅游目的地

中国最佳休闲度假旅游县

中国最佳温泉度假旅游城市

赣江源国家湿地公园试点县

江西省旅游强县

江西省生态文明先行示范县

石城县行政中心大楼

# 第二章

# 赣江源头　生态石城

石城是千里赣江源头，素有"江西水塔"之称，生态是石城的根、石城的魂。

近年来，石城县深入贯彻习近平生态文明思想，全面践行"绿水青山就是金山银山"理念，尊重自然、顺应自然、保护自然，加快传统产业改造升级，重点推动特色产业延伸产业链，坚持构建低碳循环的绿色工业体系。严守生态底线，加快绿色发展，在打造"美丽中国"江西样板中争当排头兵，石城被列为国家重点生态功能区、国家生态综合补偿试点县，获评国家生态文明建设示范区、国家卫生县城、国家全域旅游示范区。

石城县坚持实施生态优先发展战略，统筹推动生态"含绿量"、经济"含金量"、制度"含新量"三位一体发展，走出了一条生态优良、生产发展、生活富裕的绿色发展之路。坚持综合治理、系统治理、源头治理，通过全境护山、全域理水、全面治污，构建一体化生态屏障，呈现赣江源头"绿水青山"的本色。以建设全省生态产品价值实现机制示范基地为契机，探索"生态+"，推动产业生态化和生态产业化，获批全国绿色食品原料标准化生产基地。聚焦"生态＋旅游"，打造全域旅游发展的石城模式。

## 第一节　生态保护

石城是赣江源头，生态环境清新怡人。县域空气质量优良率保持在 99%以上，城镇饮用水源水质稳定达标，县域出境断面水质优良率达 100%。河（湖）长制深入推进，获评全省河长制工作先进县，县河长办获评全国推行河长制先进单位。

全县纳入赣江自然保护区范围，划入生态保护红线一级管控区面积 64.3平方千米，实行最严格的管控措施。深入实施林长制，打好松材线虫病阻截战，连续 5 年获评全省春季森林防火先进县，森林覆盖率稳定在 75.9% 以上。连续多年实施商业林木"零砍伐"制度，全面关闭柴炭市场，关停竹木采伐企业及造纸厂。推进赣江源生态保护、生态修复工程、水生态工程、湿地生态工程、林业生态工程，严格生态保护执法、环境保护执法和水、森林、矿产等资源保护执法，推动白莲、脐橙、油茶等优势绿色农业发展，促进光伏风力发电、轻纺鞋服、绿色食品加工、新型矿山机械等低碳工业集群发展，绿色经济迈上新台阶。

新村荷花园

石城持续打好污染防治攻坚战，入选全国重点生态功能区、国家生态综合补偿试点县，获评江西省生态文明示范县、"绿水青山就是金山银山"省级实践创新基地，麒麟山庄获评国家水土保持科普示范园，城区人均绿地面积超国家标准，连续6年获评全省春季森林防火平安县。积极培养绿色公民，从日常生活细节入手，培养良好的生活消费习惯，推进"减碳"行动，让生态理念更加深入人心；吸引更多青少年成为生态志愿者，定期组织培训及活动，推动"低碳消费、绿色出行"；全力发展休闲度假旅游，鼓励发展旅游综合体和培育发展其他旅游新业态，优化旅游产品结构。

## 第二节　名山览胜

石城是武夷山脉内部的山间盆地。介于江西的广丰、上饶、铅山、贵溪、资溪、黎川、南丰、广昌、石城、瑞金、会昌、寻乌与福建的浦城、崇安、光泽、邵武、建宁、宁化、长汀、上杭等县市之间的武夷山脉，南北纵贯，长达550千米，其气势可谓"北引皖浙，东镇八闽，南附五岭之背，西控赣域半壁"。据旧县志记载，位于县域北端的牙梳山为"两江闽浙之祖山"。

石城县以"石"命名，历代史书所记大同小异。明嘉靖《江西全境图说》称"石城东接闽汀……环县皆石，蟗蟗如城，故以名焉，有龙岩瀑布、石笋参天之奇"。《天下郡国利病书》引郭子章《郡邑表记》则云"石城环县皆山，蟗蟗中城"，有龙岩瀑布、石笏参天之奇。其后的县志所载，也基本如此。清乾隆四十六年《石城县志》所载更为详细："邑四面皆山，琴、瀍之水绕左，西华之山嶂右。古樟口大潭为津锁，贵人峰为华表。川淳岳峙，昔人有'四山如城，龙渊虎垒'之说，信哉。"

石城山岭众多，命名方式各异，如"山（仙）、峰、嶂、脑、岭、石、岽、岩、嵊、寨、坳"等，一般来说，不同称呼也意味着不同的山岭特征。

此外，也有以方位、形胜、传说等其他方式命名者。历代纂修的县志中都有对石城名山的介绍，但有不少山名、地名已经改变，如"乌石嶂"改名为"西华山"，也有不少昔日山名已不可考。今综合古今县志、乡镇志等资料，将县内部分名山简介如下。

## 一、南部赣源群山

**赣源岽**　位于城南 50 千米，赣江源镇赣江源村境内，为江西省水利厅赣江源头科学考察组经实地考察确定的赣江发源地，海拔 1151.8 米，位于石城、瑞金、长汀交界处。2002 年 10 月，江西省水利厅于山顶立有时任考察组组长程宗锦题写的"赣江发源地"标志碑及"赣源崃"石碑。

**鸡公岽**　位于城南 50 千米，赣江源镇桃花村境内，主峰海拔 1389.9 米，为石城县第一高峰，古代亦称古楼岽。旧志称"山势由广东历汀州来，作两江闽浙省会龙脉"。该山为石城、宁化界山，天高气爽之际，立于山上，可望两省三县。今石城范围内山林环境保护完好，部分路段有石阶路，县界有嘉庆年间所建江福亭，宁化侧修建有风力发电厂，有大路可直通山顶。

**棋盘石**　位于城南 40 千米，横江镇张坑村境内，主峰海拔 1261.4 米，为赣闽界山。山顶平整，上有奇石，线路纵横如玉石棋盘，相传古时曾有神仙在此下棋而名。其宁化侧修建有风力发电厂，有大路可直通山顶。

**将军叉**　旧志称为"赖家山"，位于城南 40 千米，横江镇珠玑村境内，主峰海拔 960 米，因"跨瑞金、汀州界，上有三峰峙立"，地形如将军叉状兵器而取名"将军叉"，或说为纪念南宋赵彦谭将军在此开银矿而得名。山峰之间，有青安亭，俗称"将军茶亭"。古时亭东侧曾有寺庙，今不存。

## 二、中部丹霞奇观

石城丹霞地貌资源丰富，在县域范围内集中分布有通天寨、石马寨、李腊石、红石寨、陈坊寨、西华岩、上五龙岩、下五龙岩等 23 处，是全国少见的拥有如此丰富丹霞地貌的县份。典型代表为国家地质公园、国家 4A 级景区——通天寨。该景区丹霞地貌奇特，具有超大规模的岩面龟裂地貌，具有增补入选"中国丹霞"世界自然遗产名录的潜质。通天寨典型丹霞地貌的看点，尤以通天"三绝"最负盛名：一是一阴一阳的"生命之门""生命之根"丹霞地貌奇观，二是天然形成的千佛丹霞，三是比较少见的岩面龟裂地貌。

**通天寨**　又名通天岩，位于城东南 5 千米，琴江镇大畲村与前江村之间，海拔 600 米。自古即为县内著名景点，也为百姓乱世之中避难之地。丹霞景观非常典型，有石笋干霄、仙人犁田（龙鳞背）、通天岩、试剑石、石钟、石鼓、净土岩（王籍岩）等美景，多有寺庙，有历代文人吟诗作文。今为县级文物保护单位、国家级地质公园和 4A 级景区。

**石马寨**　又称天马石，位于城东南 5 千米，琴江镇江背村境内，海拔 280 米。旧志载其地"小马争前，大马次之，首尾鞍勒，其石一一酷肖。

石马寨

《卜应天地经》云：天马出自南方，公侯立至。邑人陈恕封晋国公，陈敏封南康郡侯，人言是其验也"。清康熙年间，吴万乾据此聚集田兵，后败走。今存有晚清翰林黄大埙读书处屋基及南寨门等遗迹。其山虽不高，但每逢夏日雨后，云卷云舒，堪称邑内最佳云雾观景台。

**李腊石**　古名"迎恩石"，位于城北兴隆村境内，主峰海拔 398.9 米。岩峭壁陡，山麓有洞，名"石涧"。据载因岩间有石如鲤，在天雨瀑飞时，石鲤恍迎流欲上做奋鬣状，故疑原名当为"鲤鬣石"。又说因李姓邑令曾射猎此山，故称李猎石，今又多称李腊石。山顶原有三仙祠，今废，重建有寺庙。李腊石曾作为红军长征前夕实施石城阻击战的第三道防线之重要节点，今山腰建有石城阻击战纪念碑，并建有石城县烈士陵园，山脚建有石城阻击战纪念园及革命烈士纪念馆。

**西华山**　古名乌石嶂，后因位于城西得名西华山，位于城西 2.5 千米，琴江镇西外村境内，主峰海拔 573 米。山巅原有三仙殿。道光四年《石城县志》载其"古松夹道，壁立千仞，为邑辅龙。顶有仙坛，旁有寺，颜曰'天中天'。登眺时佳气盈城，众山若螺，大江之流净如匹练，每遇云起，由麓及巅，笼罩万象。为八景之一，曰'乌嶂松云'"，古今吟咏甚多。20 世纪 80 年代，在山顶建有电视差转台，今其侧有西竺寺。山腰有白云岩、西华岩，亦有寺庙，苏区时曾作为县苏维埃政府银行办公地。其下有五龙岩瀑布及宋元石刻，石刻为省级文物保护单位。

**洋潭寨**　位于城南 20 千米，屏山镇山下村境内，海拔 372.5 米。洋潭寨又名洋滩寨、永安寨，珠坑河从寨下蜿蜒流过，寨后峭壁之上有小道通拜经岩，古县志载其"岩径幽僻，岩外三大石，载立溪中，其一独尖，抽高数十丈，路以古藤"。岩中有天德古寺，今废弃。洋潭寨周边有大量丹霞地貌群山，如峨眉寨、旗鼓岭、纱帽石等，其间有大量相对海拔达数十米的丹霞崖壁。

**滴水岩**　位于城南 25 千米，屏山镇、大由乡、龙岗乡交界处，包括堰塘岩、滴水岩、大岩里、姜家寨等相距不远的数处丹霞地貌山岭，具体各地分属不同乡镇，疑即古人所谓"中华山"。滴水岩庵建于清中叶，今已废弃。大岩里净修寺疑即原层峰岩寺，有新建寺庙。另有姜家寨庵，今尚存建筑。其下堰塘岩，面琴江，丹霞岩洞之中多有夯土墙遗迹，为民国之前当地群众御匪所筑，今亦废弃，本书"其他古建"之"古山寨"部分有记。今欲开放为旅游景点，修建有简易栈道，时有游客至此。

**红石寨**　又名鸿石寨、洪石寨，位于城南 21 千米处，坐落在屏山镇红石背、松山背之间，海拔 388.3 米，上有云海寺。该山平地拔起，素为县南名胜，曾建有多处学馆书楼，亦为战时堡垒。自古至今，登者络绎不绝，留有大量诗文。

红石寨

### 三、北部烽烟战场

**池家坳**　位于城北 50 千米处，木兰乡东坑村境内，主峰海拔 665 米，为石城、广昌交界山。相传古代一仙人路过此地，无水解渴，遂于山腰处挖一小坑，泉水涌出，清甜可口，因此池家坳又名仙人井。该山坡陡顶平，上有古山寨，相传太平天国幼天王败逃石城时，曾在此地与清军最后一战，其后溃散不复成军。至今该地尚有太平天国藏宝地等传说。

**八卦脑**　位于城北 40 千米处，高田镇新坪村境内，主峰海拔 1234 米，据传因山形如八卦而得名。该山上有大片杜鹃林及高山草场，且盛产各种药材，"八卦脑八面都是宝，盛产黄连和甘草"，山腰有高峰水库（印心湖），下有九叠泉，传说众多，今为著名旅游景区。该山及周边山峰建有风力发电设施，有公路直通山顶。

**牛牯嶂**　位于城北 45 千米处，高田镇胜江村境内，主峰海拔 1248 米，一说以山形似牯牛而得名，一说因山陡需牯牛一样力气大才能翻越而得名。山峰较低处，有拱形古茶亭。

**牙梳山**　位于城东北 50 千米处，高田镇胜江村境内，主峰海拔 1387.3 米，为县内第二高峰，亦为赣闽界山，因山形排列有序似木梳状而得名。元延祐初，牙梳山一带蔡五九占山为营抵抗元军，周边不少地名与之有关，至今山上尚存石将军、石牛栏、石马槽、石缸、石床、石凳、石杵臼等。旧县志载牙梳山为两江闽浙之祖山，山上天池为琴江源头。

**南岭广**　位于城东北 25 千米，丰山乡福村村境内，主峰海拔约 1100 米，清乾隆四十六年《石城县志》载其"山势连峰陡耸，状若芙蓉，又呼为'芙蓉嶂'。福村刘氏世居其下。巅右为闽浙通衢，古松千余株；盘石磴而入，行者忘倦"。毛泽东转战赣南闽西时多次从此经过，据说曾在此写下名篇《如梦令·元旦》。

**仙桃岩**　古名"楼盖山"，位于城西北 15 千米，小松镇与琴江镇交界处，两山紧邻如一山，如今多理解为两座山，主峰海拔 859.7 米。楼盖山为

仙桃岩

《广舆记》所载宋杨文逸真人炼丹处，故名之。旧传陈邦光家其下，故又名丈夫嶂。又传宋进士许褒，下第读书于此，故亦名"读书岩"。丈夫嶂顶古时或有奇石胜景，后砌石为寨，故景致不存。顶有岩，曰"仙桃岩"。仙桃岩一侧山巅有五石，高丈余，俗呼"五雷出洞"，下有佛日寺。石大小不一，类桃者颇多。古传登顶可见南丰军峰山，故又名"望军山"。夕阳返照，山石有光，遂成"楼盖丹砂"，为石邑八景之一，古来名人吟咏甚多。红军长征迁徙，此地为红三军团"石城阻击战"战场，成功延缓了敌军的进攻。

### 四、绿野仙踪

**仙姑岭** 位于县城东 2 千米，原名琉璃山、刘离山，主峰海拔 494 米。旧志载："琉璃山，城东五华里，旧传秦末刘华家其上，有女瑶英啖异果仙去，故曰刘离。"山顶曾有"小东华"之说，山麓有餐霞寺。其岭列嶂如屏，正东两峰相对，中成一坳，中秋黄昏后，一轮明月由此坳出，恰如明镜在架，前后夜俱左右偏离，遂成"姑岭桂月"，为邑古琴江八景之一，古今名人吟咏甚多。仙姑岭亦为城东屏障，登高可观县城全景，为拍摄晚霞景观佳地。

**东华山** 又名白水顶，当以其下有白水烧湖（温泉）得名，山西南向有一匹飞瀑悬挂。位于县东 20 千米，琴江镇宜福村、何坑村境内，主峰海拔1148.9 米，为赣闽界山。清乾隆四十六年县志载其"为南龙之祖。高万仞，尖削插天。顶建三仙祠，眺望两城如斗大。每岁一度，霹雳大作，电光遍绕祠宇，遗气作数日锻腥，土人呼为'洗殿雨'"。三仙殿至今尚存，全殿为石麻条砌成，额曰"高明配天"，联云"朝观沧海日，夜摘牛斗星"。三仙殿下有殿宇建筑，始建于明隆庆年间，初为道观，清代以后为佛寺。"文化大革命"期间被拆毁，1979 年重建。寺院建筑群层叠于山顶东南坡，远观

东华山

犹如琼楼玉宇，颇有"布达拉宫"之气势。该寺常年香火旺盛，终年游客、信徒不断，也是盛夏避暑的好去处。登顶四览，周围群山低回，一望无际，有"山高人为峰"之感。如遇云海，时而波涛汹涌，翻江倒海；时而山川弥漫，风平浪静。夜晚远眺石城、宁化两县县城，灯光如群星闪烁。山下有温泉，山中多矿产。

**金华山** 位于城西北 50 千米处，高田镇胜江村境内，主峰海拔 1314 米。原名北华山，后以五行属性取名金华山。山巅有三仙殿，坐东朝西，每年均有人来此"拜万佛"。殿侧下有中殿，坐北朝南，仅存近半麻条石建筑。下有脚庵，坐西朝东，相传始建于唐，近年又有维修新建，寺侧有水井一汪，传说颇多。据说在天气晴朗时，在山顶可望见石城、广昌、宁化三县县城。金华山紧邻牙梳山、八卦脑，夏日雨后，多有云雾蒸腾。冬日山高寒冷，亦有游人及摄影发烧友寻景创作。

金华山

南华山

**南华山**　位于城东南 40 千米，横江镇小姑村、齐贤村、珠玑村交界处，因其位于石城之南而得名，主峰海拔 740.4 米。其山雄奇高峻，林木葱郁，人立山顶，可俯视赣闽两省近域，视野开阔，令人心旷神怡。山顶南侧原有道家道场，据传为唐末所建，有羽流居此修炼，北宋天禧年间建仙坛。明弘治六年（1493）改道观为佛刹，有僧家在此弘扬大乘佛教。今山顶有"三仙殿"，旁有古碑数块。山腰建有隐华古寺（俗称南华寺）。

**金龙峰**　又名金龙嶂，俗称鸡笼嶂，位于城北 10 千米，琴江镇何坑村境内，主峰海拔 523.4 米。山峰耸拔特立，顶曾建三仙祠，额书"金殿传灵"。山腰原有明洪武年间所建金龙峰寺，后废弃，今又重建。

**八卦顶**　又名八卦山，位于城南 40 千米，大由乡濯龙村境内，为石城、宁都界山，主峰海拔 618.4 米。山上古时曾建有山寨，其山四周有八埂，犹如八卦，据道光四年《石城县志》载其"上有三龟湖"。今其上有海会寺、天平寺。

# 第三节　水域美景

石城为山区县，是赣江源头，属赣江水系，境内水系发达，河网密布，平均河网密度为 0.6 千米 / 平方千米。多年平均地表水径流量为 17.36 亿立方米，人均年占有水量 7290 立方米，亩均耕地占有水量 7295 立方米，略高于全国、全省及全市平均水平。

据 1990 年版《石城县志》载，全县有大小河流 140 余条，计程 1099 千米。琴江为县内主河道，发源于高田镇大秀村（一说金华山），自北向南，纳岩岭河、大琴河、石田河、罗陂河、横江河、秋溪河等主要支流，经丰山、琴江、屏山、大由等乡镇，在龙下渡出境，于宁都县黄石村与梅江汇合。境内全长 90.4 千米，控制流域面积 1469.1 平方千米。上游河道狭小，一般为 50 米以下，中下游河面渐宽，一般为 100 ～ 200 米，最宽处达 300 米。昔日舟楫自丰山、横江可直达赣州，本地有专门的"横江船"运输物资。后因各地建设水轮泵，船运遂止。

此外，县西北罗溪河、白家礤河流入梅江，县南水庙河、沿江河与上洞河流入瑞金绵江。其中，上洞河即赣江源水。

## 一、赣江源头

赣江为江西母亲河。1983 年暑假期间，江西师院南昌分院（今江西科技师范大学）地理教师安阳为教学需要，到赣江上游考察源头，8 月 20 日，到达洋地乡上埠村石寮屋场东北，发现日东河从此地枯枝败叶中渗出，确定赣江由此发源，其位置为北纬 25°58′2″，东经 116°21′45″，并将该山命名为石寮崬。

2000 年，江西省水利厅程宗锦组织由水文、测绘、林业、地质等多学科专家组成的赣江源头科学考察小组再次对赣江源头进行考察，明确赣江源头位于北纬 25°57′48″，东经 116°21′40″，海拔 1110.8 米，所在山命名为赣源崬，海拔 1151.8 米。从生态价值上说，江西赣江源国家级自然保护区对保护鄱阳湖的一湖清水，融入鄱阳湖生态经济圈，保护赣江源头生物多样性，维持赣江源头独特的森林生态系统，保护赣江乃至长江流域生态体系稳定具有极其重要的意义。

### 二、养生温泉

石城地处全国 19 个重要成矿区带之一的武夷山成矿带中南段西侧，成矿条件良好，有着多种矿产资源，特别是地热资源。温泉是泉水的一种，在学术定义中，把涌出地表的温度高于当地地下水温的泉水，称为温泉。温泉的分类方式有许多种，人们通常按水的温度对泉水进行分类：20℃ 以下的称为冷水泉，20℃～33℃ 的为低温温泉，34℃～37℃ 的为温泉，38℃～42℃ 的为热泉，43℃ 以上的为高热泉水，超过当地

九寨温泉

沸点的为沸泉。九寨温泉、沔坊温泉、杨坊温泉、大畲温泉、沿沙温泉，一直以其水温高、流量大、品质好而被认为是具有良好开发利用前景的天然热泉。

石城温泉水经地矿部江西省中心实验室取样检测分析，富含偏硅酸、氡、碘、氟、锰、钡、锂、锶等20多种矿物质和微量元素，水质符合医疗热矿水命名"硅水"要求，属于偏硅酸泉。偏硅酸有益于软化血管，对心血管疾病有保健疗养作用和抗衰老作用，对皮肤病、关节炎等多种疾病也具有特殊疗效和保健功能，为国内罕见的优质复合型医疗保健热矿水。

### 三、飞瀑流泉

石城多山多水，因此多瀑布。在石城方言中，磜读"zài"，凡以此为名的地方，几乎都有瀑布。

琴江镇西外村五龙岩瀑布，有古今文人大量题咏。从目前考察结果看，县内最著名的瀑布群有高田镇新坪村的九叠泉瀑布群、赣江源镇的赣江源瀑布群、丰山乡福村村的龙潭瀑布群和大由乡王沙村堰塘岩瀑布群。此外，县内还有琴江镇何坑村白水磜瀑布、大畲村烟里瀑布、大畲村虎岭瀑布、通天寨瀑布、长乐村大源磜瀑布，濯坑村海藏寺侧瀑布，丰山乡下湘村磜子脑瀑布，高田镇大秀村大牛岭瀑布、朱家村五磜瀑布、上柏村水峻岭瀑布、胜江村楮树垄瀑布、郑里村石圳潭瀑布、遥岭村的三峦磜瀑布及崇背瀑布，木兰乡陈联村下庄瀑布、东坑村龙岩下瀑布，小松镇胜和村店下瀑布、丹溪村蜀源磜瀑布，屏山镇亨田村秋口磜子脑瀑布，大由乡水南村温地崇瀑布，龙岗乡新龙村瀑布、赣江源镇洋和村仙人桥瀑布、赣江源村的梅花磜瀑布、七岭瀑布，横江镇小姑村大坪瀑布、罗家村磜湖下瀑布、张坑村的七古磜瀑布、坳头水口瀑布，珠坑乡塘台村九寨瀑布、高玑村坳头水口瀑布等。此外，大量瀑布隐于深山，有待一一探明。

磜子脑瀑布

### 四、水库堤坝

"田资水以为灌，水藉陂塘以为蓄，农政先务也。"古时，"陂泽"为主要蓄水设施，清代旧县志中载有县内各地水陂及灌溉亩数、建造方法。今则多于山沟或河流的狭口处建造拦河坝形成水库，用以供水、灌溉、发电、防洪和养鱼。

新中国成立前，县内有水库5座，具体名称及位置难考。新中国成立后，共修建中型水库1座，为岩岭水库；小（一）型水库9座，分别是石罗滩水库、南坑水库、大创水库、小坪湖水库、磜头尾水库、砧棚坑水库、大塘水库、七里迳水库和塘台红色水库。小（二）型水库39座，如大力排水库、笪岗水库、角山背水库、迳口陂水库、杉子坑水库、罗汉垄水库、清水塘水库、首塅水库、磜下水库、高源坑水库等。截至目前，还建有塘坝4206座，分布于全县乡村。

旧时石城为保护城池，多建造城墙及护城河。宋建炎四年，县城北门至西门环绕土城凿壕，使石下铺河与小西河合流为护城河。清乾隆至道光年间，多次在城北清源庙（原老电影院对面）前砌石为堤，以防琴江河水内浸。后重新辨识县城龙脉所在，遂挖开北门外堤坝，建设隖前桥，引石下埠河从北门外流入琴江，并沿小河砌石为岸，以保护县城。民国初年，从县城北门口至南门口，又用红条石砌成护城河堤，长约 600 米，高 1.5 米。道光四年，在琴江东岸仙源坊段建设石坝两座，俗称一摆、二摆，每座长 23.7 米，高 8 米。民国后又加砌石坝一座，即三摆，规模同前，后拆毁。新中国成立后，在县城附近琴江河段修筑堤坝多处，截至 2000 年，全县有堤坝工程 29.1 千米。

进入 21 世纪后，县城的防洪才真正迈上了新台阶。县城北门、东门、南门、西门一带于 2008 年完工，梅福段、仙源段、温坊段等东城片区防洪堤于 2013 年前后完工，至 2020 年睦富村两岸防洪堤也顺利完工，县城及周边地区多年不再遭受琴江河洪水的威胁。近年来，县城上下游及各乡镇，也不断推进防洪堤建设。县城的防洪堤还将绿化景观、道路交通、文体设施整合在一起，以县城为中心的琴江河两边堤坝逐渐成为集休闲健身、娱乐观光、交通防洪为一体的生态公园。

## 五、生态湿地

石城县是赣江源头县，境内有大小河流 140 条，集雨面积 20 平方千米以上河流总长 1099 千米，河网密度 0.6 千米 / 平方千米，湿地资源丰富，有河流型湿地面积 1679.35 公顷。琴江河县城段建成人工湖，湿地内动植物资源丰富，是许多迁徙候鸟的天堂。

赣江源湿地公园为国家湿地公园，范围主要包括县境内的高田镇新坪电站起至大由乡与宁都县分水界的琴江及其支流横江河、瑞坑河、岩岭水库及其周边部分林地。湿地公园自东北向西南跨高田镇、丰山乡、琴江镇、屏山镇、横江镇、赣江源镇、大由乡等 7 个乡镇。湿地公园为永久性河流湿地，规划总面积 1254.6 公顷，其中湿地面积 982.1 公顷，占公园总面积的 78.3%。根据功能分为保育区、恢复重建区、宣教展示区、合理利用区和管理服务区。

赣江源国家湿地公园是典型的河流型湿地公园，其以河流、洪泛平原湿地、库塘等构成自然与人工相结合的湿地系统，在赣南地区具有一定典型性和代表性。湿地公园内集湿地系统良好水质、优美完整的河岸带、组合度高的林水复合生态系统、丰富的生物多样性和优美的湿地景观、翠绿的森林景观、恬静的乡村田园景观和深厚的历史民俗文化于一体，营造了丰富多样和组合度极高的景观系统。

如今，从睦富到温坊，一河两岸，丰富的植被依托高低起伏的自然地貌，四季风韵不同。草地上间见巨石，垂柳飘荡于微风中，银杏叶黄如金，千年宝塔倒映河中，与廊桥、古城墙融为一体。若是夜间灯光亮起，犹如群星闪烁，成为石城旅游的一个亮点，也为市民提供了便捷的休闲和学习交流场所。

## 第四节　林海良田

森林是重要的生态符号。莽莽苍苍、绵延不绝的森林，展示了石城生生不息、坚定执着的生态追求。

石城境内野生植物资源丰富，有各类树种 260 余科、550 余种。已鉴定制成标本的有 94 科、308 种，其中珍稀树种 10 余种。境内 200 年以上的名木古树有数百棵，较为著名的有横江镇开坑村茶头嵊的银杏、琴江镇宜福村廖家山的罗汉松、琴江镇大畲村高磜坑的杉树、赣江源镇桃花村鸡公崠山谷的椴树和七岭村的青钱柳、香果树等。

据《石城县林业志》载，全县有 40 个古树群和 2730 株散生古树。古树群有保持完好的樟树群、杉树群、椤木石楠群、枫香群、青杨栲群、甜槠群等群落。散生古树中一级古树 124 株，二级古树 386 株，三级古树 2072 株，名木 148 株。比较珍贵的树种有珙桐、南方红豆杉、水杉、伯乐树、罗汉松、青钱柳、金钱松、银杏等树种。

## 一、赣江源国家级自然保护区

赣江源国家级自然保护区，位于武夷山脉中南段西坡，为石城县东南部与瑞金市东北部交界地区，地理坐标为北纬 25° 56′ 30″～26° 7′ 42″，东经116° 15′ 1″～116° 29′ 06″。赣江源国家级自然保护区属华南地层区，其中的鸡公寨及其周围是新构造运动抬升而形成的中低山地，保护区内群山连绵起伏，错落有致。由于地质结构的控制，地貌分布较有规律，地势为东南高西北低，由东向西南倾斜。

赣江源自然保护区规划面积 1.61 万公顷，森林覆盖率达 95%。主要保护对象为中亚热带常绿阔叶林森林生态系统，属森林生态类型自然保护区。保护区环境条件优越，植物种类丰富，珍稀濒危植物种类及分布数量相对较

赣江源林海

多，是许多植物的避难所和重要的基因库。现已查明，有 5 个植被型组，13 个植被型，87 个群系，森林蓄积量 74.88 万立方米。有高等植物 252 科 837 属 2582 种，其中种子植物有 169 科 686 属 2261 种。有国家级重点保护野生植物（第一批）有 16 种，其中一级保护植物有银杏、南方红豆杉、伯乐树 3 种；二级保护植物有金毛狗、榉树、凹叶厚朴、樟树、闽楠、浙江楠、金荞麦、野菱、野大豆、花榈木、半枫荷、光叶榉、香果树 13 种；列入《中国植物红皮书》（第一批）的种类有 12 种，其中凹叶厚朴、沉水樟、闽楠、浙江楠、短萼黄连、八角莲、野大豆 7 种为渐危种。列入《濒危野生动植物国际贸易公约（CITES）附录Ⅱ》（2007）的有 2 科 29 种，其中兰科最多，计 28 种；列入《IUCN 物种红色名录》（2007）的有 21 种，其中极危 1 种：台湾泡桐；濒危 1 种：伯乐树；易危 5 种：浙江楠、八角莲、金花猕猴桃、水青冈、白桂木；列入《中国物种红色名录》（2007）的有 52 种，其中濒危种类有密花梭罗、福建绣球、细枝绣球、全缘冬青、黄花白芨、乐昌虾脊兰 6 种，易危种类有南方红豆杉、榉树、玉兰、凹叶厚朴、沉水樟、八角莲、福建紫薇、马醉木、虾脊兰、独蒜兰等 28 种。

典型的亚热带湿润季风气候特点，使得石城县境内植被茂密，峰峦起伏，沟谷溪流密布，生态环境复杂，也为野生动物的栖息繁衍提供了良好的条件。《江西赣江源国家级自然保护区综合科学考察集》载，仅赣江源自然保护区内陆生脊椎动物共有 31 目 93 科 221 属 360 种，占全省陆生脊椎动物总种数的 56.07%。其中两栖动物有 2 目 8 科 12 属 28 种，占江西省两栖动物种数（38 种）的 73.68%；爬行动物有 3 目 11 科 40 属 59 种，占江西省爬行动物种数（71 种）的 83.10%；鸟类有 18 目 55 科 125 属 214 种，占江西省鸟类种数（420 种）的 50.95%；哺乳动物有 8 目 20 科 48 属 59 种，占江西省哺乳动物种数（105 种）的 56.19%。此外，有昆虫 1055 种，鱼类 16 种、贝类 47 种、虾类 2 种、蟹类 1 种。两栖类动物列入《中国物种红色名录》极危的有大鲵，易危的有脊胸蛙和虎纹蛙。爬行动物列入《中国濒危物

千年古银杏树

种红皮书》的有平胸龟、黄喉拟水龟、眼镜王蛇等。鸟类列入《濒危野生动植物种国际贸易公约》附录的有白颈长尾雉、黄腹角雉等 29 种，哺乳动物列入《濒危野生动植物种国际贸易公约》附录的有水獭、金猫、云豹等 15 种，昆虫列入《国家重点保护野生动物名录》的有双叉犀金龟等 2 目 3 科 3 属。此外，还有分属 2 门 39 科 84 属 154 种真菌。这些真菌中，多孔菌科、牛肝菌科、侧耳科、灵芝科和红菇科的种类和数量占优势，共有 64 种属于可食用真菌。

保护区十分重视生态系统研究，先后有国内外 20 多所院校及科研院所的专家、学者来赣江源保护区考察，开展合作研究，并取得了一定的成果。经过保护区工作者几十年的保护、建设和管理，江西赣江源国家级自然保护区已成为全球重要的生物基因库，是科研、教学实习、生态科普教育天然课堂，是开展生态文明的重要阵地。2015 年被赣州市政府授予"赣州市生态文明示范教育基地"称号。

## 二、通天寨省级森林公园

通天寨省级森林公园位于石城县城东南 5 千米处，有"千佛丹霞，通天胜境"之称。其界址东以武夷山脉与福建省宁化县山地相连，南以珠坑乡塘台村杨任坑为界，西以琴江河为界，北以大畲河为界。总面积 2112 公顷，其中林地面积 26986 亩，森林覆盖率 80.1%。公园范围涉及琴江、屏山、珠坑等 3 个乡镇，6 个自然村，48 个村民小组。园区内共有各类景点 42 处，其中自然景观 31 处，人文景观 11 处。通天寨森林公园管理处于 2006 年 7 月正式挂牌成立。2007 年 6 月，经江西省林业厅批准升级为江西省通天寨省级森林公园。

## 三、西华山省级森林公园

西华山省级森林公园距县城西 2.5 千米处，位于琴江镇西外村境内，又

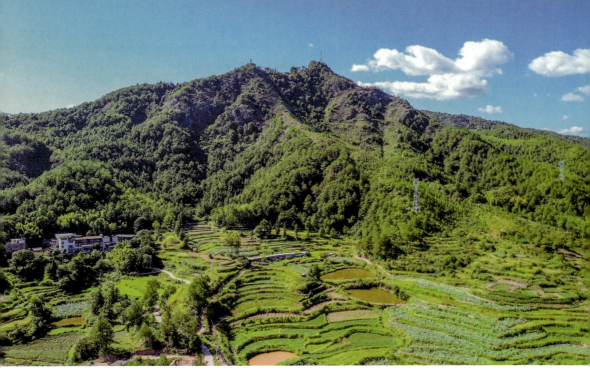

西华山

名"乌石嶂"，主峰海拔 573 米，是县城西面屏障。公园总面积 175.33 公顷，森林覆盖率达 79.1%。其界址东从破塘里山脚沿山麓至邓家岭，南破山麓，西沿山麓至 445.6 米山顶，北沿鸭子坑山麓至 504.1 米山顶。园内森林资源丰富，各种景点甚多，最具特色的是"乌嶂松云""五龙岩瀑布""五龙岩摩崖石刻"。1993 年 2 月，经省林业厅批准为省级森林公园。

### 四、李腊石省级森林公园

李腊石省级森林公园位于县城北郊，总面积 112.9 公顷，其中林地面积 108.73 公顷，森林覆盖率达 82.1%。其界址为东至 206 国道，由 206 国道向西南沿李腊石山脚至林路，沿林路向南再折向西至朱家围，由朱家围向北沿林缘至小土坝，沿山脚向西北再折向东北至山峰（海拔 338.4 米），沿山脚向东北绕过山峰（海拔 314.3 米）至林路，沿林路向东再沿李腊石山脚至 206 国道。公园内建有石城县阻击战纪念园、烈士纪念馆、将军题词碑、烈士纪念碑等，是红色教育基地。2010 年 3 月，李腊石森林公园正式挂牌成立。同年 7 月，经江西省林业厅批准为省级森林公园。

### 五、田山物产

田者，土地也。作为产粮大省，江西是新中国成立以来两个从未间断输出商品粮的省份之一。石城县近年来生态农业稳步发展，获评"全省农业农村工作先进县"；建成高标准农田8万亩，烟莲种植面积居省市前列，百里荷花带、万亩油菜田吸引了大批游客。全县"三品一标"农产品32种，"石城白莲"注册国家地理标志证明商标，石城县为全国绿色食品原料（白莲）标准化生产基地。重视发展富硒产业，推进品牌创建，探索绿色有机农产品可追溯体系建设，农业综合竞争力不断提高。蔬菜产业快速发展，建成大棚蔬菜基地26个共4200亩，年蔬菜种植稳定在3.2万亩左右。油茶、脐橙、薏仁、翻秋花生等特色产业初具规模，正形成种养加一体、产供销结合、一二三产业融合发展的产业体系。

**白莲**　石城白莲有着1300多年的种植历史。石城早期种植的多为矮脚莲、白花莲。20世纪80年代后，引进建莲等良种，种植面积迅速扩大至全县，每亩年产都在150千克以上。2000年，石城开始对通心白莲进行深加工，还有不少莲子外销广东、福建、上海、台湾、香港及南洋等地，白莲成为石城的支柱产业之一。1996年，石城县被命名为"中国白莲之乡"。石城通心白莲质量优良，具有粒大饱满、色白通心、蒸煮易熟、汤清肉绵、味美清香等特点，既可以清炖成色白味甘的莲子汤，是良好的药用滋补品，也可以作为糕点配料，加工成莲蓉、莲羹、莲子营养粉、

石城通心白莲

莲子罐头、营养糕糊等高档食品。莲不仅营养丰富，而且全身是珍宝，如莲心是清热泻火的通用良药，近年来，已加工成莲心茶、莲心保健食品等。餐饮行业发展出了全莲宴，文旅部门开发出莲子手串等文创产品，廉政部门培树了莲廉文化，拓展了白莲的文化精神价值。

**烟叶**　石城烟叶栽种历史悠久。据清道光《石城县志》载："石邑种者甚多，其品不让闽漳也。"明清至民国期间石城只种植晒烟，20 世纪 60 年代引进烤烟。石城烟叶质量优良，晒烟"黑老虎"享誉海外，久盛不衰，尤以大由王沙村所产为佳。石城烤烟更因"颜色橘黄、香气醇厚"享有美誉，是江西省生产高档烟"金圣"的主要原料之一。1993 年，石城县被命名为"中国烟叶之乡"。

**翻秋花生**　花生便于储存，绿色环保，深受广大消费者青睐，而花生中的翻秋花生为本地特产，尤其以屏山镇河东村、长溪村一带所产为佳。因属翻耕重种，其品质口感独特，味香、甜、脆，常食不厌。

**贡米**　贡米系原生稻品种，属于一季晚籼稻，名曰香芸粘，又名吉炉米。产于高田镇海拔 880 米左右的高山梯田，生长周期长，山泉水灌溉，生长期间无病虫害，米粒细长，营养价值高，米质润泽，色白如玉，煮成饭

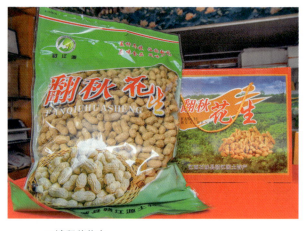

石城翻秋花生

石城贡米

后，香软可口。清代曾为贡品，故又称石城贡米。

**熏鱼干** 岩岭熏鱼干选用稻田放养的鲤鱼为原材料，用盐腌制、晒干，再用微火熏制而成，肉健味香有嚼头。

**酒娘** 石城客家酒娘用糯米、泉水或井水、天然酒曲（客家话称为酒饼）为原料，采用传统酿造工艺发酵生产。加三倍左右的水并滤掉酒糟后所得，则为客家米酒，又称水酒。

**手工粉干** 手工粉干系石城传统大米加工制品，一般选用上等粳稻大米，经泡软、磨浆、熬熟、打烂、压榨定条、晒干等流程制作而成。以白净、细嫩、软韧、润滑、煮不浓汤著称，或炒或煮皆成美味，是米粉中的上品。

**手工腐竹** 手工腐竹以优质黄豆和天然山泉水为原料加工而成，其色泽黄白，油光透亮，含有丰富的蛋白质及多种营养成分，可荤、素、烧、炒、凉拌、汤食等，食之清香爽口。

**茵陈茶** 茵陈茶生于本地丘陵坡岸，农历五月至立秋间采回，阴干，可以用于治疗湿热黄疸、肝炎、脾胃不和等病症。配野生夏枯草、野生金银花等更具护肝利胆、解热抑菌、降压降脂、健脾利尿、消暑泻火、祛风湿、除伤寒、散热痰、疗疮疥等功效。

**山地鸡** 山地鸡是木兰乡的一大特产，已有上百年的养殖历史。山地鸡采用山间放养方式，饮的是山泉水，吃的是山虫野草，肉质鲜美，营养价值高，是备受市场欢迎的绿色生态产品。

**苡仁** 又名薏仁，本地方言称"米仁"，是药食两用上品，性味甘淡微寒，有利水消肿、健脾祛湿、舒筋除痹、清热排脓等功效；又是美容食品，经常食用可起到光洁皮肤，抑制粉刺、雀斑、老年斑、痤疮生长等作用。

**茶油** 茶油被誉为"东方橄榄油"，其生产和发展历史源远流长。石城气候温润，光热充足，雨量丰沛，非常适合油茶生长。目前全县有油茶林13万多亩，所产的油茶籽出油率高，品质好，不饱和脂肪酸含量高达90%

以上，角鲨烯、甾醇、维生素 E 等生物有效成分丰富。

**红菇** 红菇为天然野生真菌，素有"中国纯天然高等野生山珍"之美称。选择性生长于原始硬木阔叶森林中，纯野生采集，产量极低。纯天然野生红菇含有丰富的维生素 B、维生素 D、维生素 E，并含有其他食品中稀少的尼克酸，以及微量元素铁、锌、硒、锰等。具有养血、补血、活血化瘀、祛水肿、补精神、强身健体之功效。经常食用有益肠胃，对消化不良、肝硬化和儿童佝偻病有改善作用。

**笋干** 石城笋干主要产于赣江源及小松一带，由鲜笋特别加工而成。笋干本色干燥，含蛋白质维生素和膳食纤维，尤其含有人体必需的氨基酸等元素，具有增食欲、减肥的功效，味道鲜美、菜谱多样，被称作山中之珍。

**脐橙** 石城县种植赣南脐橙 2 万余亩，年产果万余吨。由于石城独特的区域性气候，所产脐橙个大皮薄、汁多、肉甜，果皮光滑、细腻，果形以椭圆形为多见。果品主要销往福建、上海、浙江等地。

赣南脐橙

第三章

# 客家摇篮　古韵石城

　　"祖根中原地，摇篮客石城。"享有"客家摇篮"美称的石城县，是客家先民迁徙的重要中转站、客家民系的重要发源地、中华客家文化的重要发祥地。自秦汉开始，从中原迁徙而来的客家先民，在这片土地开垦荒地，筑室定居，繁衍生息，以自己的勤劳智慧创造了灿烂的客家文化。

　　石城客家人历来重视以传统文化教育族人，用先祖遗训激励族人，用祠规族律规范族人，用诗词联画启迪族人，从而形成良好的家族风气，树立了良好的家族形象。石城古代建筑艺术颇具客家风情，客家民居带着浓厚的儒家思想痕迹，也讲究阴阳八卦之说，择地坐向要请堪舆卜定。村落里，祖堂在上，上下厅堂，主次分明；中轴线贯穿整体，讲究布局的左右对称，古典高雅又朴素大方。房舍祠堂、庙宇寺院莫不如此，其代表如宝福塔、永宁桥、杨村坊式亭、陈联围屋、大畲南庐屋等，都是重点文物保护单位。

　　石城客家语言保留了相当多的中原古汉语音韵，被称为"古汉语的活化石"。石城传统主食为稻豆等五谷，乡村普遍有吃擂茶、米茶的风俗。衣着向来朴素，不尚华丽，日用器具多取材于当地的木、竹、藤、棕等。石城历来重视礼教，婚姻礼俗受中国传统文化的影响，"民间婚嫁、不废六礼"。丧葬祭祀也是一件非常庄重的事。石城还特别重视家乘、族谱和宗谱的修撰，按惯例每隔 20 年至 30 年修一次族谱。石城传统手工业有陶瓷、造纸、织布、制药、食品加工等，横江重纸年出口纸张不下百万刀，"三黄丸"享誉大江南北。新中国成立后轴瓦、石城白药、木螺钉等曾畅销全国。如今，矿山机械、鞋服品牌已经走出国门，销往全球。

　　石城客家灯彩是石城当地民众喜闻乐见的一种文艺形式。这里是"中国民间文化艺术之乡""中国灯彩艺术之乡"，全县共组建有民间灯彩演出团（队）350个。石城灯会、石城砚制作技艺先后被列入国家级非物质文化遗产项目名录。木兰板桥灯、大由蛇灯、屏山竹篙灯、龙岗龙灯……一乡一品，特色鲜明。城区灯彩剧团送戏下乡，农民灯队进城贺新春，呈现出城乡共舞、其乐融融的喜人景象。石城砚作品多次在各种国家级赛事或展览上获评金奖，众多文化名人为之挥毫题字。制砚技艺薪火相传，推陈出新，代有力作。

　　客家石城名人众多，历史上石城先后有23人考中进士，他们是陈恕、许褒、卢炤、陈学文、陈邦光、温勋、朱裳、许国、张文郁、叶熙元、黄稷、巫双瑞、黄裕、刘复初、黄轩臣、温必联、陈同威、李冕、黄颖、温鹏翀、廖燻、郑文思、黄大壎。另外，南宗淳佑庚戌，巫双瑞考中探花；康熙年间，刘寅考中解元，亦是一时佳话。"真盐铁"陈恕、一代名相陈执中、南宋抗金名将陈敏、"忠烈"刘同缨被历代正史记载。江西省高等学校的创办人黄大壎、北伐战将赖世璜、长征精神的代表郑金煜、黄埔精神的代表黄景升、抗日名将邓子超、抗战英雄赖名汤、"元以来写竹第一人"陈方等也都是一时俊彦。

# 第一节　客家源流

　　客家民系是在漫长的历史进程中形成的，是在特定的历史条件和地理环境中形成的。石城，是中原汉人南迁途中最重要的中转站，是早期客家人最重要的摇篮地和发祥地之一，是名副其实的纯客县。

从晋至清末的 1500 余年间，中国历史上发生过 5 次规模较大、延续时间较长的人口大迁移。客家文化专家朱祖振先生认为，纵观中国历史，古代战场主要在北方，在中原地区，在河洛地区。相对来说，南方较为安定，人口密度较小，可开垦地多，对移民的可容量大，故历次移民总是自北向南，而其中的相当一部分移民是从中原地区迁入江西，再东往福建，南下广东，再往广西、四川、云南、贵州，有的径往海外。流迁方式以举家群体为主，逐段南移，有的沿途滞留，真正直抵南疆者总在少数。这些长途跋涉的迁徙者在长达数百数千公里的道路上留下了断断续续的足迹。他们带来了中原地区和沿途学到的先进工具和技术，带来了有数千年历史的中原河洛文化，和当地的"土著"一道，用辛勤的汗水和共同的智慧，用披荆斩棘和勇于开拓的精神，创造了客家区域和整个南国的光辉灿烂的地域文化，孕育了中华汉民族的一支最优秀的民系——客家民系。石城位于武夷山西麓，赣南地区东北部，这里相对来说地处偏僻，山清水秀，宜垦地多，相对人口少，可容量大，且民风淳朴，可相安而居。中原汉人遂以石城为"避风港"，在此滞留聚居。

据县志记载，石城在秦代已有刘华、刘瑶英父女在此生活，虽未留下家族传承，但留有众多传说。随着朝代更迭，中原汉人不断迁入，客家民系在此逐渐形成，文明进化给石城留下深深的烙印。

西晋末年，政治腐败，民族矛盾上升，以致"五胡乱华"，史称"永嘉之乱"。晋室南迁，举国上下一片慌乱，导致大批士族和百姓随之南迁。这是中国历史上第一次人口大迁徙，先后历时几个世纪。据《石城井溪郑氏六修族谱》载："怀帝五年，海内大乱，独江东差安。中国士民避乱者多南迁奔吴，故由莱州高密南渡，避居豫章西山龙园梅井坪。子求安、求富迁抚州宜黄。求安子孟达、孟远于义熙八年壬子（412），迁南康郡揭阳县石鼓逐速（今小松磜脑），和吴恭葆同居复又迁南桥岭。"此郑氏家族应是赣南有文字记载且家族至今传承有序之首批南迁中原人。

此后还有唐末、北宋末、明末、清咸丰同治年间，均因战乱而相继发生了中国历史上的第二次、第三次、第四次、第五次人口大迁徙。五次人口大迁徙中，大量南迁移民筚路蓝缕千里跋涉，走走停停，前后历时十多个世纪，大部分留居江南。其中部分移民先聚居赣北鄱阳湖地区、抚河，而后溯赣江而上，至赣江源头石城。现存族谱记载，唐五代时期，迁入石城定居并繁衍至今的姓氏有郑、吴、温、黄、陈、胡、赖、李、王、张、廖、许、邓、何、罗、谢、曾、周、杨、朱、连、白、钱、袁、方、赵、蔡、黎、官、巫、康、卢、冯、彭、邹、宋、江、余、程、范、崔、傅、徐、胡、高、熊、毕、钟等48姓。宋代有温、黄、陈、刘、赖、李、玉、张、廖、许、邓、何、罗、吴、谢、曾、周、朱、康、邱、胡、宋、郑、熊、徐、伊、巫、池、毛、丁、孟、江、应、段、聂、郎、吕、向、吴、汉、曹、余、叶、官、孙、邹、金钟、肖（萧）、崔、魏、管、沈、赵、雷、姜、章、潘、卢、钱、田、秦、孔、白、戚、容、金、郭、童、蔡、龚、过等70余姓，其中多数姓氏的居民陆续外迁，留下后裔至今的姓氏只有温、黄、陈、刘、赖、宋、郭、杨、朱、邓、熊、邱、吴、童、龚、魏、何、张、郑、胡、许、廖、徐、罗、高、毕、巫、潘、蔡等30姓。据清顺治《赣石城县志》载，南宋宝庆年间石城总户数为16214户，男丁36746丁，总人口数当在8万以上，已相当于石城1948年的人口水平。当时全县有主户13879户，客户2335户，主客户之比约为6∶1。从主客户比例看来，主户已占绝大多数，说明先来的移民已成土著，绝大多数已有田产，这样石邑居民就有了相当程度稳定性，客家民系亦日渐形成。其后，移民依然络绎不绝，明代有蓝、严、尹、吉、雷、董、饶、谢、阮、伊、傅、孔、巫、姜、程、施、危、白、肖（萧）、容、汪、宁、连、池、蒋、任、上官、卢、顾、沈、伍、包、聂、柯、过、赵、夏等30余姓进入石城，清代有洪、丰、龙、宗、皮、俞、喻、梅、文、韩、官、郎、曹、毛、章、方、匡、阎、闵、管、左、

兰公祠

慕、向、况、阴、揭、马等 20 余姓来到石城。石城的居民点大都以同姓宗族为核心聚族而居，数姓混居的少，有的数百上千人的大村庄几无杂姓，久为一姓之地。由于石城与福建宁化隔山而居，客家先民们为求得更理想的谋生之处，有的从石城越过武夷山，迁入闽西，到达福建长汀、宁化、建宁、连城等地安身。有的继续南迁粤东，还有的渡海到外洋谋生，成为今天的海外客家人。

　　成批的中原汉人迁入，劈山造田，聚族而居，他们带来了中原地区先进的耕作工具和技术，使石城这块古老而荒寞的山地得到初步的开发，给石城经济增添了新的活力，移民们与当地土著联合经营开发，使石城人口繁盛，经济繁荣，渐成教育发达、人文蔚起之地。在石城这块土地上辛勤耕耘的南迁开发者们，经过几个世纪前赴后继的团结奋斗，不断学习、创新，他们培养了一种勇于开拓进取，不畏任何艰难险阻，对新环境具有很强适应力的精神气质。同时，石城为纯客住县，素有移民定居之传统，争斗排他性不强，易于交流，便于客寓。

## 第二节　客家习俗

　　客家文化源远流长、内涵丰富。客家人千百年来迁移漂泊，加上居住于山区小盆地的地理环境，形成了具有独特风格的客家文化。客家习俗属亚文化范畴，是客家文化的重要组成部分。

　　石城客家习俗保留完好。据县文化馆谢望春等考察，节令礼俗分传统节俗和时令节俗，婚嫁礼俗包括嫁俗和婚俗，乔迁礼俗分为建新房礼俗和迁新居（过火）礼俗，丧葬礼俗沿袭周礼，信仰习俗以崇先敬祖为主，饮食习俗既有中原余韵又有地方特色。这些传统习俗既具有中原传统文化特点，又具有浓郁的地方特色，在日常的具体生活中，这些习俗经常交融在一起。

　　**节令礼俗**　石城节令礼俗分为传统节俗和时令节俗。传统节俗主要有春节、元宵节、花朝节、清明节、端午节、中元节、中秋节、重阳节等。时令节俗主要有立春日"接春神"、春社日磨社糍、立夏日"补夏"、六月"食新"、腊月二十五过小年、除夕"守岁"等。春节是本地最隆重的传统节日，是日凌晨（现时有的改为12点）吉时吉向开门，放岁爆，摆供品，燃香敬天神。早饭后，拜祖祠、神庙，祈祷一年吉祥如意。然后向尊长、亲友拜年，摆设酒菜茶果为敬。新年伊始，人们穿戴一新，说吉利话，相互酬酢，表示祝贺。各地灯彩攒动，热闹非凡。旧俗是日不挑水扫地，不洗衣煮饭，停止劳作。

　　**婚嫁礼俗**　婚嫁礼俗包括嫁俗和婚俗，婚嫁均沿袭纳采、问名（传庚）、纳吉、纳征、请期（报期）、迎亲（于归）等传统六礼。在嫁俗中主要有定亲、查人家、拓鞋样、纳聘礼、做行嫁酒、哭嫁、行嫁等，婚俗中主要有相亲、订婚、迎亲、跨火盆、拜堂、设迎亲宴、夜酒、闹洞房、送油、打甑盖等。有些地方还有对轿联的风俗，即男家去轿时必在轿门左手边贴上联，女家即要请先生对拟下联，并把男家联改贴在右手边以示尊重，把女家下联贴在左手边，对联要对得好，否则会失了女家体面。逢桥过缺，或经过房前屋后，迎亲队伍中有一专人放大鞭炮，过桥要插燃香，祈祷路神保佑。

**乔迁礼俗** 乔迁礼俗分建新房礼俗和迁新居（过火）礼俗。建新房阶段主要有起万年基脚、竖门框、上墙架、安神厨、上梁、下墙架、做出水、安大门、砌新灶、请神位等。迁新居要举行"过火"仪式、办乔迁酒筵。凡建房动工、竣工均要备酒筵庆贺。厅堂上梁尤为隆重，须举行隆重的上梁庆典，梁树选2胞、3胞以上丛生杉木料，卜择吉日良时，工匠宰牲、喝彩、掷梁米，众后裔兜梁米，赠工匠"红包"。乔迁时主人从旧居接带火种入新居并起火，亲友送礼，主人设宴答谢。次日煮发茶。

**丧葬礼俗** 石城丧葬礼俗沿袭周礼，讲究死者为大，让亡者风光下葬。主要礼仪有吊唁（慰生）、铭旌、堂祭、点莲灯、辞堂、出柩、送葬、路祭、收山求龙、设丧宴、烧灵屋、做七等。但古俗书旌吊奠宴必设乐，请僧尼诵经礼忏，请道士作法事，还要请地理先生择地，未得吉地多出停于殡寮。

**信仰习俗** 客家人历来崇先敬祖，多崇信家神、天地神和社公，也有崇信佛教、道教者。主要习俗有初一、十五敬神，农历每月二十四日点诸天烛，小年日贴灶君神、门神，四月初八朝神拜佛，端午前后扫舵，打佛七，遇急病怪病问仙家、喊惊，治"叫夜郎"，祀仙坛，拜佛塔，书"泰山石敢当""姜太公在此"牌或铜镜驱邪等。各族构祠，行祭祀礼以祀历代祖宗，每岁清明，陈俎豆，张鼓乐，黎明衣冠毕集，族长唱赞礼，两旁子孙按辈分站列堂下，礼拜祭毕，同往醮墓，午则合食，俗曰"食清明"，有的还请戏班演戏。

**饮食习俗** 饮食习俗中有正月初七吃"七种羹"，二月十五磨"花朝粿"，春社日前磨社粿、端午节包粽子、做米沫肉、做卷蒸，中元节做印板粿，入冬后做霉豆腐、蒸过年酒、磨冻米糍，腊月二十后炸煎丸（又叫糖丸）、磨豆腐、烧煎豆腐、打黄糍、沙炒花生、沙炒豆子、沙炒薯片、煮禾穗菜（长命菜）等。平时逢农闲或喜庆节庆，各家还会煮擂茶，包薯粉水饺，煎油炸糕、芋包子，打肉丸、鱼丸等。作为客家重要标识的"擂茶"，在石城的饮食文化中也占有重要地位。石城风俗招待客人非茶即酒。这个"茶"并非今人以茶叶泡茶，而是食用多种食材擂研烹煮的"擂茶"。过去的风俗，大凡女客到来一定要安排煮茶招待，并请村中妇女作陪。

**敬老习俗** 敬老习俗源远流长，体现了中华民族的传统美德。在石城，老年人的生日被视为重要的庆祝时刻，子女要给高寿的长辈（父母、祖父母等）祝寿（做生日），女儿要给寿星送寿饼并分发给来贺寿的亲朋好友。此外，凡每年春节、五月节、中秋节，女儿女婿要给外公外婆送节，表示感恩之情。

**喝彩习俗** 石城喝彩礼俗起源于宋代，是在主人家举办红白喜事时所举行的一系列礼仪程序，用来对主人家进行祝贺赞颂，以及营造喜庆热闹气氛，为民众所喜爱。石城喝彩，多以司仪、木匠、泥匠、地理先生、铁匠、厨师等人，在做某一喜庆事宜的开始阶段，以喝彩形式来祝福主人的福、寿、丁、财、喜、禄、祥等。石城喝彩的程序：喝彩人站立于庆典场地中央，身子稍侧，不可正对神位、厅门、花轿等；待主人提来雄鸡（花米盘）后，唱彩人双手接之，并双手捧鸡先向神位行三鞠躬，再向前、左、右行三揖礼，表示祀拜天地神灵，应彩词赞语灵验。之后，再接唱彩语。唱彩人左手高举雄鸡，边移动双脚边喝彩。唱彩人每唱一句彩词，在场人均高声应"有"。唱彩礼成，司仪人再双手捧雄鸡向神祖行三揖礼，以谢神佑。礼毕，鸣炮。主人赐红包礼，唱彩人道金言祝福，主人应"有，承谢金言"。

附部分喝彩彩词：

### 新人下轿或临堂彩词

日吉时良大吉昌，新人临堂正相当。要你周年生贵子，代代儿孙登金榜。手提金鸡对凤凰，凤凰头高尾又长。头高要载千年富贵，尾长要载万石金粮。万石金银万石粮，还要街头竖牌坊。牌坊顶上七个字，状元榜眼探花郎，荣华富贵万年长。

### 入新房彩词

洞房花烛两光辉，两姓交杯正当时。请到床公与床母，指望来年产麟儿。新人对新郎，新被盖新床，今夜交杯合，夫妇福寿长。新人举杯新郎饮，公口饮来婆口香，红罗帐里共一枕，未曾弄瓦先弄璋。列位君子来入房，人人好谜耍一双。每人红蛋要一对，柑橘枣子要一双。新人端起新郎散，各人回转自家房，若不出来亲手散，老少闹到天大光。恭贺。

### 新屋落成（下墙架）彩词

手捧雄鸡拱四方，积善之家建华堂，华堂建得千年固，万代儿孙美名扬。贵人临宅禄马到，添产增业进田庄，堆金积玉满仓箱。连生贵子走科场，状元榜眼蝉联第，荣华富贵天样长。

## 第三节　非遗文化

非物质文化遗产是指各种以非物质形态存在的与群众生活密切相关、世代相承的传统文化表现形式，包括以下方面：口头传统和表现形式，包含作为非物质文化遗产媒介的语言；表演艺术；社会实践、仪式、节庆活动；有关自然界和宇宙的知识和实践；传统手工艺。一般来说，列入非物质文化遗产保护项目的传承时间需超过 100 年或 3 代人有序传承。

石城历史悠久，文化积淀深厚，有丰富的非物质文化资源。县文化馆所列县级以上的非物质代表性项目名录（以下简称非遗项目）有 86 项，其中：

国家级非遗项目2项，为石城灯会、石城砚制作技艺；

省级非遗项目2项，为石城肉丸制作技艺、横江重纸古法造纸术；

市级非遗项目12项，为石城王润生毛笔制作技艺、客家清明祠祭、石城丧葬礼俗"点莲灯"、通天寨传说、屏山功夫、过漾、石城薯粉水饺制作技艺、石城客家粽子制作技艺、石城客家土墙屋筑造技艺、大由蛇灯；涉及苏区历史的有秋溪整编故事、石城苏区歌谣等。

县级非遗项目70项，为石城灯歌、石城客家礼俗、石城开台吹打、石城手工米粉、石城木屋建筑、秋溪夜市、石城灯彩灯具制作技艺、倒采茶、木兰板桥灯、石城喝彩礼俗、石城唱曲、石城客家酒酿传统酿造技艺、石城客家方言、石城手工腐竹制作技艺、石城霉豆腐制作技艺、石城积药、石城火灸术、石城民谣、石城谚语、石城民间传说、石城客家山歌、木兰盾牌舞、石城半班戏、石城祁剧、石城渔鼓、石城酒令－顶戴拳、横江高跷、石城木雕、石城客家刺绣、石城客家煮茶技艺、石城粉条制作技艺、石城石雕

屏山功夫

技艺、石城竹编技艺、石城草编技艺、石城书匣制作技艺、茵陈茶制作技艺、石城黄粿制作技艺、笋干加工技艺、岩岭稻花鱼熏烤技艺、岩岭鸡公炒饭技艺、高田社粿制作技艺、石城芋包子制作技艺、石城棕制品制作技艺、传统酒饼制作技艺、横江水酒制作技艺、岩岭糕果粿制作技艺、小松仙源豆腐制作技艺、石城麻糍制作技艺、七层糕制作技艺、土谷烧制作技艺、石城凉水制作技艺、传统砖瓦烧制技艺、传统土硝制作技艺、民间接骨术、石城伤湿膏药、民间刮痧、民间割积、民间拔罐、石城客家宴请习俗、金华山拜万佛习俗、石城吃早斋习俗、后稷庙端午习俗、石城装故事习俗、石城客家闹洞房习俗。涉及红色历史的非遗有石城红色标语、苏维埃秘密金库、石城阻击战、石城苏区舞蹈、红军鞋制作技艺、红军竹油灯制作技艺等。择部分项目作一介绍。

## 一、国家级非遗项目——石城灯会（灯彩）

石城灯会（灯彩）上溯南唐时候就已开始在民间盛行，距今已千余年，是石城独特的民间艺术项目，具有深厚的群众基础。1992 年，石城县被省文化厅命名为"灯彩之乡"。2008 年，石城灯会被列入第二批国家级非物质文化遗产代表性项目名录。2012 年，石城县被中国民间文艺家协会命名为"中国灯彩艺术之乡"。

石城灯会（灯彩）有龙灯、狮灯、马灯、蛇灯、茶篮灯、宝伞灯、牌灯、鲤鱼灯、罗汉灯、蚌壳灯、船灯、八宝灯、板桥灯、麒麟送子灯等几十种，用各色纸张和竹篾（今也有用薄钢条者），编、扎、画、剪、贴精制而成，具有形象逼真、色彩艳丽、制作精美等特点。表演时，龙灯、狮灯动作粗犷、豪放；茶篮灯一类轻盈、活泼、滑稽、泼辣、诙谐、灵活。音乐多为石城特有的民间打击乐，曲调多为石城地方歌曲和赣南采茶戏音乐旋律，节奏明快，悠扬悦耳。石城灯会（灯彩）从彩灯制作、舞蹈表演、音乐创作等方面充分展现了客家先民的文化艺术创造力。它扎根于人民群众，世代相

石城——中国灯彩艺术之乡

传，具有鲜明的地方特色，反映了石城深厚的客家文化底蕴，为增进团结，维护社会稳定，进行文化交流起到了重要的纽带作用，充分体现了石城人民运用传统工艺的高超水平和对美好生活的向往。

## 二、国家级非遗项目——石城砚制作技艺

石城砚早在北宋时期就以天然色彩丰富、花纹图案独特而著称于世，曾作为进贡砚品。清代曾兴仁《砚考》中誉之为"花蕊石砚"，因产于江西省石城县龙岗乡，又称之为"龙岗砚"。石城砚制作技艺神妙精湛，古今著称于世。2021年，石城砚制作技艺被列入第五批国家级非物质文化遗产代表性项目名录。

"山河一统，珠玉重光"砚

石城砚石料蕴藏于山腹深涧，石质温润如玉，石色五彩斑斓，石纹蜿蜒奇特，石画清晰如绘，堪称鬼斧神工。设计时，要认真审视砚石的纹理、色彩、图案，确定砚堂的位置，注重天然纹理与石色的提炼与利用，用工越少越好，求其天趣自成。

雕刻是实现石城砚设计的最重要手段，要点是依石雕形，巧色利用，巧纹利用，采用浅雕、浮雕、镂雕等雕刻手法，以求充分表达创意。

## 三、省级非遗项目——石城肉丸制作技艺

肉丸亦称肉圆，因其形近且含团圆之意。据说，元朝初年，谢氏琴江始

石城肉丸

祖复泓公时任浙江主簿，上任后第一年冬，衣锦还乡，随从簇拥。一到家乡，便发出请柬邀请县衙官吏和全县绅士，在家中大摆酒筵。开宴前几日，宗亲便坐下商议如何招待宾客。大家思前想后，最后想到了将鱼和猪肉捶烂，再加进薯粉，制成具有特色风味的肉丸。

石城肉丸制作，主要有选肉、切肉、捶肉、擂肉、配料、捏料、蒸（煮）肉丸等流程。石城鱼、肉丸，形圆球状，生料圆球直径在 1.5 寸左右，蒸熟出锅时，直径可达 2 寸多。色乳白，味鲜美，质松软，有韧性，气味浓香，深受宾客喜爱，正如石城客家民谚所说，"席无鱼肉丸，不称摆酒筵"。

## 四、省级非遗项目——横江重纸古法造纸术

横江重纸古法造纸术于北宋传入石城，清乾隆时期横江重纸被列为"天然国宝"进贡宫廷。清道光四年《石城县志》记载："去城六十里，礼上里有横江纸，煮竹丝为之，制造甚精洁，省会山左通行，每商贾贸贩，岁不下累万金。"横江重纸纸张具有洁净、细嫩、光滑、韧度强、耐水性好、能抗虫蚀，保持数百年不变质的优点，书写效果可与徽宣相媲美，而价格却不及前者一半。历史上横江纸包括毛边、玉板、玉扣、官堆、长行等种类，因"明如玉，质如扣"闻名于世，被统一美称为横江重纸，远销香港、澳门及东南亚各地。

横江重纸做工十分讲究。每年谷雨前后，东家选一个吉日，杀鸡祭祀山

神土地，然后上山砍竹麻，再溜到山脚，工人将它分筒、削皮、开竹、扎把、挑麻，再放进湖塘。放进湖塘时，每放一层竹麻，就在其上撒一层石灰，直到竹麻与石灰填满后，再灌满清水并压上石头。一个月后，将洗净的竹麻片再次放入水中浸泡，四个月后就可以下湖剥竹麻了。剥麻时，先剥去竹黄，然后榨干，再挑到纸寮中，放到用竹制的搓鼓中，用脚在搓鼓中踏麻，直到踏成竹浆状为止。做纸时，要会先制备好蓝水（毛冬青汁）。将竹浆倒入槽坊中，加入适量的清水，用竹爪捞掉竹丝，再倒入蓝水，之后用木耙搅成无粒状浆水即可。接下来就是抄纸，先把纸浆中的水漏去，再将纸浆反扣到榨板上，榨干水分，最后抬到纸桌上进行开纸。第二天，将分开的纸坯刷于墙上，刷平整后，焙干撕下，放在铺板上，由师傅进行裁切，最后扎上青竹皮条，重纸即制成。

横江重纸制作技艺，县内以横江、洋地为主产地。近年来，传统造纸技术因制作难度大，工艺周期长，工序烦琐，学这门技艺的年轻人越来越少。加之工业纸价格的冲击，给传统造纸业造成了极大压力，由于经营不善，不少纸农停产外出打工。环境保护部门出于生态保护需要，禁止县内土法造纸，横江重纸古法造纸术呈濒危状态。

### 五、市级非遗项目——石城客家清明祠祭

客家清明祠祭典礼，是客家祖先自唐宋以来所传承的华夏文明之祭祀礼俗。在中国五千年文明史上，它以祭祀先祖和去世的亲人亡魂、表达祭祀者对死者的缅怀之情为宗旨，以安托鬼魂、饿鬼、幽魂、孤魂为意愿，以祈祷先祖保佑祠胤房房兴发、家家安泰为心愿，以荫庇后裔之工农仕商鸿运亨通、科甲蝉联、富贵荣华为目的。

石城客家清明祠祭，历代盛举隆仪，其祭仪程式基本沿用祖传"三献礼"仪式。典前省牲，铺设灯彩，祖公太神位前供奉"五牲"茶酒糕果之祭品。典始鸣钟（金）发鼓，奏乐鸣爆，执事，祭孙就位为祖宗安位，迎

神，行仪叩拜，裔孙跪祭于堂，心无杂念，时而敬香，时而献酒、献牲、献帛、献馔、献肴、献茶。典终送神上位寝列，众裔孙叩拜送祖，焚文鸣爆。至宴时分，仍以丰腆宴菜先行敬祖，再鼓乐开台，合族裔孙笑饮丰盛之清明酒宴。

在清明祠祭礼俗中，无论何姓何族，无论地位尊卑，无论贫富，上至君王，下及平民百姓，都会自觉参与并虔诚致礼，这就是客家人尊祖奉先敦宗睦族的孝道和礼教之传统。

### 六、市级非遗项目——石城丧葬礼俗"点莲灯"

石城丧葬礼俗——点莲灯，起源于唐初，唐宋时期传入石城客家地区，是民间祭祀礼仪之一。

石城葬礼点莲灯，是传统人生礼俗程序之一，它以七七四十九盏油灯（一只灯盏中一条灯芯淋上茶油点火），放在莲灯树架之铁圈上，共分七层，每层七盏灯火，呈上小下大莲花形，再加送天神一盏灯，土地神一盏灯，合为五十一盏莲花光明灯，且由死者女儿在每盏灯火的铁架上倒挂森香一炷，其意为父（母）死后，子孙女婿代代香火鼎盛，红红火火。在点莲灯过程中，由道士们采取唱、念、手舞足蹈的演奏形式念唱经忏辞赋及歌谣，由死者的女婿（子孙）端灵牌走槽（绕莲灯树走圈）。一般人家点一树（一个晚上）莲灯，但子女多者会给父（母）点三树（三个晚上）莲灯，传说点一树莲灯得一盏火，点三树得一树。古话说：一树莲灯亮堂堂，照亮父（母）各间房，照亮大人西天路，佑得子孙满祠堂。

葬礼之点莲灯，是石城为去世者举行的一种礼俗活动，其宗旨是用莲灯火照亮死者的魂魄去阴府之黑暗的黄泉路及阴府住所，其次是通过点莲灯说唱的方式，宣传和告诫世人不可作恶造孽，要多行善积德，要尊老爱幼，孝顺双亲。

### 七、市级非遗项目——石城王润生毛笔制作技艺

石城王润生毛笔制作技艺，是由王润生遍访名师后创造并发扬光大的一种毛笔加工技艺，至今已有百余年历史。

王润生毛笔，品种繁多，大如扫帚，小似悬针，其主要原料有兔毛、羊毛、黄鼠狼毛、石獾毛、香狸毛、麻丝等，可谓用毛精贵，原料上乘。

王润生毛笔制作技艺主要流程有选毛、撮毛、齐毛、压毛、整毛、梳衬毛、夹衬毛、护外毛层、顿平笔头、抖笔杆、笔头上胶、抖毛笔头、烙笔庄字号、包装等工序，有 100 余道工序。

王润生毛笔制作精良，用料名贵，技艺精湛，其含墨丰富，书写流畅，经久耐用。它在使用过程中，不脱

王润生毛笔

毛、不开叉，使书写者有得心应手之好感，因而近销我省诸县，远销邻省、台湾和日本、东南亚等地，深受用者喜欢。

### 八、市级非遗项目——通天寨传说

通天寨位于江西省石城县琴江镇大畲村境内，典型丹霞地貌，距县城 6 千米。通天寨是国家级 4A 级景区。

通天寨的传说故事很多，流传很广。有景物类的，有人物类的，如《通天寨来历的传说》《千佛丹霞的传说》《长庚门的传说》《生命之根与生命之门》《仙人犁田》《玉盂禅寺的传说》《将军桥的传说》《宝伞灯的传说》《仙姑岭的传说》《少出酒多出糟》《花灯仙子的传说》等数十个，简要举例如下。

通天寨上传说多

　　《南庐屋后龙山通天寨的故事》。传说远古时期，通天寨是东海龙王的行宫。东海龙王派了龟仙夫妇负责守卫，并将此山命名为"龟仙山"。千万年过去，龟仙夫妇化成了一对石龟，其余的龟兵龟将则化作无数的龟裂石板，成了这座山永恒的守护神。

　　《南庐屋后龙山的生命之根与生命之门》。传说两位仙人为争夺风光秀丽的通天寨为自己的修炼处，化成了两支疯狂冲天的石柱祸及四周的生灵。两根石柱被劈断后，玉皇大帝命令二郎神下界捉拿这两位仙人上天问罪。后来两人在修炼过程中产生了感情，化成了生命之根与生命之门。

　　通天寨传说故事均充满神话色彩，引人入胜，短小精悍，寓意深刻，有利于引导和启迪后人和睦友善、勤俭朴素、尊祖睦宗、崇文重教、勇于开拓、务实创新。

# 第四节　文保单位

据考古发掘信息，石城早在新石器时代就已经有人类活动，并有石器遗留。

据县博物馆资料，石城现有50处县级以上重点文物保护单位（简称文保单位），其中29处为传统历史建筑，21处为涉及苏区红色历史的革命文保单位。传统历史建筑中，有1处全国重点文保单位，即宝福院塔；5处省级文保单位，即桂花屋、"闽粤通衢"门楼、五龙岩摩崖石刻、永宁桥、陈联民居。市级文保单位1处，即大秀谢氏宗祠。22处县级文物保护单位，分别为后稷庙、宋明古城墙、海藏寺摩崖石刻、仙桃岩、太平天国古战场遗址、红石寨古战场遗址、田江土楼、通天寨古战场遗址、桂竹节孝坊、石马寨古战场遗址、大畲古民居（南庐屋）、耕读处门楼、迳里坊式亭、丰山古窑址、子成翁祠、河源贞节坊、赖世璜墓、圣旨节妇墓、下坑幽字形古井、陈岗（江）上民居、琴口水电站、沔坊何氏石祠、七岭福广公祠等。部分文保单位简介如下（革命文保单位后有另文专述）。

## 一、国家级文保单位：宝福院塔

宝福院塔，旧称宝福塔，是我国保存不多的北宋古塔之一，为全国重点文物保护单位。

宝福院塔位于琴江镇梅福村，县城东南的宝福寺旁，紧邻琴江河。该塔始建于宋徽宗崇宁元年（1102），落成于大观四年（1110），是一座楼阁式佛塔，为北宋高僧应可、道符率僧众募资而建。塔身七级六面，呈竹节钢鞭形。塔高59.8米，自下而上逐级微收，高而不危。每级有六扇门，三开三闭，可绕平座（即"吊楼""阳台"）穿壁而上塔顶。登临远眺，远近山川，江城风貌，尽收眼底。檐角悬挂铜铃，风吹铃动，卢播江城。飞檐重叠，占朴雄浑。塔墙南较直而北较斜，虽经近千年风雨，仍挺立江边。

宝塔结构精巧，造型独特，既保存了盛唐遗风，更有典型的大宋风格，是客家先民将中原文化与闽粤特色融合的结果，是古代劳动人民智慧的结晶。它的保存，对于研究古代建筑、材料、天文、地理、美学、水文、社会经济及文化都有较高的价值。1959 年被江西省人民委员会公布为文物保护单位，2006 年 5 月 25 日被国务院公布为第六批全国重点文物保护单位。古往今来，文人雅士对宝福塔及其衍生景致多有吟咏，"塔影江心"为石城古"琴江八景"之一。

宝福院塔在历史上曾遭三次兵燹，经历了四次大修，分别在明洪武三年

宝福院塔

（1370）、清顺治十二年（1655）、1991年、2015年。今已扩建宝福寺，并以塔、寺为主体兴建宝福公园。

## 二、省级文保单位——五龙岩摩崖石刻

五龙岩摩崖石刻距县城约4千米，位于琴江镇西外村，西华山南麓，长150米，最宽处约3米，为江西省文物保护单位。

五龙岩摩崖石刻

岩中有宋、元摩崖石刻多处。宋陈孝荣题刻行书"清胜五龙岩"五字，阴刻繁体。"清胜"二字在上，长120厘米，宽57厘米。"五龙岩"三字在下，长180厘米，宽57厘米。左下阴刻竖行楷书"嘉定己卯结夏日邑人陈孝荣书"，繁体。陈孝荣系陈敏第七子，官武经大夫，殿前司催锋军统制。宋赵东之七律《停骑》诗刻，诗后有文曰："嘉熙戊戌上巳，邑令三山赵东之来访灵迹，偶得句，因笔于石。"元李克家诗刻，诗共两首，即五言诗《昔人题诗》和七律《一枝绿竹》。诗前有引言曰："天历二年己巳冬十月，朝观五龙岩。昔贤留题，追和二首，丰城李克家。"岩中另有石刻一方，仅存"岁次"二字。

## 三、省级文保单位——永宁廊桥

永宁廊桥位于高田镇上柏村，2000年7月被公布为第四批江西省文物保护单位。

该桥为单孔石拱桥，跨上柏溪，桥长34米，宽5.2米，拱跨10.6米，

永宁廊桥

拱高 4.4 米。桥上加廊，廊阁分为 12 间，中部两间为二层亭阁，左右各 5 间为单层桥廊，廊与阁均为穿斗式梁架结构的木构建筑，以木柱承重。柱上分别安插地栿、额枋，柱顶安穿枋式木屋架，以承屋面。廊外用木板围护，以挡风遮雨，廊内设木凳靠栏，供人休息。桥中部亭阁为歇山顶，地面比两边桥廊高一尺左右，靠两边桥身处用卵石封砌，桥上建筑面积 176.85 平方米。廊桥合一的建筑风格，省内少见。

### 四、省级文保单位——"闽粤通衢"门楼

"闽粤通衢"门楼位于县城城北兴隆村，2018 年 3 月被公布为第六批江西省文物保护单位。

自唐宋以来，郭头街是官方驿道，也是古人通过石城东进福建、南下粤东的必经之地，是客家人中转、南迁的见证。同时，这里是明清时期景德镇

瓷器出海的重要通道，因此也是"一带一路"的重要节点。

"闽粤通衢"门楼始建于明万历年间，原为镇武楼，旧称镇武行祠，清顺治十一年（1654）知县郭尧京重建。镇武楼是一座造型独特的城楼，为城垣外廓，是镇守石城北关的重要防御设施，因此又被称为"敌楼""箭楼"。门额上有石刻"闽粤通衢"四个大字，至今清晰可见。楼内通长 12 米，下跨孔道，底层用青砖砌就。城门上建阁楼，为"元帝阁"（本名"玄帝阁"，为避康熙皇帝名字而改玄为元），其阁为穿斗式梁架木作结构，歇山顶。面阔二间 12 米，进深二间 8.20 米，面积 98.4 平方米，阁中曾供奉有玄天上帝神像。此外，阁楼中保存有明万历年间、清顺治十二年（1655）、康熙十五年（1676）、雍正二年（1724）和乾隆年间石碑多通，记载有该楼的历史沿革和维修详情。

作为中原汉人南迁的历史实物见证和历史信息的载体，"闽粤通衢"门楼的保存对于研究客家民系的形成、发展有着极其重要的意义。

### 五、省级文保单位——陈联民居

陈联民居位于木兰乡陈联村，2018 年 3 月被公布为第六批江西省文物保护单位。

陈联民居始建于清嘉庆、道光年间，为温姓大户人家所建。整个建筑占地 2193.75 平方米，建筑面积 4100 余平方米，内有大小房间百余间，只有三道门进出，为封闭式"回"字形走马楼式建筑。墙基、门窗均用花岗岩条石砌筑，外墙用黄泥、沙石、石灰拌红糖、米汤混合垒砌而成，十分坚固，部分内墙和门楼用青砖砌筑。飞檐采用斗拱式结构，檐口有各种图案的彩绘，窗棂别致，颇具江浙古建园林风格，门楼、走廊、墙壁、梁柱上雕龙画凤，有人物故事、飞禽走兽、花鸟虫草等各种浮雕和彩绘，技艺精湛，形象生动。

整座建筑造型独特，设计合理，古朴典雅，气势恢宏，凸显了客家古建艺术的风采。

陈联民居

## 六、省级文保单位——太平天国幼天王洪天贵福囚室（桂花屋）

桂花屋位于县城桂花巷，1987 年 12 月被公布为第三批江西省文物保护单位。

桂花屋是保存较好的客家民居，清代客家民居的典型代表，体现了独特的客家建筑文化，也曾作为太平天国幼天王洪天贵福囚室。

该屋系当年石城富豪黄性存建造，砖木结构，悬山顶，三堂两横式民居，中有天井，后为正房，两边厢房，前后庭院，占地面积约为 1500 平方米，有 70 余间，分前厅、中厅、后厅三进。门额楷书阴刻"怀永"二字，年款为"咸丰辛亥"（1851）。整个建筑富丽堂皇，高墙深院，是典型的客家民居，保存比较完好。

清同治三年（1864）天京（南京）失守后，太平天国幼天王洪天贵福（洪秀全长子）在干王洪仁玕等人的保护下，率太平军余部南下，10 月 23 日，幼天王在石城被捕，囚禁于桂花屋内。以幼天王为首的诸王在石城被俘，表明历时 14 年之久的太平天国运动彻底终结。桂花屋成为这段重要历史的实物见证和历史信息的载体，它的保存，对太平天国后期革命斗争的研究具有重要意义。

桂花屋与太平天国运动有诸多巧合之处。前两个巧合是，该民居修建于 1851 年，落成于 1864 年，与太平天国起义、灭亡时间一致；三是地点巧合，太平天国运动是在广西发动起义，而广西简称"桂"，而桂花屋同样有个"桂"；第四个巧合是，桂花屋有五进马头墙，而当时正好在此关押了"五王"；第五个巧合是，太平天国运动盛于南京，南京被称为石头城，而太平天国终结的地方则是石城。

2009 年，石城县人民政府对桂花屋进行了修缮，将其打造成了集太平天国史料馆、石城人物馆、客家民俗馆于一体的桂花屋陈列馆。2019 年，桂花屋以"太平天国在江西"为主题进行了重新布展，成为江西省内唯一一处专题展览介绍太平天国运动的场所。

桂花屋

# 第四章

# 苏区重镇　红色石城

.

　　赣南苏区是中央革命根据地的主体，是人民共和国的摇篮，是苏区精神的发源地。2011 年 11 月 4 日，在纪念中央革命根据地创建暨中华苏维埃共和国成立 80 周年座谈会上，习近平同志指出，在革命根据地的创建和发展中，在建立红色政权、探索革命道路的实践中，无数革命先辈用鲜血和生命铸就了以坚定信念、求真务实、一心为民、清正廉洁、艰苦奋斗、争创一流、无私奉献等为主要内涵的苏区精神。

　　自 1927 年 8 月周恩来、贺龙率南昌起义部队途经石城，到 1934 年 10 月主力红军北上长征后组建石太游击师，在石城县境内发生了众多重大革命事件。

　　从大革命时期到 1949 年 9 月 30 日石城解放，石城中共党组织领导的革命斗争从未中断。土地革命时期，红色政权覆盖了整个石城区域。石城先后建立第一支革命武装"罗陂游击队"、第一个党的基层组织"中共罗田党小组"。苏区时期成立的中共石城县委下辖 14 个区委、110 个党支部，县苏维埃政府下辖 14 个区苏维埃政府、111 个乡苏维埃政府。目前，保留的革命遗址旧居共有 41 处（其中县级以上文保单位 21 处）。还有大量红军歌谣传唱于民间，无数红军标语、苏区文物留藏民间。

　　石城人民为中央苏区的创建和巩固作出巨大贡献和牺牲。据不完全统计，仅 1931 年 10 月至 1934 年 10 月，13.6 万人的苏区石城，有资料可查参加红军的就有 19327 人，经过长征到达陕北时仅剩 73 人，有姓名可查的革命烈士达 4225 人。涌现了以原云南省省长刘明辉，开国少将郑三生、温先星、赖达元、伍生荣以及《七根火柴》主人公原型郑金煜为代表的大量英雄人物。

# 第一节　重大事件

石城是中央苏区的核心区域、中央红军长征重要出发地，见证了众多改变历史进程的重大革命历史事件。如宁都起义部队在秋溪整编，诞生红五军团；拔除石城南部白色据点的斗争，使得赣南闽西革命根据地连成一片；设立苏维埃国家银行秘密金库，为红军发展打下坚实的经济基础；设立太雷县，为中华苏维埃共和国临时中央政府直辖县；实施石城阻击战，为苏区中央领导机关和红军主力准备战略转移赢得宝贵时间。

石城在苏区革命时期写有浓墨重彩的篇章，为中国革命作出了巨大的贡献。

## 一、八一起义红石城

中国共产党领导的"八一"南昌起义，打响了武装反抗国民党反动派的第一枪，开创了中国共产党独立领导武装斗争和土地革命新时期。

起义胜利后，根据中共中央原定计划，起义军在周恩来、朱德、贺龙、刘伯承、叶挺等率领下，从南昌出发南下广东。8 月 18 日，部队抵达广昌后，兵分两路，第十一军为右纵队，第二十军为左纵队，分别经宁都、石城平行向瑞金推进。

8 月 22 日清晨，起义部队共 7500 人，在周恩来、贺龙、朱德等人的率领下，抵达石城北部重镇——小松。结合当地情况，起义部队随即展开了宣传活动。部队官兵四处张贴《中央委员宣言》《国民革命军总指挥告示》等布告，并张贴散发"没收大地主土地""耕者有其田""欺压民众者杀""抬高谷价者杀""穷人不打穷人"等标语传单；召开群众大会，广泛宣传中国共产党的政治主张，向群众讲述革命道理，宣传土地革命政策，引导群众认识武装斗争的重要意义，要人民群众把部队当作自己人；揭露蒋介石背叛革命、屠杀工农的反动本质，号召广大人民群众团结起来推翻国民党的统治。

由于宣传得力，措施得当，加上起义部队纪律严明，买卖公平，爱护群众，广大群众很快就打消了疑虑，从内心认识到这是自己的部队，商店照常营业。老百姓自动办起了临时接待所，帮助起义军煮稀饭、烧茶水、背行装、买柴米，并积极为起义军捐钱捐物。一些贫苦农民还积极报名参军，15岁的许景荣（后改名为徐颖）也参加了部队的工农服务队。

下午，起义部队入驻县城。贺龙等领导住在陈家祠。8月23日，起义部队来到屏山，安扎于九族祠。部队领导人召集当地进步人士杨庆荣、温森炎等在九族祠开会，向他们了解当地情况，宣传革命道理，点燃他们心底反抗的火种，要他们协助起义部队做好宣传工作，并要求他们尽快组建游击队，开展武装斗争。此后，起义部队到达秋口，经大由、罗田，向瑞金壬田挺进。在起义部队的宣传教育下，大由贫苦农民陈团女、黄育仪、李培中、李仲元等人毅然加入起义部队。25日，起义军全部离开石城。

起义部队在石城召开前委会会议，专题讨论贺龙、郭沫若、彭泽民等3人入党问题。因朱德所部在壬田与粤军前哨部队相遇，正在交战。周恩来遂决定等打败敌人，攻占瑞金，再为贺龙等人举行入党宣誓仪式。

起义军在石城的时间虽短，但做了大量的革命宣传发动工作，不仅给石城的反动当局及土豪劣绅以沉重打击，而且唤醒了石城人民，在石城人民心中播下了革命的火种，从而有力地推动了石城土地革命斗争的兴起。

## 二、毛泽东多次来到石城

第二次国内革命战争时期，毛泽东与其他老一辈无产阶级革命家一起，出生入死，历尽艰险，创建了中央革命根据地。在石城这片红土地上，处处都有他的足迹和故事。

1929年1月，为打破敌人对井冈山革命根据地的围剿，毛泽东、朱德、陈毅率红四军主力转战赣南，3月7日，从广昌到石城桐江，经小松、长乐到县城，住在观下。8日到团溪，接见罗陂游击队陈树帮并作指示。其后，毛泽东与朱德率红四军主力在石城的罗田发动群众，开展打土豪斗争。11日，与朱德率红四军主力第一次入闽，进抵福建省长汀县境。

1930年6月，红四军、红十二军、红三军整编为红一军团。25日，毛泽东率部从长汀来到石城南部的龙岗，指示红十二军留在石城开展工作，建立革命政权。26日，毛泽东率部经宁都往长汀进发。

1931年7月12日，毛泽东率红一方面军前委和总部直属队从福建建宁出发，千里挥师赣南，经木兰进入石城，在杨坊召开贫农团负责人会议并作指示，住小松。14日（一说13日），经长乐抵达县城，住城郊司前，接见石城县委书记黄亮明，并对石城工作作出指示。15日，在西门坝召开工农群众大会，毛泽东发表演说。会后，毛泽东率部经屏山、宁都往兴国。

1931年10月22日，毛泽东从瑞金来到秋溪红家垅红四军军部，召开营以上干部会议，总结了一至三次反"围剿"斗争的经验，研究部署攻打地主武装盘踞的土楼山寨的作战方案。

1931年12月中上旬，毛泽东与朱德、萧劲光等从瑞金至石城县秋溪村，随后到洋地、屏山、横江等地视察红四军各师团部，主持召开有红军和地方主要领导人参加的会议，决定红四军在地方武装配合下钳制广昌方向的敌第六路军，继续围困石城南面的敌军据点，以支援宁都起义，并指示地方党组织动员人民群众做好热烈欢迎起义部队的工作。

1931年12月22日，毛泽东出席在石城秋溪村背屋岭召开的大会，欢

毛泽东同志旧居

迎在宁都起义的原国军第二十六路军，并作重要讲话，指出宁都起义的重大意义和今后改变军阀制度的任务，希望新编的红五军团努力变成无产阶级革命化的军队。毛泽东接见了起义将领，探望了红五军团伤病员。

1932 年 8 月，毛泽东来到石城横江视察地形，亲自考察确定了横江镇张坑村烂泥坑为国家银行秘密金库。

1932 年 10 月上旬，宁都会议后，毛泽东率警卫人员从宁都七里村出发，经固村来到石城大由，听取了区苏主席陈有长的汇报并作出指示，第二天经龙岗去长汀。

1934 年 6 月，毛泽东率警卫人员和学生团数十人，从瑞金来到石城龙岗，在龙岗樟树下召开工农群众大会并讲话。翌日，经屏山到县城，在县苏维埃政府所在地——东南梅福村新屋里（又名紫荆山房）召开县委、县苏维埃政府主要负责人会议,第二天到小松、桐江视察工作,随后回到县城,在城西门口召开大会并讲话。会后经屏山、龙岗返回瑞金。

### 三、红五军团在秋溪整编

1931 年 11 月,中华苏维埃第一次全国代表大会在江西瑞金召开,宣告中华苏维埃共和国临时中央政府成立。临时中央政府刚刚成立,国军第二十六路军的 1.7 万余名官兵,毅然响应中国共产党的号召,调转枪口加入中国工农红军。

位于中央苏区核心区域的秋溪,因其特殊的地理位置和深厚的红色底蕴,光荣地承担了这一历史重任。根据中央革命军事委员会的决定和部署,起义部队于 12 月 17 日入驻石城的横江、秋溪、龙岗一带,开始为期两个月的整编,整编总部就设在秋溪背屋岭。原本以赣东闽西为主要作战区域的红四军,则分别在石城的东、西、北安排了一个师作为警戒,以确保改编的胜利。

起义部队的整编,主要是进行以建立共产党对这支军队的绝对领导为中心内容的"换血"工作。不但采取混编办法,重新编制,还在部队建立起党的组织和政治制度,建立民主集中制。通过组织政治学习,开展军事训练,提高部队的政治、军事素养,克服旧军队的各种不良作风。据一些当地健在的老人回忆,当时,石城县的全体军民都被紧急动员起来,横江、秋溪、龙岗人民把房子腾出来,让给起义部队官兵临时居住。针对起义官兵大多来自北方,水土不服导致病号不断的现象,秋溪人把最好的房子拿出来,设立临时医院,把军医和土郎中都集中到医院来,给起义官兵诊病情下处方,革命群众还纷纷上山采草药,供给医院急用。一时间,小小的秋溪人欢马嘶,热闹非凡。

12 月 22 日,在秋溪背屋岭举行了庆祝整编胜利大会,起义部队与原红军部队重新混编,正式成立红一方面军第五军团。红一军团的红四军、红

红五军团司令部旧址

五军团，还有大由、龙岗、秋溪、横江、屏山等地的群众 2 万多人参加了大会。毛泽东、朱德、罗荣桓、萧劲光等出席了大会，毛泽东、朱德还在大会上作了重要讲话。位于中央苏区的红一方面军由 4 万余人猛增到 6 万人。

整编后的红五军团，迅速成为红军中的一支劲旅。之前，苏区军民说到红军的时候都说"一军团的冲锋，三军团的包抄"厉害，此后又加上了"五军团的马刀"。红五军团参加了第四次、第五次反"围剿"的战斗。在二万五千里长征中，红五军团经常执行断后、掩护任务，打了许多恶仗、硬仗。紧要关头，红五军团指战员往往手持大刀上阵，与敌军短兵相接，杀得敌人血肉横飞，闻风丧胆。然而，红五军团自身的伤亡也很惨重。长征出发时，全军团有 1.2 万人，到了长征结束时只剩下不足 4000 人。更令人惋惜的是，红一、二、四方面军在西北会师后，红五军团（这时已改称红五军）

奉命参加西路军西征,在甘肃河西走廊的高台城陷入马家军的重围。经多日激战,高台城被攻破,红五军团随之进入历史长河。

### 四、苏维埃中央政府国家银行秘密金库在石城设立

自三次反"围剿"胜利后,一方面中央苏区的得到巩固和扩大,在瑞金成立了中华苏维埃中央临时政府,苏维埃国家机构和组织不断建立,中央苏维埃政府设立了苏维埃国家银行和国家银行金库。

中华苏维埃秘密金库旧址

1932 年 8 月,毛泽东主席亲自到石城视察地形,确定石城横江镇烂泥坑为准备第四次反"围剿"时作为中央的大后方和重要的战略物资仓库,准备把原来拔除白色据点,攻打石城红石寨、瑞金壬田寨等地和打土豪缴获的物资,以及将攻打福建漳州战役缴获的战利品和筹集的资金都运往这里。

1932 年冬秘密金库正式在此设立,派驻那里看

中华苏维埃秘密金库陈列馆

守的人员均为毛泽东警卫连战士，先后有廖治新、吴吉清、李捷胜等，看守人员除担负看守任务外，还将缴获的物资如锡器、金银首饰等制作成锡砣、金砖、银块等，便于保存和运输。秘密金库的物资除去提供中央苏区反"围剿"使用的部分，直到1934年8月，保存在那里的物资还剩余大量的银圆、金条，不少的银圆宝和纸币。长征前夕取出时，除金条和纸币统一保管外，分发参加长征的红军每人保管的银圆达30块之多。

这些物资在第四、第五次反"围剿"战争和红军长征中发挥了积极的经济保障作用，为苏区中央反"围剿"和中央红军长征的胜利提供了重要的经济保障。

### 五、中华苏维埃临时中央政府直属县——太雷县的设立

随着红色区域的不断扩展和革命政权的不断巩固，1933年8月16日，中央人民委员会第48次会议决定，增设太雷县，随即成立了太雷县临时苏维埃政府。太雷县先属江西省苏维埃政府管辖，1934年5月后，太雷县与瑞金、西江、长胜同为中央直属县。

1933年11月底，太雷县第一次工农兵代表会在横江召开。大会宣布正式成立太雷县苏维埃政府，并选举产生了太雷县第一届苏维埃执行委员会，温振兴为县苏维埃政府主席。大会部署了太雷县成立后的工作方针和各项任务，具体布置了借粮筹款、扩大红军、优待红军家属等工作。

太雷县县苏机关驻横江车寮脑上（后曾为横江粮管所），内设土地部、粮食部、军事部、文教部、政治保卫局、工农检察部等工作部门。下辖原石城县属的横江、大由、龙岗、珠江（珠坑）、洋地，以及原属瑞金的日东、湖陂和原属福建宁化的淮阳等8个区苏政府。1934年10月红军长征前夕，太雷、石城两县的党、政、军、群工作人员合编为有700余人、500多支枪的石太游击师，由太雷县军事部长陈银发任司令员，县委书记温兴浪任政委，继续与围剿的敌军周旋。1935年2月18日，游击师在横江七古磜上的

太雷县苏维埃政府旧址

古子寨遭到袭击并被打散，太雷县委、县苏停止活动。

作为曾经的中央直属县，太雷县为革命作出了重大贡献和牺牲。中华苏维埃共和国临时中央政府机关报《红色中华》中有多处涉及太雷县的记载。即使不算后来被划回瑞金和福建宁化的几个乡的数字，在石城总共 4225 人的烈士名单中，太雷县有近 2500 名烈士，而其中横江的烈士数量最多，达650 名。

### 六、石城阻击战

1933 年 9 月，蒋介石组织兵力 100 万人、飞机 200 架，对各革命根据地发动了大规模的第五次军事"围剿"。其中进攻中央苏区的即有 50 万兵力。北路军由顾祝同任总指挥，主力分别集结于江西南昌及其以南的临川、南城、吉水等地，并逐步向南推进。

石城阻击战纪念碑

　　由于"左倾"领导人错误的军事路线，在敌军"步步为营、堡垒推进"的战术面前，红军根据地的范围越来越小。1934年4月28日，苏区北部的重要门户广昌县被敌占领。8月30日，与石城毗邻的广昌驿前陷入敌手。至此，在红都瑞金北部就剩下石城这最后一道屏障，为了迟滞敌军向中央革命根据地中心地域的进犯步伐，保障中央领导机关和中国工农红军主力部队的安全集结与转移，9月8日，中央革命军事委员会主席朱德电令彭德怀（军团长）杨尚昆（政治委员）率领红三军团在石城北部设防阻敌以保卫瑞金。根据中革军委的指示，参战的红军部队在广（昌）石（城）交界处分水坳至石城县城城北李腊石约50华里的纵深地域里，设置了三道防御地带。

　　参加石城阻击战的部队近3万人，除红三军团第四、五、六师以外，还有以彭绍辉为师长、萧华为政委的红一军团第十五师（少共国际师），以及闽赣军区独立七团、独立十一团和石城地方部队。敌军经过26天准备后，以第五纵队第十一、十四、六十七、九十四师，第三纵队第六、七十九师，第十纵队第四、八十八、八十九师，以及卜福斯山炮营和石城保安团约10万人的兵力集结于石城外围，并调派空军驻于广昌临时机场。在多次小规模遭遇战后，1934年9月26日拂晓，石城阻击战正式打响。

经过12天的激烈战斗，石城阻击战宣告结束。遵照中革军委的指示，红一军团第十五师于10月8日晚从驻地出发，于16日到达于都。红三军团第四、五、六师于12日晚出发，于16日晚抵达于都县北部。

石城阻击战，是长征前夕红一方面军在中央苏区北线战场进行的最后一次规模较大的战斗。这次战斗从准备到红军主力完全撤离石城，历时40余天（其中在小松境内30余天），它不仅给了进犯之敌以大量杀伤，而且有效地迟滞了敌军南犯的步伐。红军阻击敌人进犯石城的实际时间，比中央军事革命委员会原定计划多了6天，为中央领导机关和主力红军安全集结与准备转移赢得了宝贵时间。

### 七、中央红军长征重要出发地

2006年，来石城进行考察的原中共中央党史办副主任、著名党史专家石仲泉欣然题词："石城是中央红军长征重要出发地。"

中央红军长征，是事关全党、全军、全国历史的重大事件。军队的出征，离不开人员、地点、时间和后勤等方面的保障，从目前掌握的资料看，石城在长征史上起着非常重要的作用。

1934年4月28日，"广昌保卫战"最终失利。随即，中革军委初步拟订出战略转移计划。为迟滞敌北路军向中央革命根据地中心地域进犯步伐，保障中央机关和主力红军安全集结与转移，中革军委令军团长彭德怀、政委杨尚昆率红三军团和少共国际师在石城北部设防阻击敌人。从9月26日石城阻击战正式打响，到10月7日根据中革军委命令红军主力部队主动与敌军脱离接触，开始长征准备工作，整个战斗历时12天。

按照中革军委的命令，中央主力红军从撤离防御阵地到突破敌人第一道封锁线，共有三次集结行动。第一集结行动是主力红军撤离阵地后，以军团为单位的休整准备；第二集结行动是为主力红军各军团安全迅速渡过于都河做准备；第三集结行动是为顺利突破敌人的第一道封锁线。

各野战军撤离战场后及时进行休整补充，并准备下一步军事行动的第一次集结点即长征出发地。1934 年 9 月中下旬和 10 月上旬，红三军团和红一军团第十五师一直在石城作战，其军事目的是阻击敌军陈诚指挥的北路军，为红军集结转移赢取时间。10 月 7 日，遵照中革军委电令，参加石城阻击战的主力红军将防务交给红军地方部队后，撤离战场，并将军事目标转移为做好大转移的各项准备。从该日起到 12 日止，部队以石城南部的观下、屏山、珠坑、横江一带为第一集结地，进行集结休整，做好人员、干部、弹药的补充，整理部队，加强军政训练。随后，从 10 月 9 日晚起，在石城补充兵员后的少共国际师约 8000 人从石城出发向第二集结地于都进发。10 月 12 日晚起，红三军团四、五、六师 1 万余人告别石城向于都进发。

位于石城的国家银行秘密金库为长征的经济保障作出了重大贡献。石城位于中央苏区核心区域，是中央苏区全红县，1932 年红军第三次反"围剿"胜利后，毛泽东亲自到石城横江烂泥坑视察地形，并确定在烂泥坑设立中华苏维埃政府国家银行秘密金库。秘密金库的建设得到了周围群众的大力支持，并全面做好了保密工作。1934 年秋，敌军加紧向中央苏区进攻，并逐渐向苏区核心地带压缩。长征前夕，这些财物从深山里运出，大部分分配到各军团，小部分专门组织连队押运，保障中央机关的使用。各军团又把部分银圆和钞票分到官兵手中，在后来的长征途中，红军用这些钱购买食物和用品，保证了战士的生活。

石城人民为红军长征提供了大量的后勤支援。红军长征前，石城人民积极动员青壮年参军，努力扩大红军队伍；动员妇女赶制草鞋，收集食品和物品慰劳红军；排演各种红色文艺节目慰问红军。这些感人的瞬间，在很多老红军的回忆录中都有详细的记载。据不完全统计，苏区时期石城人民累计认购公债 198000 元，退回公债 28459 元，筹集粮食 82772.5 担，捐稻谷 44630.5 担……虽然史料因岁月动荡而残缺，已经无法查寻到红军长征前夕石城人民捐款捐物的数字，但红军长征定然离不开石城等苏区仅存区域内人民群众的伟大奉献。

综上，从军事特性、出征人数、战略保障和经济后勤保障几个方面，可以印证"石城是中央红军长征重要出发地"，石城人民为中央红军长征作出了巨大的牺牲和不可替代的贡献。

## 第二节　苏区之最

### 最早受中国共产党政治主张影响的事件

1927 年 8 月 22 日至 25 日，"八一"南昌起义部队在贺龙、朱德的带领下经过石城。起义部队在石城广泛宣传中国共产党的政治主张，揭露蒋介石的反革命面目，号召广大贫苦工农团结起来同国民党反动派作斗争，大由、小松等地贫苦农民陈团女、黄育仪、李培中、李仲元、黄腾辉、许景荣等20 余人参加了起义部队。

### 最早在本地加入党组织的中共党员

1928 年 1 月，杨庆荣在瑞金经杨斗文介绍加入中国共产党。

### 最早建立的工农革命武装及其主要负责人

1928 年 3 月 19 日晚，杨庆荣召集罗陂工农青年 60 余人在大岭下丛林中开会，成立罗陂游击队，是石城县第一支工农革命武装组织。队长陈树帮，党代表杨庆荣，有队员 30 余名。

### 最早由党领导组织开展的革命斗争

1928 年 9 月 10 日，杨斗文来龙岗协助当地群众打土豪分浮财，此举鼓舞了龙岗工农群众的革命热情。

**最早建立的农民协会**

1928年10月17日，龙岗下迳乡农民协会成立，邹海东任主席，邹海如、邹镕金、刘寿松、廖旭光等人任委员。

**最早来石城的红军部队、主要人员及其主要革命活动**

1929年3月7日至9日，红四军在党代表毛泽东、军长朱德、政治部主任陈毅的率领下来到石城，分别在小松桐江、县城古樟村、大由罗田村召开了贫苦工农群众大会，宣传革命道理，号召广大工农群众开展革命。在小松组织工农群众打土豪，有许盛昌、许潘香、许应生、廖礼如等人；在团溪毛泽东接见了罗陂游击队队长陈树帮，指示他们要依靠群众开展革命斗争；在罗田打土豪，有潘有金等人。

**最早成立的中共党组织及其负责人**

1929年9月，杨斗文在老禾坑介绍罗田贫苦农民潘泽怀、潘理衡、潘炳南加入中国共产党，并成立罗田党小组，潘泽怀任党小组长。

**最早成立的党支部及其负责人**

1930年1月，罗田党小组扩建为中共罗田乡支部，潘泽怀任书记，共有7名党员。罗田支部是石城县第一个党支部。

**最早成立的乡革命委员会和乡贫农团、儿童团、少先队、赤卫队组织**

1930年1月23日，成立罗田乡革命委员会，袁昌东任主席，同时成立了乡贫农团、儿童团、少先队和赤卫队。

**最早开展土地革命的地方及时间**

1930年2至5月，罗田乡完成土地革命，广大贫苦农民第一次有了属于自己的土地。

**最早攻克石城县城的红军部队**

1930年6月27日凌晨，红十二军攻克县城。

**最早成立的县革命委员会和县武装组织游击队及其主要负责人**

1930 年 6 月 28 日，成立石城县革命委员会，谢学明任主席。同时，成立石城县游击队，黄凤子任队长，有队员 50 余人。

**最早成立的石城县级中共党组织及其主要负责人**

1931 年 2 月 26 日，中共石城县临时执行委员会成立，黄亮明任书记。

**最大规模拔除石城白色据点战斗的红军部队**

1931 年 10 月 8 日，为巩固红色革命政权，红四军第十师、第十一师、第十二师由宁都、瑞金分头向石城挺进，展开打土围，拔除白色据点战斗。军部驻秋溪红家垅。

**最早的县级游击师武装组织成立的地点**

1931 年 10 月 11 日，石城游击师在屏山成立，师长杨庆荣。

**红军最早最大规模成建制改造旧军队的时间及地点**

1931 年 12 月 17 日，国民党第 26 路军起义部队奉命来到石城龙岗、秋溪、横江，进行了为期两个多月的整训，改编组建为中国工农红军第五军团，下辖第 13 军、14 军、15 军，军部分别驻龙岗、秋溪、横江，红五军团军团部驻秋溪赖氏家庙明禋堂和孔良公祠。

**最初在石城设立中华苏维埃政府国家银行秘密金库的时间、地点**

1932 年 8 月，在横江镇张坑村烂泥坑设立中华苏维埃政府国家银行秘密金库，并作为重要的后方战略物资仓库。

**最初一次发行推销苏区公债的时间及数量**

1932 年 11 月，推销苏区中央第一期发行的公债 11960 元。

**苏区中央直属县——太雷县最早的管辖区域和县委书记及县苏主席**

1933 年 8 月 16 日，根据中央人民委员会第 48 次常务会议决议，增设太雷县，分别成立太雷县委，太雷县苏执行委员会，县址设立于横江市，管辖原石城县管辖的横江、大由、珠江、洋地、龙岗区和原瑞金管辖的湖陂、日东区及原福建省宁化县管辖的淮阳区。蔡祝峰任太雷县委书记，曾文辉任县苏执行委员会主席。

### 苏区资料中记载石城中共党员最多的时期及数量

1933 年 9 月，发展党员 209 名，至此，全县有中共党员 8256 名。

### 资料记载中石城一次性加入红军最多的时期及数量

1934 年 5 月，石城县（含太雷县）有 4540 人加入红军。

### 石城最大最惨烈的战斗

1934 年 8 月下旬至 10 月 6 日，根据中革军委的命令，在彭德怀、杨尚昆率领红三军团第四、五、六师，红一军团第十五师（少共国际师）、闽赣军区独立七、十一团在石城北部设防，展开石城阻击战。红军 2 万余人阻击敌军近 10 万人的进攻。战斗惨烈，双方伤亡惨重，仅少共国际师就牺牲了5000 余人。

### 在石城阻击战中牺牲的最高级别红军将领

1934 年石城阻击战中，红三军团卫生部长何复生光荣牺牲。

### 红十五师（少共国际师）踏上长征路前在石城的最后时间

根据中革军委电令，红十五师于 1934 年 10 月 9、10 两日晚离开石城踏上长征路。

### 红三军团踏上长征路前在石城的最后时间及地点

根据中革军委电令，1934 年 10 月 12 日晚，红三军团全部从驻地屏山、观下等地离开石城踏上长征路。

### 石太游击师成立初的组织机构及坚持的最后时间

1934 年 10 月 29 日，成立石（城）太（雷）游击师司令部，温兴浪任司令部政委，陈银发任司令员，下设 5 个中队，共 700 余人，500 余支枪。1935 年 2 月 17 日，石太游击师在横江镇张坑村七古磜被冲散。

### 石城境内最后一个被袭击解散的区游击队及被杀害的主要负责人

1936 年 7 月，高田区游击队在丰山福村遭周寿松保安团袭击，高田区委书记、区游击队政委陈菊华遇害。

**最终解放石城的人民解放军部队**

1949 年 9 月 29 日，中国人民解放军第四十八军一四四师四三二团三营进入石城。30 日凌晨，石城解放。

# 第三节 革命文保

据调查摸底，石城县共有 41 处革命遗址。其中 10 处省级文保单位，即宁都起义部队秋溪整编旧址（含明禋堂和孔良公祠）、红五军团医院旧址、屏山红三军团司令部旧址、友联红五军团司令部旧址、少共国际师石城阻击战指挥部旧址、梅福红一军团医院旧址、梅福红十二军军部旧址、红军后方医院旧址——鳌峰书院、石城阻击战临时包扎所旧址——杨村坊式亭。2 处市级文保单位，即红六师石城阻击战指挥所旧址、红十一师拔除红石寨指挥部旧址。9 处县级文保单位，即太雷县苏维埃政府旧址、中央革命军事委员会临时会议旧址、红四军军部旧址、沙塅古民居、中共石城县第一个党支部罗田支部旧址、烂泥坑苏维埃国家银行秘密金库旧址、长溪赖氏宗祠、红十三军军部旧址。另有 13 处列入石城县文物保护名录和 7 处其他革命遗址等。

红石寨古战场遗址

宁都起义部队秋溪整编旧址

## 一、省级文保单位——宁都起义部队秋溪整编旧址（含明禋堂和孔良公祠，共两处）

旧址由赖氏家庙明禋堂和孔良公祠（秩序堂）两座赖氏祠堂组成，位于赣江源镇秋溪背屋，2006 年 12 月被公布为第四批江西省文物保护单位。明禋堂坐南朝北，砖木结构，占地面积 335.36 平方米，由前后两进厅组成。孔良公祠坐南朝北，砖木结构，占地面积 406.5 平方米。两座建筑物均为硬山顶，前后相连，左右为邻，中间空地分开。经赖氏祠堂族人多次募资修缮，两座建筑物目前保存尚好，基本保持了历史原貌。

1931 年 12 月 14 日，在中国共产党的正确引导和 26 路军将领赵博生、董振堂、季振同、黄中岳的率领下，1.7 万多名官兵成功地举行了著名的宁都起义。起义部队于 12 月 17 日到达横江、秋溪、龙岗等地，进行了为期两个月的整编，整编总部设在秋溪背屋。整编后组建成红五军团，由季振同任军团总指挥，萧劲光任军团政治委员，董振堂任军团副总指挥。

　　这次整编是我党历史上第一次成建制改造旧军队的大胆尝试和成功范例。通过整编，起义官兵的政治素质和军事素质显著提高，以崭新的姿态投身于革命的洪流之中，为中国工农红军增添了一支劲旅，壮大了红军实力。

## 二、省级文保单位——红五军团医院旧址

　　位于赣江源镇罗云村，2018 年 3 月被公布为第六批江西省文物保护单位。门楼建于清道光初年，为赖姓发祥公所建。门楼坐北朝南，通高 6.86 米，面宽 8.22 米。整个建筑为红石质地，穿枋结构，气派大方，古朴典雅，有空城计、八仙过海、郭子仪拜寿、鲤鱼跳龙门、三英战吕布、三羊开泰、双凤朝阳、双狮戏球、息甲封王、永乐观灯等主题浮雕 18 方。门楼为石雕之精品，浮雕人物、动物、植物形象逼真，雕刻工艺娴熟，技艺精湛，颇具历史、艺术、科学研究价值。

松竹林门楼

### 三、省级文保单位——屏山红三军团司令部旧址

旧址位于屏山镇屏山村镜面排组，为陈氏"捧日常怀"古民居，是江西省第一批优秀近现代建筑之一，2018年3月被公布为第六批江西省文物保护单位。该民居建于清道光年间，为天井式客家民居建筑。坐西朝东，砖土木结构，悬山顶，面宽69.4米，进深22米，占地面积1526.8平方米，建筑面积2700平方米。

第五次反"围剿"广昌保卫战失败后，为迟滞敌军向中央苏区中心地域进犯的步伐，保障中央机关和主力红军安全集结与战略转移，1934年8月下旬始，红三军团遵照中革军委的命令，在石城以北约50华里的纵深地域内，组织展开了石城阻击战。1934年10月7日，石城阻击战结束后，红三军团奉命撤至观下、屏山地域集结休整，其司令部就设在屏山镜面排陈氏民居中，红三军团于10月12日晚离开，开始了艰苦卓绝的二万五千里长征。

旧址内保存了许多红军标语，这些革命文物对研究石城阻击战、红三军团及苏区革命具有重要的历史价值。

### 四、省级文保单位——友联红五军团司令部旧址

旧址位于赣江源镇友联村虎尾坑赖氏香火堂，2018年3月被公布为第六批江西省文物保护单位。赖氏香火堂建于清中期，坐西朝东，砖土木结构，悬山顶，二井三厅，面阔五间，二舍二横屋，建筑面积1800余平方米。

1931年12月宁都起义部队整编后的红五军团司令部驻此处。经过整编的红五军团全体官兵的政治素质和军事素质显著提高，在中革军委的领导下，以崭新的姿态投于革命的洪流之中，成为我工农武装的一支雄师铁军。1932年1月其钢炮营配合红四军成功攻克白色据点红石寨。红五军团在攻打漳州以及中央苏区第四、五次反"围剿"等历次战斗中屡立战功，以勇猛顽强、善打硬仗恶仗著称。长征中，红五军团以其顽强的阻击和悲壮的牺牲为自己赢得了"铁流后卫"的称号。

旧址内保留有红军标语、漫画多处，对于研究红五军团及苏区革命具有较高的历史价值。

### 五、省级文保单位——少共国际师石城阻击战指挥部旧址

旧址位于小松镇丹溪村，由李氏家庙、许氏宗祠、许氏家庙组成，均为清代建筑，砖木结构，占地3000多平方米。2018年3月被公布为第六批江西省文物保护单位。

1934年8月底，奉命参加石城阻击战的少共国际师在小松桐江、丹溪一带布防，以配合红三军团阻击敌北路军进军步伐。少共国际师司令部驻扎于此地并设立指挥部。1934年10月7日石城阻击战胜利结束，少共国际师撤至石城南部集结休整，9日、10日从驻地出发，于16日到达于都段屋、宽田地域。

该旧址的保存对于研究红军长征及其苏区革命具有较高的历史价值。

少共国际师石城阻击战指挥部旧址

## 六、省级文保单位——梅福红一军团医院旧址

梅福红一军团医院旧址

旧址位于琴江镇梅福村，俗称"紫荆山房"，2018年3月被公布为江西省第六批文物保护单位。该旧址中间是黄姓香火堂，两边为厢房，砖木结构，建于清代道光年间，是典型的赣南传统客家民居，占地面积2086平方米，建筑面积3577.39平方米。

1931年冬，红一军团红四军奉命在石城拔除白色据点，参与拔除白色据点的有红四军十师、十一师和十二师。宁都起义部队开赴石城进行整训后，为配合部队作战和整训，红一军团医院驻扎于此，其间先后收治了大量红军伤病员，并积极救治当地民众，同时配合石城县苏维埃政府为群众开展医疗救助和卫生宣传工作。

旧址内保存了大量的红军标语，该旧址对于研究红一军团及苏区革命历史具有较高的价值。

## 七、省级文保单位——梅福红十二军军部旧址（石城县苏维埃政府旧址）

旧址位于琴江镇梅福村，俗称"红麻条屋"，2018年3月被公布为第六批江西省文物保护单位。该旧址中间是黄姓香火堂，两边为厢房，建于清代嘉庆年间，是典型的客家民居建筑风格。占地面积1000多平方米，建筑面积2331.48平方米。

1930年6月22日，根据毛泽东"红军要协助地方党组织发动群众，组织地方革命武装，建立革命政权"的指示，红十二军在代军长罗炳辉、政委谭震林率领下，从长汀来到石城。6月25日，抵达石城龙岗，接着向石城县城挺进。27日凌晨，进占石城县城，军部驻于该旧址内。

6月28日，红十二军与石城地方革命武装在县城西门庙召开群众大会，宣布成立石城县革命委员会，隶属赣西南苏维埃政府赣南革命委员会，谢学明任主席。7月6日，红十二军离开石城后，县城很快被靖卫团攻破，革命委员会被迫解散。1931年2月，红十二军再次攻克石城，县革命委员会随之恢复，机关初驻黄氏于民公祠，1933年秋迁驻红麻条屋。

该旧址是赣南苏区中相对保存完好的县级苏维埃政府旧址，对研究苏区政权建设及石城人民革命史具有较高的历史价值。

### 八、省级文保单位——红军后方医院旧址（鳌峰书院）

旧址位于高田镇田心村（现高田中心小学院内），2018年3月被公布为第六批江西省文物保护单位。书院建于清同治十年（1871），由乡绅温和羹等人捐资建造。砖土木结构，悬山顶，面阔27.8米，进深23.6米，占地1500余平方米。书院门楣题额"鳌峰书院"四个大字，院内建有魁星阁、讲堂、书舍等建筑。清光绪二十六年（1900）设小学堂，民国初年改为鳌峰高等小学，1935年设第五区中心小学，现为高田中心小学所在地。

中央苏区时，红军后方医院设于此，1934年赤水县（1933年8月设，辖驿前、木兰、高田等9个区，1934年6月，赤水、广昌两县苏维埃政府合并成立广赤县苏维埃政府）苏维埃政府迁此办公。

它的保存对于研究石城教育发展及苏区历史有着极其重要的意义。

### 九、省级文保单位——石城阻击战临时包扎所旧址（杨村坊式亭）

旧址位于小松镇杨村，1987年12月被公布为第三批江西省文物保护

杨村坊式亭

单位。该亭系为清光绪元年（1875）旌表桐江太学生许清涟之妻李氏而建。整个坊亭为麻条石结构，南北各立一座贞节牌坊为门，其间距7.3米，接栋成亭，面阔4.8米，高5.56米。牌坊门顶上方镶嵌阴刻楷书"圣旨"二字石勒一方。坊内的屋面由木作梁承重，五架梁，抬梁式结构，硬山顶。在坊亭的脊檩上刻有"孙德政德敷德教德效曾孙彰忠孝建造"和"皇清光绪元年岁次乙亥仲冬月谷旦"等字款。

整座坊亭石刻浮雕图案多样，工艺精巧别致。特别是坊亭合一的建筑风格，为石城特有，是实用性功能与精神性建筑的完美结合，有较高的历史、艺术、科学研究价值。

1934年9月26日石城阻击战正式打响，我军在杨村坊式亭设立临时包扎所，对战场上转移下来的重伤员进行急救后，再转移到后方医院，为保护红军战士的生命起到了积极的作用。

**十、市级文保单位——红六师石城阻击战指挥所旧址**

旧址位于琴江镇桐坪村楂树坪，为全木架结构的客家祠堂及客家民居建筑，占地面积2000平方米。

红军长征前夕的1934年8月，中革军委命令红三军团、红一军团第十五师、闽赣军区独立第七和第十一团在广石交界的分水坳至石城县北的50华里的纵深地域内设置三道防线，以阻击敌北路军向中央苏区的进犯。

红六师师长曹德清、政委徐策、参谋长杜中美、政治部主任欧阳钦 9 月 17 日接到命令后，率红十六、十七、十八团在石城小松至宁都东龙一带设防。其间，师指挥所设立于梼树坪。阻击战战斗中，红六师按中革军委和三军团首长的命令，出色地完成了至 9 月底应阻敌于石城北以保卫瑞金的光荣使命。

完成任务后，红六师在 10 月 7 日撤出战斗，赴石城南部观下等地集结休整，并于 10 月 12 日晚离开驻地出发，16 日经宁都固厚到达于都集结，踏上长征路。

### 十一、市级文保单位——红十一师拔除红石寨指挥部旧址

位于屏山镇屏山村，今为市级文物保护单位。指挥部旧址为陈姓民居，占地面积 1500 多平方米，砖、土、木结构，坐西朝东。

1929 年 3 月至 1931 年 7 月，为开辟赣南、闽西革命根据地，毛泽东、朱德等同志曾几度率领工农红军来到石城进行革命活动，领导石城人民建立了革命政权。但由于外部反革命势力的强大和红色区域内的地主武装没有被彻底消灭，这些初建立起来的红色政权很不稳固，甚至有的名存实亡。当红军到来时，各种反动分子和土豪劣绅，便龟缩于筑有坚固防御工事的山寨土楼里，借以苟延残喘；当红军撤离后，他们便从山寨土楼里出来，恢复其反动统治。

1931 年 10 月红四军奉命从兴国向石城挺进，扫除地主武装的土围子，巩固与发展中央革命根据地。红十一师挺进石城驻扎于屏山陈坊祠堂背上村，指挥部设陈姓民居。在师长刘海云、师政委罗瑞卿、参谋长聂鹤亭、政治部主任张际春的率领下，先后攻克石耳寨、猪子寨、陈坊寨、李家寨等山寨土楼后，转而围攻红石寨，于 1932 年初攻克这一白色据点。从而使赣南、闽西革命根据地完全连成了一片，巩固和发展了中央革命根据地。

### 十二、石城县文物保护名录

　　列入石城县文物保护名录的革命遗址有红十二师指挥部旧址、丹溪少共国际师医院旧址、屏山红三军革命遗址团医院旧址、红四师石城阻击指挥部旧址（红四师长征出发休整地）、瑞坑赖氏民居少共国际师休整地、桂芬屋红军医院、罗田余庆堂南昌起义部队驻地（红三军团司令部长征驻地）、罗田上屋南昌起义部队驻地（红四师长征驻地）、屏山九族祠南昌起义部队驻地、桃花陈氏民居、横江镇张坑村烂泥坑秘密金库长征驻地、泮别泮田烂泥坑秘密金库长征驻地、上丰红三十四师指挥部旧址、苦竹岭石城阻击战战场遗址等。此外，其他登记的革命遗址有石城县革命烈士纪念馆（石城阻击战纪念园）、陈祖林故居、郑三生故居、赖达元故居、刘明辉故居、温先星故居、伍生荣故居等。

石城县革命烈士纪念馆

# 第四节 红色非遗

石城的红色非遗项目主要有苏区歌谣和苏区标语，分别列入市、县两级非遗名录，部分项目正与周边县市联合申报省级非遗项目。其他列入市级非遗项目名录的有秋溪整编故事，列入县级非遗项目名录的有石城苏区舞蹈、红军鞋制作技艺、红军竹油灯制作技艺等。

## 一、市级非遗项目——苏区歌谣

石城不仅有着革命斗争的光辉历史，而且有过蓬勃的革命文艺活动。开国少将林伟的《一位老红军的长征日记》记载："（一九三四年）七月六日（晴）……晚间石城东区人民来部队劳军，送给我军布草鞋六千双，县苏维埃等到军团直属队驻地来演出许多节目……"《石城文史资料》（第一辑）中李赛莲口述《在蓝衫团的日子里》载："一九三四年五月，我和……四人被派回石城，帮助县苏成立剧团即蓝衫团……根据当地生产和革命斗争形势进行宣传演出，内容广泛，主要有……舞剧……戏剧……小组唱、大合唱及山歌的歌剧。每次演出九至十个节目，演出结束前必须唱一个革命山歌。"

苏区歌谣是石城红色文化的重要组成部分。苏区时期，红军和劳动群众结合战斗形势和地方特点，采取旧瓶装新酒的办法，即采用本土的传统民歌曲牌填写新词，借助对传统民间艺术的应用，把新的革命词汇及革命道理融入歌曲之中，创作了大量富有革命性、战斗性、艺术性、群众性和地方特色的红色歌谣，为山歌增加了新的革命内容。曲调以当地的小调和客家山歌为主，内容以比兴为主，通俗易懂，朗朗上口，保留了传统歌谣的表现方法，又有一定的创造和发展，传唱非常普遍。

如：《红军打到石城县》（又名《十二月革命歌》）：

正月革命是新年，红军到了石城县，石城县里打一仗，土豪劣绅叫可怜。

二月革命是花朝，红石寨上打翻交，靖匪狗子都联络，这回革命嚣又嚣。

三月革命正栽禾，各乡政府受崩破，真心想来同他打，可是手中无枪炮。

四月革命日又长，广昌驿前打一仗，红军打了大胜仗，缴到白军数万枪。

五月革命是端阳，友书贼古来清乡，五乡清了四乡转，团结就是三和乡。

六月革命正当时，红军到了江西省，有朝有日红军转，友书不是铁打心。

七月革命早禾黄，富豪收谷乱忙忙，有朝有日红军转，铲了田地当流氓。

八月革命桂花香，红军到了我地方，友书不是短棍贼，养成杀在塘台乡。

九月革命是重阳，石耳寨上打一仗，富豪劣绅都怕死，竖起红旗来投降。

十月革命正立冬，各乡政府成了功，各乡成立先锋队，追得土豪影无踪。

十一月革命雪飞飞，红军生了好主意，今天红军开大会，明天红军分田地。

十二月革命就一年，各乡政府来团圆，各样工作都做到，拥护红军万万年。

## 二、县级非遗项目——苏区标语

　　苏区时期，石城县属于全红县，书写的红色标语众多，由于石城保留着大量的客家宗祠和客家民居，部分标语得以留存至今。张贴在室外的纸质标语不易留存，故石城目前发现的遗存红色标语多直接书写于墙壁，大多系毛笔蘸墨汁或棕帚蘸石灰水书写，字体以行书、楷书为主，少部分以隶书和行草体书写。此外，在石城还有数款石刻标语及创意独特、形象生动的革命漫画标语。

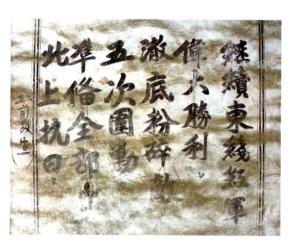

苏区标语

目前，石城至今保留有内容基本完整、字迹比较清晰的红色标语数十处近 300 条，如"建设贫农学校，建立苏维埃政府""进门杀土豪，出门斩劣绅""士兵不打士兵，穷人不打穷人""继续东线红军伟大胜利，彻底粉碎敌人五次'围剿'，准备全部出动北上抗日""纪念国际青年节，消灭蒋介石的主力部队，要最后的坚决的争取粉碎敌人五次'围剿'的全部胜利！消灭法西斯蒂""纪念三一八，打倒帝国主义，纪念三一八，建立苏维埃政权，纪念三一八，推翻反动统治""红军抗日先遣队是民族革命战争和土地革命的提倡者与组织者"等。

第五章

# 休闲胜地　幸福石城

石城风景优美,历史文化底蕴深厚,有着得天独厚的旅游资源。坚持"精致县城、秀美乡村、特色景区、集群产业"四位一体推进,着力发展全域旅游,构建起"旅游兴旺引领,生态农业、低碳工业、现代服务业齐振兴"产业发展新格局。全县有国家4A级景区2个、3A级景区2个,省5A、4A级乡村旅游点7个,是国家全域旅游示范区。

温馨浪漫的山野温泉,独特罕见的丹霞龟裂地貌,傲雪凌霜的百年杜鹃,狂野刺激的赣江源漂流,移步换景的百里荷花,逍遥自在的琴江夜游,写满光荣的红色名村……处处都是网红打卡点。功能齐全的旅游集散中心,特色鲜明的客家旅游文化街区、品类丰富的博物馆,遍布全城的城市公园,不断增加的民宿酒店,文旅产业规模不断扩大。九寨温泉、花囤温泉、森林温泉、天沐温泉等温泉旅游项目不断推进,正争创国家温泉康养旅游度假区。

石城的公众安全感和政法机关满意度一直在全省前列,走进石城,就是走进安全轻奢的康养生活,内外交通更加便捷,教育质量不断提高,全国健康促进县惠及大众,公共文化服务体系健全,社会秩序和谐稳定,"请客不收礼,节俭办宴席"文明新风享誉全国。走进石城,可以体验共建共享、人民至上、惠民利民的幸福家园。

花囿温泉

森林温泉

# 第一节　精致县城

石城，将县城作为最大景区打造，突出街道清爽、景观自然、功能保障等重点，形成城南观光度假新区、城北休闲养生新区、城西产城融合新区等三大片区，打造出绿意葱茏、文化璀璨、灯光闪烁的美丽江景，初步形成集商贸流通、特色文化、休闲娱购及工业生产于一体的"一江两岸"城市美景。

全面统筹城乡发展，优化城市空间布局，完善城市功能品质。景城一体、产城融合加速推进，城南、城北、城西新区初具规模。老旧小区、棚户区改造不断推进，沿街立面和背街小巷改造稳步提升，城区旧貌换新颜。20余条城市道路构成"五纵五横一外环"的交通格局，城区有花园大桥、上坝大桥、温坊大桥、赣江源大桥、琴江廊桥、兴隆大桥和睦富大桥联通两岸，建成赣江源国家湿地公园、琴江河国家级水利风景区。开展文明创建活动，持续提升市民基本素质。高标准建设闽粤通衢历史文化街区、钢琴小镇等重大项目。城市功能与品质大幅提升，获评国家卫生县城、省级森林城市，精致县城魅力尽显。

## 一、石城县博物馆

石城县博物馆位于石城县闽粤通衢历史文化街区，由生态石城馆、石城客家历史记忆馆、石城历史博物馆、石城非物质文化遗产展示馆及临时展区组成，总建筑面积为 11051.50 平方米，布展面积约为 7800 平方米。

南楼一层为生态石城馆，布展面积约 2600 平方米，从博物馆差异化建设及集中展示石城风物角度出发，以"生态石城"为主线，分为客家石城生态样板、赣江源头印象石城、奇山秀水丽质天成、自然之珍生物宝库、呵护

石城县博物馆

环境绿色发展、飞越石城筑梦未来等板块，采用生态复原模拟及声光电等技术方式，展示赣江源头石城的绿色生态，使游客可以半小时内尽览石城山川，熟悉石城的美丽景点和便捷交通，了解石城的动物、植物的多样性，展示石城优良的生态环境资源以及生态文明建设的重要举措和瞩目成就。

南楼二层为石城客家历史记忆馆，布展面积约 1500 平方米，以"闽粤通衢"为主线，分为"根植中原、闽粤通衢、客居石城、播衍四方"等板块，通过展板、实物、场景复原及声光电等手段，展示客家先民南迁的历史记忆以及石城作为客家摇篮所留下的鲜明的客家文化印记。

北楼二层为石城历史博物馆，布展面积约 1100 平方米，以石城历史为主线，分为"闽粤通衢、千年回望、客家发祥地、走汀州、苏区重镇、时尚石城、民间信仰民俗文化、石城历史名人"等板块，以馆藏藏品为主，辅之其他陈展手段，展现石城从有人类活动痕迹以来的重要历史文化，展示石城各历史时期的社会经济文化发展。

北楼三层为石城非物质文化遗产展示馆，布展面积约为 1100 平方米，全面展示石城丰富的国家级、省级、市级、县级非物质文化遗产以及多彩的地方文化。临时展区面积约 1500 平方米，主要展示民间收藏的族谱、契约、婚书等文献以及瓷器、红色文化藏品等。

## 二、"闽粤通衢"文创街

文创街包括"闽粤通衢"城楼两侧街道，是石城为促进文旅融合，提升景区文化品位而打造的产业发展基地。文创街立有两座新建门楼，沿江路门楼外侧有原文化部部长王蒙所书"黍稷芳华"门额，下有温小明编撰、赖俐华书写的对联"衢通闽粤峥嵘千载延今古　石立斗牛锦绣一方耀乾坤"，内侧为黄慕云所书"於万斯年"门额，下有刘化尧编撰、黄慕云书写的对联"乐游古道倍怀迁徙千秋史　闲览斯楼遥寄相思万缕情"，西华北路门楼有曹宝麟所书"渐入佳境"门额，下有陈亮编撰、邓新江书写的对联"客家福地三省烟霞千卷画　赣水源头满城灯彩万家春"，内侧有罗贤勇所题"江山如画"

文创街区

门额，下有黄运洋编撰、罗贤勇书写的对联"石藏瑰宝百里莲乡皆画境　城衍人文千年古邑尽风情"。

文创街内有始建于明代的"闽粤通衢"门楼，还有现代灯彩作品、砚台作品、毛笔、横江重纸、摄影书法美术作品、根石作品、茶艺、绿色旅游商品、红色文化旅游纪念品、非物质文化遗产类、特色食品、客家服饰、特色文具、瓷器、玉石、陶艺、古籍与地方文献等类别的展示及销售，同时还开设有城市书房，也是省内外文创交流展示及销售的重要场所。

### 三、旅游（城市）展览馆

石城县旅游（城市）展览馆位于石城县文化艺术中心一楼，是集宣传推介、规划展示、投资指南等多功能于一体的专业规划建设展示馆，于2017年1月建成对外开放，布展面积2300平方米。展馆以"最美客家仙境　多彩锦绣石城"为主题，分为"邂逅石城""走进石城""穿越石城""时尚石城"和"展望石城"五大展示部分。全馆既充分展现了石城当地深厚的历史文化底蕴，又全面展示了石城规划建设成果和经济社会发展美好前景，是石城对外形象的新名片，外界了解石城的新窗口，市民参与互动交流的新平台，石城城市旅游的新景点。

### 四、琴江廊桥

琴江廊桥是一座具有明清风格的现代化仿古景观桥，桥长151米，宽72米，包括行车道、人行道、廊房三部分，其中行车道宽22米，为双向四车道；两侧人行道各3米；廊房位于行车道两侧，主体为两层，局部三层，高13.2米，占地面积6644平方米，建筑面积1.2万平方米。

琴江廊桥以"旅游文化廊桥"为主题，集交通、特色商业、旅游景观、历史人文为一体，根据石城特色旅游文化布置廊桥业态，如客家美食特色馆、客家特色工艺品点等。里面的店铺以石城工业园区的鞋服品牌、零售品

琴江廊桥

牌、特产超市、旅游休闲业为主。廊桥与宝塔、客家风情城、雍和文园、旅游文化街交相辉映，为百姓带来了便利及舒适的购物环境，更为石城在打造精致县城画上了浓墨重彩的一笔。

### 五、雍和文园

雍和文园位于城市中心，临琴江河畔，北靠著名的宋代宝福院塔和宝福院寺，南靠城市商业中心、文化旅游街，园区占地 20 亩，建筑面积 15000 平方米。整个园区四栋连体，建筑富有浓郁的客家传统文化风格，有独立广场，配套设施完善，已经吸引包括赣江源土特产公司在内的 50 多家商户入驻其中。

雍和文园一楼有赖德廉大师工作室、江华基大师工作室及王润生毛笔等，展示的有砚台、毛笔和根雕。二楼古玩收藏馆内各种古玩琳琅满目，成为对外宣传、推介、展示石城文化产业、特色商品的重要窗口，促进石城县旅游文化发展事业的重要平台。每月 12 日，石城古玩交流会有来自周边地区的古玩收藏爱好者聚集在此摆卖、交流。

旅游商品展销馆有石城的大量特色旅游商品，如荣获江西省旅游商品特色奖金奖的莲子手串，还有客家服装和一些纯手工工艺品以及客家酒酿、莲子系列产品、石城米粉、石城蜂蜜等。

## 六、西华山及五龙岩摩崖石刻景点

西华山古名乌石嶂，位于城西，为俯瞰县城最佳处，山顶有西竺寺，有残存的红军实施石城阻击战的寨墙掩体。五龙岩位于西华山山腰。"龙岩瀑布""乌嶂松云"为古琴江八景中的两景，文人雅士多有吟诵。

西华山麓、山腰和山顶，昔年建有寺观。西华之上，朝观旭日，夜望星空，号为胜景。其实，无论哪个季节的西华，远山和近水都是入画入诗的好素材。特别是夏季雨后的清晨，阳光弥漫在雾气和青山之间，左顾山峰如削，右视青峦隐没，脚下雾卷云舒，眼前林木葱郁，远方红日冉冉，观之雄壮辽阔，令人心旷神怡。入夜之后，西华山又是远观县城夜景的最佳观景台，山顶俯瞰，条条大路灯火如龙，琴江两岸灯火与水中倒影相映成趣，别是一番风味。古人黄炎曾有《城现琵琶》诗云："欲拟方城象，弦靴正好看。河流银作线，塔影指如弹。有月仙姑抱，无声石耳寒。会当逢子羽，高韵奏飞湍。"展现了在西华山上登高望远的情景。

## 七、仙源美食坊

仙源美食坊由石城本土特色旅游文化美食街和清吧一条街组成，既有古色古香特色，又有中西合璧建筑，汇集有客家民俗餐饮特产、赣南客家民俗文化综合展示、客家土特产展示展销、客家手工艺品展示展销，是旅游地餐饮娱乐接待中心和市民时尚娱乐休闲中心。另外，美食街中心广场舞台，不定期为广大市民和各地游客提供文艺演出，是石城县标志性的美食文化街。

"琴江夜游"游船码头

### 八、琴江夜游

琴江河是石城人的母亲河，往日站在西华山往下看，琴江河就像一把优雅的琵琶，水流平缓，绕城而过。

琴江夜游，古已有之，不过，古人所见不过山川景物，所乘坐的船也是一般的乌篷船，日晒雨淋，还要担心河里的礁石。近年来，石城着力打造旅游经济，也注重夜游项目的建设，琴江夜游即为其一。游船码头位于后稷路与沿江路交会的"黍稷芳华"门楼外，每晚按班次出游。游客坐在船内，可以饱览现代科技下的灯光秀，还可以换一个全新的角度了解石城。

## 第二节　秀美乡村

石城县是全国休闲农业与乡村旅游示范县，得益于这里秀美山川和深厚的客家文化、红色文化，乡村处处有景致。百里荷花带入选"中国美丽田园"。琴江镇大畲新村被列为"中国首批乡村旅游创客示范基地"，且被评为"全国美丽宜居村庄"。

石城县以景区标准改善乡村面貌，加强传统村落保护利用，高标准建设圩镇，加快新村点和"1+2+N"示范区建设。常态化开展农村人居环境整治行动，强化农村宅基地及建房管控，打造美丽宜居示范乡镇、村庄、庭院。秀美乡村建设成效显著，建成新村点 788 个、特色秀美乡村 36 个，形成生态宜居秀美乡村示范片区 5 个。沙塅村、大畲村、丹溪村被列入中国传统村落名录。新型示范镇建设、农村人居环境整治走在全市前列，创建省级示范社区 11 个。

## 一、5A 级乡村旅游点大畲村

5A 级乡村旅游点大畲村位于通天寨地质公园之下，距县城仅 5 千米，为第五批"中国传统村落"，内有古戏台、物种园、荷花观赏园、莲文化馆、景观亭等，有南庐屋、经德、紫环、紫气腾光、丹山祠、如织祠、尹氏家庙等传统祠堂民居。大畲村是客家民俗园、农家游乐园、荷花观光园、美好家园"四园合一"的乡村旅游点。

## 二、4A 级乡村旅游点旺龙湖

4A 级乡村旅游点旺龙湖位于龙岗乡水庙村，紧邻 206 国道，距县城 30 千米。旺龙湖景区重点突出从容欢畅的生态体验节奏、清新优美的自然生态环境、鲜活丰富的乡村文化元素，是集避暑度假、乡村休闲、生态体验、水上娱乐于一体的乡村旅游示范点。在旅游公路沿线，还有集休闲垂钓、农家乐、

旺龙湖景区

鲜莲、鱼干等土特产专卖为一体的铭泉山庄和水岸人家土菜馆，建有景观亭、土城墙、停车场等，日东水库旁还有主打脐橙和蓝莓的采摘园。

### 三、4A 级乡村旅游点麒麟山农庄

该农庄位于珠坑乡坳背村，紧邻 206 国道，距县城约 15 千米，是由江西铭鸿达生态农业开发有限公司投资开发建设，集现代农业、采摘垂钓、康体科普、餐饮娱乐等于一体的多功能乡村旅游点。

园区秉承"师法自然，物通人性"原则，还原生态、保留乡愁，按照"一轴两翼"的空间布局，规划有亲水休闲区、经济植物区、农耕体验区、油茶种玩区、综合水果区、寻宝野战区、植物观赏区、水保监测区、半岛游览区、封禁治理区十大功能区。项目着重业态开发及设施完善，全面启动了接待、餐饮、住宿、亲子、科普等功能区建设，项目将成为集旅游观光、水土保持、休闲体验、产业致富于一体的现代农业旅游示范区、精准扶贫示范区、水土保持科普示范园、党员孵化教育基地和农民创业就业基地。

园区观景，一阁一湖一筑一渡，各具风情。麒麟阁为园区最佳观景点，登阁远眺，葡萄园、麒麟湖、麒麟小筑、综合果园尽收眼底。

### 四、3A 级乡村旅游点仙桃山庄

该山庄位于小松镇罗源村，规划面积约 10 平方千米，是一处以仙桃岩景区为核心，依托当地良好生态环境、独特客家民宿体验和美丽梯田景观，着力打造成的集休闲养生、民宿度假与运动采摘体验于一体的乡村旅游点。山庄设有欢乐自助厨房、游戏体验区、特色烧烤区、休闲垂钓区、农家乐、民宿体验和脐橙、南丰蜜橘、猕猴桃、葡萄采摘区等，是一处市民周末休闲度假、亲子体验的理想之地。

### 五、3A 级乡村旅游点兰溪谷户外拓展训练基地

3A 级乡村旅游点兰溪谷户外拓展训练基地位于木兰乡木兰村，距县城 21 千米。项目规划面积 500 亩，核心区域 50 亩。兰溪谷项目现有三大功能区：一是团建拓展区，涵盖欢乐对对碰、传统射箭场、草垛攻防箭、真人 CS 等二三十项团建游戏项目；二是娱乐休闲区，涵盖欢乐篝火、休闲垂钓、室内研学拓展、客家美食制作、兰溪食坊、学员住宿等配套项目；三是文化体验区，有板桥灯制作展览馆、手工酿酒馆、手工加工肉丸豆腐、篾匠馆、农耕体验等。

### 六、3A 级乡村旅游点十里红杜鹃农庄

3A 级乡村旅游点十里红杜鹃农庄位于高田镇新坪村店下小组，距县城 33 千米，紧邻八卦脑风景区。该农庄结合客家文化依山而建，东部制高点采用新中式建筑风格，体现人与环境的和谐共生，中部低洼处是 30 亩的观光垂钓景观，沿湖修建游步栈道、风车木屋、景观水车、休息凉亭、葡萄藤长廊、鹅卵石林荫小道等休闲景观。结合地形打造民宿区和休闲配套区，同时整合林田资源打造农业观光区和生态休闲区。十里红杜鹃农庄将打造成集"两心、一湖、三区"农业生态旅游观光为一体的新型庄园和独具客家文化特色的"深山乐居"新样本。

### 七、赣韵生态旅游观光茶园

茶园基地位于丰山乡福村村大坪江，占地面积 500 亩。地处武夷山脉，周围峰峦叠嶂，溪水纵横，森林茂密，气候温润，土壤肥沃，云雾缭绕，形成了独特的生态环境。观光茶园以人为本，以生态为核心，实现茶园园林化，营造人与自然和谐交融的生态环境，促进可循环发展的生态资源。

### 八、"田园福地"乡村旅游点

"田园福地"乡村旅游点位于丰山乡福村村福田小组，这里拥有县内最大的集中连片原生态古香樟树群落。主要规划"识福、惜福、培福、种福、造福"五个区域。包括福的起源、百福墙、射福体验项目、竹筏漂流项目等。游客集散中心内有休闲书屋、志愿服务、人才工作、基层治理、产业布局的集中展示区，"百福墙"由 100 个不同字体"福"字组成，可以欣赏楷、隶、篆、行、草、甲骨文等不同字体。依托当地丰富的水利资源和环岛的地理条件，通过河道清淤，打通竹筏通行道，建立福源码头，开发竹筏漂流项目，整合竹林，就地取材，建立生态"福"字迷宫，里面设置有"福"相关元素。

### 九、王沙埠草场

王沙埠草场位于大由乡王沙村庙子潭桥下的河滩绿地，原生态貌，可谓"伊甸园"，是难得的摄影宝地。有游人诗云："琴水潆洄萦玉带，平滩百亩任欢游。如茵碧草野花缀，似伞香樟小鸟啾。可见牛羊餐饱腹，亦闻男女放歌喉。沿江浦地知多少，不及王沙独特优。"

草场不仅小草茂绿，一眼望去犹如身临大草原，任性翱翔，而且绿树成荫，琴水缠绕，是理想的婚纱摄影基地及烧烤宿营基地。

### 十、水庙村水岸人家

水岸人家位于 206 国道旁，距县城 30 千米。这里毗邻日东水库，风景秀丽，水面面积达 800 多亩，山地面积达 4000 多亩，周边森林郁郁葱葱，山水一色，有得天独厚的山水资源优势，是集休闲、观光、农家乐为一体的生态宜居休闲精品示范点。这里可采摘垂钓，在竹筏上戏水，还可体验农民的生活百态。水岸人家的"走汀州"文化陈列馆，系全县唯一一个该题材的文化陈列馆，在这里可感受那段惊心动魄的"走汀州"历史。

### 十一、桃花村黄桃基地

桃花村黄桃基地位于赣江源镇桃花村，距县城 50 千米。桃花村有石城县最高峰鸡公崬，全村平均海拔 450 米以上，雨水充沛，土壤肥沃，四季分明，光照充足，昼夜温差大，降雨量分布均匀，土壤矿物质含量丰富。赣江源黄桃成熟时间大概在每年 7 月中旬，个大、口感好、水分足、糖分高、微量元素丰富，老少皆宜。桃花村位于武夷山脉深山，是赣江源中华蜂蜜蜂基地。蜜蜂基地和黄桃基地相融相生，被中国养蜂学会评为"全国成熟蜜基地示范试点"。

### 十二、赣江源水街

赣江源水街为赣江源镇溯源文旅小镇建设项目，项目围绕"打好生态牌、做活水文章"，创造性地引水绕圩入街，交融功能性设施建设，深度挖掘水文化底蕴，着力打造水车广场、亲水步行街、赣江源广场、水文化小品、赖氏酒溯源展馆等项目，潺潺流水赋予圩镇无尽的灵动与活力。同时，串联红五军团司令部、秋溪整编旧址等革命遗迹，建设红色教育基地，弘扬客家乡贤文化，鼓励民间力量修缮建设赖氏兰公祠、主一堂等古风宗祠，打造风格统一的客家建筑，提升文化品位。

### 十三、白鹭动漫小镇

白鹭动漫小镇位于横江镇丹阳村阳新组，206 国道旁，距县城 22 千米。横江河在此形成饱满的弯度，地理位置优越，人文气息浓厚，田园风光秀丽，生态环境原汁原味，大面积的鱼塘，风吹莲动荷花香，白鹭群在此繁衍生息。通过绿地的开发利用，沿河布局的时光长廊，动漫壁画、动漫造型的凸显，这里成为妙趣横生的乡村旅游目的地。

# 第三节　特色景区

石城坚持高起点规划，大手笔建设新景区，目前有 4A 级景区 2 个，3A 级景区 2 个。休闲旅游业迅猛发展，"十三五"时期全县接待游客 2886 万人次，实现旅游收入 163 亿元。石城获评"中国温泉之城""江西省旅游强县""江西省旅游产业发展先进县""国家全域旅游示范区"，温泉康养产业朝着百亿产业集群迈进。"寻赣江源头、走闽粤通衢、探丹霞地貌、沐峡谷温泉、蹚高山流水、赏百里荷花、览万亩杜鹃、缅红色记忆、品千年遗风"——石城，处处是美丽的风景。

通天寨景区·石笋干霄

## 一、通天寨景区

通天寨景区位于县城东南 6 千米处，是一处以观光、健身、科普、客家民俗展示和佛教朝圣为主的综合旅游区，是石城首个国家 4A 级景区，赣州市首个国家级地质公园，江西省省级森林公园，赣州市十三大核心旅游区之一。

景区因寨上主岩通天岩"外如两指相箝，内若两掌半合，仰视苍穹似可通天"而得名，素有"石怪、洞幽、泉美、茶香、佛盛"之美誉。整个景区规划面积 27.1 平方千米，区内山水奇特，峰峦崔巍，环境幽雅，生态良好。寨上景点如林，在 4 平方千米的核心区内，集中分布有通天岩、净土岩、试剑石、石笋干霄、仙人犁田、钟鼓石、生命之门、菩萨坐禅等自然和人文景观 100 余处。

### 二、八卦脑景区

八卦脑景区位于县城东北部高田镇，距县城 30 千米，与抚州市广昌县和福建省宁化县交界。景区总规划面积约为 50 平方千米，是一处集户外运动、休闲观光、文化研究于一体的综合性旅游景区。2015 年 4 月，八卦脑景区完成初期建设并对外开放。2020 年 4 月，八卦脑景区被评为国家 4A 级景区。从八卦脑向东经牛牯栋、牙梳山、雪峰山至金华山等几座海拔 1200 米以上山峰，形成石城北部的天然屏障。

八卦脑自然风光秀美奇特。万顷天然草甸宽广辽阔，牛羊成群，与蓝天白云浑然一体，风光无限。从尽食下游客中心到山顶，沿路是百年古树古木，高山杜鹃让人目不暇接。特别是每年 4、5 月期间，草甸周边成片的百年野生杜鹃花盛开，花的世界如火如荼。千年杜鹃花王英姿挺拔，傲立于茫茫草甸之中，艳冠群芳。八卦脑冬日雾景如海市蜃楼，绝美雪淞如

八卦脑景区·杜鹃花海

玉树琼花。春夏秋冬，四季变幻，身在八卦脑，好似在奇幻的童话世界里遨游。

九叠泉的传说为八卦脑平添几分仙气。秦末刘仙姑从县城仙姑岭飞来此处，与当地青年一见钟情，留下凄美浪漫的爱情故事。飞凤泉、麒麟泉、双龙泉、伏虎泉、神龟泉、银蛇泉、蝴蝶泉、金蟾泉、仙女泉……落差千米绕曲九叠的九叠泉因爱而生。九叠泉长年不涸，清流不断，泉边翠壁古木倒影婀娜，相映成趣。每到夏天，行人至此，投荫纳凉，捧泉止渴，顿觉心旷神怡。

三十六面山，山山有故事，这里见证了数百年的历史风云。元代延祐年间，农民起义领袖蔡五九以此为基地，与元廷对抗，留下招兵养马、驻扎屯营的曲（蓄）马寮、学堂前、尽食下、上营、下营等历史遗迹，遗留下迷雾重重的藏宝图传说。太平天国幼天王兵败尽食下、乌泥浆，写下中国农民起义的悲壮一笔。新坪明代"云龙沛泽"古民居后人陈祖林积极投身革命，在红军长征和抗日战争中打出了客家人的血性，成为电影《血战陈庄》的主人公，留下八路军抗战经典战例。

赣江源漂流

### 三、赣江源景区

赣江源景区为 3A 级旅游景区，主体位于赣江源镇赣江源村，距县城约 40 千米，为国家级自然保护区，主要保护对象为中亚热带常绿阔叶林森林生态系统，属森林生态类型自然保护区。赣江源国家级自然保护区属华南地层区，所属的鸡公崀及其周围是新构造运动抬升而形成的中低山地，保护区内群山连绵起伏，错落有致。由于地质结构的控制，地貌分布较有规律，地势为东南高西北低，由东向西南倾斜。

赣江源生态旅游区包括自然保护区游客综合服务区、仙人谷漂流和赣源八瀑景点，是集生态观光、休闲养生和科考探险为一体的生态旅游区。赣江源漂流全长 5 千米，落差 320 米，共有河湾 83 个，险滩 56 个，水潭 22 个。赣江源漂流根据天然山谷和溪流进行精心改造，在确保安全的前提下既惊险刺激，又野趣横生。

### 四、石城阻击战纪念园景区

石城阻击战纪念园景区为 3A 级旅游景区，位于红军石城阻击战战场旧址——县城西北的李腊石省级森林公园内，主要有石城阻击战博物馆、烈士纪念馆、石城阻击战纪念碑、景观大道、浮雕艺术墙、风景林、观景平台、主题雕塑、纪念休闲广场、红军故事园、红军战壕遗址等设施，是集爱国主义教育、观光游览、休闲健身于一体的城市山野主题公园。其主要功能是褒

长征国家
文化公园（赣
州段）石城阻
击战展示园

扬为中华人民共和国成立而献出生命的先烈，为市民提供瞻仰革命先烈、开展革命传统教育以及休闲旅游的场所和基地。

为提升红色旅游发展水平，整合当地资源，扩展红色旅游的扶贫功能，振兴革命老区的经济发展，2021年11月，长征国家文化公园（赣州段）石城阻击战纪念园建设项目开工建设。景区集休闲娱乐、研学教育、餐饮住宿为一体的一流特色景区，以青少年为主的研学课程教育，可容纳约800人的研学队伍同时进行课程学习，另外酒店共布置74间房，容纳105人同时住宿。项目包含革命遗址纪念区、红色旅游体验区、少共国际师研学区，具体建设内容为游客服务中心、红色研学培训基地、红色研学礼堂、少共国际师探索园、研学营地集结广场、长征度假酒店、旅游标识标牌、停车场、景区游步道、长征十二日关卡体验等建设，以及战壕遗址修复、阻击战纪念碑等提升项目及相关配套基础设施工程等。

## 第四节　集群产业

2023年全县地区生产总值105.96亿元，同比增长4.9%，高出全省平均水平0.8个百分点，全县经济继续保持较快增长势头，呈现持续恢复、稳中有进的态势。三次产业结构由上年同期的18.8∶30.4∶50.8调整为19.2∶31.1∶49.7，产业结构不断优化，与上年同期相比，第一产业和第二产业占比分别上升0.4个百分点、0.7个百分点，第三产业占比下降1.1个百分点。第一产业、第三产业和第二产业之建筑业文中均有阐述，本节重点介绍第二产业之工业。

按照"育龙头、补链条、建平台、保要素、强集群"发展思路，石城工业结构、总量发生巨大变化和提升，以品牌运动鞋服为首位产业，以新型机械制造、矿产品精深加工、绿色食品、新能源为主导的工业产业体系更加完善。2023 年，全县实现工业税收 6.29 亿元，工业售电量 1.3 亿千瓦时，其中规上企业共 75 家，规上工业企业营收 104.7 亿元。工业产业集群效应越来越明显，名优产品不断走向市场，享誉海内外。

### 一、品牌运动鞋服

鞋服产业是石城的优势产业，为做大做强品牌运动鞋服首位产业，承接沿海鞋服产业转移，石城在古樟工业园中规划建设了鞋服产业园。截至 2023 年 12 月底，全县共有鞋服市场主体 755 家，涵盖制鞋、服装、纺织、箱包等领域，其中鞋服企业 266 家，包括制鞋企业 101 家、服装企业 133 家、箱包手套企业 14 家、包装企业 18 家，累计产业工人 2 万余人，规上企业 44 家，形成了集研发、生产、销售为一体的运动鞋服产业链，每年可生产成品鞋 7000 万双以上，服装 4500 万件以上。2022 年 8 月，石城县被授予"江西省新型工业化产业基地（品牌运动鞋服）"称号；2023 年 8 月，石城县品牌运动鞋服产业集群获评江西省级产业集群。

江西佰盈体育科技股份有限公司作为石城县鞋服产业龙头企业，企业拥有"爱威亚""领跑梦想""领跑梦想＆熊出没"等自主品牌，自动化、半自动化运动鞋和服装智能制造生产线 20 条，年产 2000 万双运动鞋及 1000 万件运动服装，2023 年用工超过 2000 人，实现营收 5.33 亿元，纳税 1501 万

新百伦领跑集团

元。赣州新旭晖鞋业发展有限公司生产的自有品牌"锐跃""佐敦飞人"系列运动休闲鞋，2023年实现营收2.03亿元，纳税1174万元。江西新质鞋业有限公司生产外贸男女运动鞋、童鞋、防水鞋、沙滩鞋等，2023年实现营收1.06亿，纳税329万元。江西省美满生活用品有限公司生产妙然宝贝、小超人、小赢家、布朗尼等婴儿系列产品，2023年实现营收0.95亿元，纳税311万元。石城县海润制衣有限公司生产户外功能性服装、冲锋衣、软壳衣、摩托车服、抓绒衣、童装及各种劳保服等，在国际服装市场上创造了属于自己的品牌"ALBLANC"。

## 二、新型机械制造

新型机械制造是石城的工业支柱产业之一，主要包含矿山机械制造、环境保护专用设备制造、机械化农业及园艺机具制造、铸造机械制造等行业，主要生产磁选设备、浮选设备、重选设备及辅助机械等4大类产品、100余个型号，几乎涵盖了有色金属选矿机械浮选和重选的所有必备品种，目前全县共有115户企业、8家个体户。其中，有16家企业被认定为"高新技术企业"，4家企业被认定为"专精特新企业"，2家获批筹建"工程技术研究中心"。

废旧电路板回收成套设备

矿山机械产品销往全国20多个省、自治区、直辖市，在全国同类产品中的市场占有率达到20%，还走出国门，远销俄罗斯、印度、尼日利亚等54个国家和地区。

近年来国家环保政策不断调整，石城传统选矿制造企业积极适应市场，开始转型升级，向"城市选矿（非矿山设备和尾矿、污水处理等）设备"发展，以环保（垃圾筛分、家电拆解）和洗沙设备为主。如江西省威尔国际矿业装备有限公司生产的离心选矿机，利用离心力增加矿物颗粒的重力来使重颗粒和轻颗粒分离，设备已获国家发明专利。江西铭鑫冶金设备有限公司生产的废旧干、蓄电池破碎回收成套设备，具有环保、安全、处理能力强、回收率高等优点。

### 三、矿产品精深加工

石城处于全国 19 个重要成矿区带之一的武夷山成矿带中南段西沿，成矿条件良好，已发现钽、铌、锂、萤石、硅石、地热、矿泉水等 24 种矿产资源。2023 年拥有矿产品深加工企业 20 余户，其中规模以上企业 9 家，实现营业收入 67 亿元，占整个规上企业的 66%。目前该产业以非金属矿物质制品为主，如水泥、墙材、商砼、砂石、电线电缆等制品。石城坚持走绿色发展之路，对矿产资源进行有效保护及利用，目前对硅资源进行有序开发，已规划 2000 亩的硅产业园。2020 年引进江西吉耀精硅高新材料有限公司，项目总投资 3 亿元，占地 183 亩，生产普通石英砂、精制石英砂、高纯石英砂、熔融石英砂及硅微粉，2022 年 7 月开始试产，设计产能每月产量 2 万吨，已启动第二条生产线建设。

### 四、绿色食品加工

石城是著名的"中国白莲之乡"和"中国烟叶之乡"，白莲种植面积 7 万亩，年产鲜莲 2 万吨，初级农产品资源丰富。全县有各类食品加工企业 17 家，主要涉及藕粉、保鲜白莲等白莲系列产品加工，豆制品加工、酒类制造、饮用水制造、创意饮品加工、手抓饼制作等行业，拥有"赣江源""石城白莲"等地理标志品牌。江西德都食品科技有限公司占地 50 亩，固定

江西大由大食品科技有限公司

资产投资 3 亿元，现有员工 160 余人，企业立足于石城白莲、赣南脐橙等特色农产品，生产高品质的果汁、果粒、固体饮料等现调饮品原料，2023 年营收 1.45 亿元，纳税 318 万元。江西大由大食品科技有限公司是专业速冻轻食面点生产企业，总投资约 2 亿元，2023 年营收 1.26 亿元，纳税 263 万元。

**五、新能源**

石城利用丰富的风能、太阳能资源优势，着力发展风力发电、光伏发电产业。全县共建成新能源发电装机规模 371 兆瓦。2023 年，该产业有规模以上企业 7 家，实现营业收入 5.23 亿元，占整个规上企业的 5.0%。全县新能源产业主要为新能源发电企业，其中风力发电装机规模 99.5 兆瓦，生物质发电装机规模 30 兆瓦，光伏发电装机规模 241.5 兆瓦。

# 第五节　幸福石城

近年来，石城县完善基础设施，提升城市功能，推动文旅、教科体融合，提升卫生健康水平，完善社会保障，维护社会稳定，提高人民至上、惠民利民的石城温度，群众获得感和满意度不断提升。

## 一、基础设施更加完善

交通运输事业取得长足发展。新中国成立前，全县以水运为主，有"石城船""横江船"等说法。1956年建成广昌至石城公路后才正式有汽车运输。因经济落后，发展缓慢，至1985年有省、县际公路10条，加上专用公路、乡村公路，通车里程都不足600公里。经过改革开放以来几十年的大发展，截至2023年底，全县公路总里程已达1846.6公里，其中济南至广州、泉州至南宁两条高速公路穿境而过，有石城南、石城北2个出口。206国道贯穿南北，境内长61公里；356国道横贯东西，境内长18公里。此外，有县道293公里，乡道264公里，村组公路1185公里，25户以上自然村公路100%通水泥路。全县形成了以"一纵一横"高速公路、"十"字形国道为主骨架、"8"字形县乡主干道、四通八达村组公路为支线的路网格局，县域内半小时经济生活圈全面形成。2021年10月，兴泉铁路建成通车，结束了石城没有铁路的历史，石城承东启西的客运、货运大通道更为通畅。

全县今有5家客运企业，客运车辆115辆，开通客运班线43条。总投资4亿元占地170亩的智慧物流园已投入使用，10余家快递知名品牌企业已入驻营业，并实行统一仓储、自动分拣、共同配送，企业物流成本得到有效降低。

县人自古以来习惯于饮用井水、湖水与河水，卫生状况堪忧。近年来，石城大力实施城乡供水一体化和农村饮水安全巩固提升工程，饮水安全全面达标，目前基本形成了"一中心，六片区"大型水厂集中供水为主，247处小型集中供水工程为补充的城乡供水工程体系，稳步推进农村供水工程统一监管，提升运行管理和技术服务能力。农村自来水普及率达95.17%。河湖长制工作组织架构体系完善，机制健全，河道保洁实行了物业化管理，2018年中央电视台新闻联播报道石城水生态文明建设经验做法。

## 二、城市功能品质提升

20 世纪 80 年代初，县城面积仅有 0.2 平方公里，基本处于今琴江路、西华路、沿江路与北门之间，仅有琴江路、西华路、东华路等几条街道，居民不过数千人。仅有老电影院、工人文化宫、邮电大楼、百货大楼等只能满足人民基本生活需求的建筑。改革开放后，城市范围逐渐扩大，但依然局限于西城一带。近年来，逐渐开发东城片区，目前已形成一河两岸的城市风貌。城北温泉康养片区、城南景城一体区、城西产城融合片区"三大体系"基本形成。城市路网日益完善，水泥路改为柏油路，断头路打通为交叉路，停车位不断规范增加，燃气管网更新改造不断推进，海绵城市建设有力推进，提升了城市形象。"五纵五横一外环"的宽敞道路、琳琅满目的购物商场、巍峨矗立的百米高楼与四季花香的城市公园错落有致，形成一个有机整体，城市形象风貌、城市能级和产业经济得到全面提升。住房保障体系逐步完善，公共租赁住房基本满足需要，棚户区（城中村）改造稳步推进，实施基层物业管理与业主自治，健全了小区治理制度。

目前，县城面积已达 13.9 平方公里，居民近十万人，石城城市化率达 51.07%。

## 三、文旅教体融合见效

石城文化源远流长，但由于地缘原因，战事频仍，经济落后，以至于虽然有一些突出的艺术类别如石城灯彩，但整体发展并不均衡。21 世纪以来，文化事业日渐繁荣发展，非遗项目申报、文物活化利用再创佳绩，石城灯彩、石城砚制作技艺入选国家非遗名录并多次亮相央视。文化遗产保护、文化惠民理念深入人心，文化活动精彩纷呈。每逢春节、元宵、端午等中国传统节日，全县范围内都会广泛开展"我们的节日"等系列文化惠民活动。公共文化设施提档升级，图书馆、文化馆免费开放，每年均有数十万人次享受优质的文化服务。文旅事业成效明显。通过项目建设带动，扩投资、强龙头、补短板，推动文旅产业集群发展、扩容增效。为顺应旅游市场的新变化、新需求，推进城市大休闲与乡村微度假同步发展，促进观光游向休闲度假游转型升级。积极争创国家级旅游度假区，着力繁荣夜间经济，丰富度假业态，通过提升智慧旅游、精细服务、市场监管水平推动旅游服务大提升。通天寨、八卦脑、赣江源、琴江夜游等都是省内外知名的旅游名片。

古代时期，石城教育事业相对比较发达，精英代有人出，曾有 23 人考中进士，一人得中解元。然而到新中国成立前，全县仅有初级中学 2 所，中心小学 11 所，保育小学 105 所，普通教育水平不高、受众不广。新中国成立后，党和政府高度重视人才教育，九年义务教育全面普及，已有数万名学生进入高校深造。如今，全县城乡教育资源配置更加优化，网点布局合理调整，师资配备日渐均衡，教育资源增量扩容成果明显，满足了人民群众"上好学"愿望。新（改）建校舍 32.12 万平方米，石城中学新校区等 8 所学校

石城中学

建成投入使用。城乡幼儿园布局和学前教育资源配置进一步优化，2023年秋季学期，全县有各级各类学校（幼儿园）156所，其中省重点高中1所，完全中学1所，职校1所，初中9所，九年一贯制学校8所，小学41所（含城区6所，乡镇中心小学8所，村小17所，教学点10所），特殊教育学校1所。幼儿园94所，其中公办幼儿园50所（含29所小学附属幼儿园），民办幼儿园44所。顺利通过国家义务教育基本均衡发展督导评估。高考一本上线人数实现"八连增"。持续推进教体融合，体育事业发展成绩斐然，按照"体育＋健康＋旅游"深度融合的发展思路，成功举办多项大型赛事。进一步优化"周周有活动，月月有赛事，节庆有亮点"的全民健身格局，充分展现了全县人民群众参与全民健身的热情和积极向上的精神风貌。

### 四、卫健工作持续推进

新中国成立前，全县仅有一所公立医院和一家私人医院，百姓看病多靠民间传统药方，吃药基本上是山间草药。20世纪中期，国家大力培养"赤脚医生"，群众卫生健康颇有改善，但预防、疾控等依然方法不多，原有石城制药厂被关停并转，不少良药如"石城白药"再难见世。21世纪以来，石城坚持精准发力，健康建设踔厉步稳。健康教育与干预有力实施，居民健康素养水平提升至27.4%。深化医药卫生体制改革，卫生服务能力展现新成效。县人民医院"三合一"项目建成投入使用，乡镇卫生院新（改、扩）建全面完成，建成107所村卫生室。中医药事业传承发展迈上新台阶。在全市率先高标准成立石城县中医药学会。大力开展爱国卫生运动，成功创建全国健康促进县、全国基层中医药工作先进县。创卫成果有效巩固提升。国家卫生县通过复审，小松镇、赣江源镇、丰山乡、珠坑乡创建国家卫生乡镇，屏山镇创建省级卫生乡镇均顺利通过市级考核验收。基础卫生工作稳步推进。创新开展医疗公卫信息融合，率先全面取消纸质健康档案，居民健康档案实现"微信公众号"线上查询，城乡居民大病医疗补充保险惠民政策红利持续

石城县人民医院

释放。疾病预防控制工作务实推进。全县首个数智化接种门诊投入使用，地方病和慢性病、结核病防控工作位居全市前列。坚持惠民为本，重点人群健康服务有效保障。托幼服务能力持续提升，妇幼健康行动持续完善，老年健康服务能力持续强化，全县"江西省老年友善医疗机构"达 21 家，完成适老化改造项目 13 项。

### 五、社会保障体系完善

自古以来，百姓都是各自求活，或靠儿女养老，基本谈不上社会保障，底层民众求生艰难。新中国成立后，党和政府高度重视社会保障事业，石城连续多年在省市优化营商环境考核中位居前列，乡村工匠培育、劳资纠纷调处、社保服务等改革事项也成绩斐然。石城坚持就业优先，就业创业有保障。2023 年，全县城镇新增就业人员 1841 人，新增转移农村劳动力 3263

人。全县脱贫劳动力稳定就业 26309 人，公益性岗位安置 1756 人。强力推进助企纾困，积极开展职业技能培训、创业培训，为企业降低养老保险费、工伤保险费。优化企业招工服务，引进第三方机构，常态化开展劳动力资源和企业用工需求调查，通过大数据平台，确保劳动者求职需求与企业用工需求第一时间精准对接。通过现场招聘、网络直播招聘、早（夜）市招聘等，全县工业园区新增用工近 3000 人。提升服务创业质效，发放创业担保贷款扶持企业创业，建好创业孵化基地和充分就业示范社区（行政村），持续完善公共就业服务体系，按照"有人员、有场所、有标识"要求，在全省率先实现乡镇就业驿站建设全覆盖。社保服务有亮点。在全县范围内开展"社保服务进万家"活动，确保社保政策"人人知、人人晓、人人享"。优化经办服务，建好经办大厅，简化经办流程，对困难群体提供上门服务。劳动关系更加和谐。强化源头预防预警，落实"一金六制"，全面开展劳动用工大排查大起底大整治和新就业形态劳动者权益保障等专项行动，指导各用工单位、个体户签订电子劳动合同，通过调解仲裁及办理劳动纠纷案件，帮助农民工追回工资，为劳动者挽回经济损失。公共服务开新局。在全省率先设立人社业务综合窗口，将社保、就业、劳动监察等直接面对群众的业务集中在窗口受理，极大方便群众办事。大力推广"江西人社网上办事大厅""赣服通""江西人社 APP""江西人社一体化系统""智慧仲裁""互联网＋调解"等线上服务平台，169 项社保业务实现"网上办""掌上办""自助办"。社保卡应用场景打造，在政务服务、金融服务、教育服务、文化体验、智慧安居、交通出行、医疗健康、资金发放等 8 大领域得到广泛应用。

### 六、民政事业保障有力

古代的民政事业，基本面向的是鳏寡孤独及婴幼无助者，且多为"纸面作业"，少有落实者。新中国成立后，社会福利事业得到改善，敬老事业得到社会尊崇，精神病人、五保老人等均得到较好的照顾和救济。特别是近年来，随着脱贫攻坚的全面胜利和乡村振兴的持续推进，城乡困难群众提标提补工作全面落实，困难群众基本生活得到有力保障。落实乡镇临时救助备用金政策，适度扩大兜底保障覆盖范围，加大排查力度，定期进行部门数据共享，将符合条件的困难对象及时纳入相应保障范围。"实诚办·诚相扶"救助服务品牌不断唱响。新培育6家公益服务类社会组织，累计发放城乡低保、物价补贴、临时救助等济困资金4.2亿元，城乡困难群众生活得到有力保障。城镇贫困群众实现整体性脱贫解困。深化婚嫁领域移风易俗，婚嫁领域移风易俗氛围良好，村规民约（居民公约）更加完善。社会福利事业发展持续推进。养老服务体系不断完善，养老项目建设全力推进。县综合福利院、县老年养护中心、县社会福利院、乡镇敬老院不断建成并投入使用。特殊困难老年人居家适老化改造不断推进，居家和社区基本养老服务得到提升，养老机构"医养结合"有力推进。新（改）建7所敬老院，建成城乡居家和社区养老服务站点105处，特困失能老人集中供养率达90%，养老服务体系基本建立。基本养老保险参保人数达17.86万人，城乡居民基本医疗保险参保覆盖率达97.06%。儿童关爱保护不断加强。基层儿童工作者的业务素养和能力得到提升，持续开展关爱孤儿（事实无人抚养儿童）行动，强化重点困境儿童福利保障。完善残疾人关爱服务体系，建成两个精神障碍社区康复中心并投入运营，积极通过政府购买服务的方式开展困难重度失能残疾人探视巡访。

### 七、社会秩序安全稳定

石城属于客家地区，自古民风淳朴。随着近年来市域社会治理现代化和平安石城建设扎实推进，扫黑除恶专项斗争、政法队伍教育整顿工作顺利有序开展，石城社会秩序更加安全稳定。2020年，创造了公众安全感等"五个全省第一"。通过多元化解矛盾纠纷，信访工作扎实推进，石城连续两年获评全国、连续五年获评全省信访工作"三无县"。县、乡、村三级"实诚人"

矛盾纠纷（信访）联调中心高效运行。扫黑除恶成效显著，深入开展社会治安重点地区和突出治安问题排查整治活动，持续严厉打击黑恶犯罪，扫黑除恶斗争工作考评连续两年位列全市第一。重拳出击，努力铸就反诈长城，电诈案件、资金损失同比下降，创新举措，平安石城再创佳绩。深入推进安全生产专项整治三年行动，两次获评全省安全生产先进县。社会治理不断完善，市域社会治理现代化 90 项验收任务达到试点目标。智慧安防小区建设不断推进，村居、社区村规民约（居民公约）更加完善，各类矛盾纠纷得到化解。以争创全国法治政府建设示范城市为抓手，推动法治政府建设深入开展。人民调解员、县乡村法律顾问配备及全县中小学法治副校长聘任实现全覆盖。大力推动法治乡村建设，共创建全国"民主法治示范村" 1 个，省级"民主法治示范村（社区）" 4 个。如今的石城，社会大局更加平安和谐，发展基础更加安全稳定。

下篇

我是实诚人

# 第六章

# 家国与共　忠诚担当

家国情怀是中华民族长期积淀形成的优秀传统文化，责任担当是其精髓所在。千百年来，多少石城志士仁人为国为民，劳心焦思，上下求索。北宋名臣陈恕，南宋抗金卫国名将陈敏，甘愿为民请命、造福一方的明朝县令温国信，"成功虽无把握，成仁却有决心"的抗日英烈黄景昇，毕生守望初心、鞠躬尽瘁的刘明辉，忠于职守、舍身为公的黄道海……他们一个个顶天立地，忠肝义胆，甘洒热血，乐于奉献，其事例被载入国史方志，为后世敬仰。

## 第一节　励精图治担使命

陈恕（945—1004），字仲言，北宋石城历史上的第一位进士，当朝著名的贤臣循吏，宋代名相寇准即出于他的举荐。他理政清廉，精于吏治，系宋代勋绩卓著的政治家，也是赣南历代官高位显、功业突出人物之一。

陈恕生于偏僻之乡，但少怀大志，折节苦读。早年曾为县衙小吏，他始终严于律己，积极上进。宋太祖初建皇朝，急需招揽人才。当时礼部侍郎王明知洪州（今南昌市），陈恕以儒者求见，相与交谈，王明喜不自禁，以奇才相看，并用公款送他返县，命县令加以培养重用。太平兴国二年（977），陈恕考中进士，任职大理评事、通判洪州。父亲陈光嗣率家迁居南昌后，陈恕主动要求易职回避，改为通判澧州（今湖南澧县）。澧州自唐以来即出节度使兼领，吏治混乱，且多奸猾不法之徒，素称难治。陈恕到任后，兴利除弊，拨乱反正，郡内上下均称陈恕精明强干，名声渐著。于是宋太宗召入朝，任为右赞善大夫，同判三司（盐铁、度支、户部），后调任左拾遗，充度支判官，执掌全国财政事宜。

王仁瞻任三司使时，因出身豪门富户，恃恩宠而肆无忌惮，经常不理政务，放任下属为非作歹，陈恕常为政事与他有分歧，最后发展到廷争的地步。陈恕据理不让，王仁瞻理屈词穷。后王仁瞻受贬，陈恕提升为度支员外郎。不久，再升为工部郎中，知大名府（今河北大名县境）。那时北方契丹势力渐强，常犯大宋边境，陈恕奉命增固边防，所用器物从民间征集。但府中有人故意刁难，面临误工之际，陈恕下令捉拿为首土豪，限期立斩。一时震撼四乡，再没有人敢违令。于是工程如期完工，契丹亦不敢来犯。事后，陈恕被召入朝廷，任户部郎中、户部副使，调右谏议大夫，知澶州（今河南濮阳），后又改任河北东路营田制置使，负责屯田工作。

一次，宋太宗曾就农战事征求陈恕的意见，陈恕对答说："古者兵出于民，无寇则耕，寇至则战。今之戎士皆以募致，衣食仰给县官，若使之冬持兵御寇，春执耒服田，万一生变，悔无及矣。"宋太宗听了，认为可以考虑。陈恕离京数日，果然有诏令到，只要求修完城堡、疏通沟渠，营田的事则搁置不议。不久，陈恕调知代州（今山西代县），入判吏部选事，委为盐铁使。陈恕善理财，革除多年陈弊。宋太宗十分高兴，格外器重，亲题殿柱，称"真盐铁陈恕"。

陈恕任给事中、参知政事后，宋太宗与陈恕谈及户部使樊知古主持部内事务不力。陈恕与樊知古是好友，便暗暗提醒他要整顿部务，谁料樊知古竟直接向宋太宗申诉，宋太宗怒责陈恕私泄圣意，并罢去他的参知政事，调出朝廷，任江陵（今湖北江陵）知府。在任上，他全力整饬吏治，惩处不法之徒，大批官吏受到撤职、流放、停职、降职等处分，一时风气肃然。

　　淳化四年（993），宋太宗听取魏羽、段惟一的意见，撤销盐铁使、度支使、户部使统辖的三司衙门，将全国郡县分作十道，置左、右计使主管十道政务，并分别任命魏羽、段惟一为左、右计使，召陈恕进京，任工部侍郎，充总计使，负责总管左、右计使的日常事宜。左、右计使处理十道事，均要陈恕参与议决。对这种行政体制可能带来的官司各建，政令互出，彼此重复、干扰的弊端，陈恕早有所见，也曾向宋太宗说明。一年多后，中央、地方均感不便，于是罢去左、右计使，又恢复三司，陈恕再任盐铁使。

宋太宗亲题殿柱，称"真盐铁陈恕"

　　陈恕精于管理财政，不论在中央还是在地方都千方百计增加国库收入，深得宋太宗好感。他每次提出条陈，均极力达到目的。殿上奏陈时，碰到太宗没有理解清楚，不高兴了，他便静退殿侧，待宋太宗心情稳定后，再详细陈说。有一次，宋太宗召三司使李溥等27人到崇极殿汇报财政事务，李溥表示内容太多，口头说不清楚，请求书面报告，宋太宗限定5日内上交。李溥等共上报71项内容，宋太宗肯定其中44项处置得当，其余转陈恕斟酌确定，并命令有关官员监督执行。宋太宗对李溥等的建议表示满意，传令嘉奖，既赏银钱，又升官职，并对宰相说："李溥等写文章以古鉴今不怎么样，若谈论经济倒是有其特长，只是陈恕过于刚强，不肯垂问。"宰相吕端对宋太宗所言不敢直接提出个人意见，只说："耕当问奴，织当问婢。"寇准听了，也直言不讳地为陈恕辩解，说陈恕理政，能够不分贵贱，不耻下问。

　　数日后，宋太宗又说，如今国家收入数倍于唐，但唐中叶后，藩镇专权，收入多不上交，财政制度不全，此事至今仍未解决，使其不得不操心。召集陈恕等至殿前，责怪众臣履职不到位。陈恕感到委屈，说今天下广阔，国用军需太多，而地方遇灾，动辄全免租税，即使桑弘羊再世，恐怕也难以为继。臣下虽不才，但肯定是尽心尽力的。第二年，宋太宗拨钱百万给三司，专用于奖励各级能够提出建议改进本司工作的官员。

至道二年（996），宋太宗欲合并三司，命一官员负总责，而下属各职能部门的职责范围则要陈恕制定。陈恕接此意旨，并不曲意逢迎，而是据实以奏。他认为，如今疆土广阔，财政收支浩大，三司账目繁多，如贸然撤销，仅账务清查一项就顾不过来。不如三司体制保持不变，各部增设主司，任命有能力者进行监督，直接对皇上负责，这样就可省去许多烦心事。对三司所属具体业务，他亦提出了具体恰当的意见。宋太宗除作细节调整外，基本按陈恕所奏予以施行。

为了增加国家财政收入，陈恕召集茶商数十人，广泛征求意见，最后制定了既利国又利民，亦使商贾有利可图的分三等收利税法。颁布施行后，货财流畅，效果极好。

至道年间，全国分为15路，其中峡路道（今陕西汉中）各州税政仍然按照旧法，所定标准相差很大，百姓多次上请陈诉，20多年来一直没有解决。朝廷下令推行陈恕新法，道、州官员均因循旧制，尤其是转运副使张晔年少气盛，受诏督办竟马虎应付，仅果州（今四川南充）一处即少上交绢科万余匹。陈恕以擅改税法为由奏报太宗，张晔受到降职处分，其他各州引以为训，最终新立税法得以全面推行。此事让宋太宗进一步认识到陈恕确实忠于职守，诏令回朝升任礼部侍郎。

至道三年（997），宋太宗去世，真宗即位，年号咸平。一次，皇上令改任户部侍郎的陈恕奏报国库收入情况，陈恕故意久久不报，经再三催问，才报告说："陛下年轻，若知道国库充实，容易产生奢侈之心，臣所以不敢上报。"宋真宗听后非常赞许。

咸平二年（999），宋真宗北上巡察，让陈恕担任转运使一同前行，负责皇帝巡行期间的一应财物、交通、迎送、安全事务。陈恕因母老病危请求辞行，真宗改任他为吏部侍郎，兼主管京官考察升调等具体事务。对此，陈恕认为不妥，请求按照旧制，官吏考察等宜由原主管司办理，得到宋真宗同意。

咸平五年（1002），陈恕奉命知贡举，主持全国科举考试。陈恕因自己是江西人，家居洪州，因而凡是江南路（今江西省，包括今江苏、安徽、湖北部分地区，治所在今南京市）的贡士均被黜退。并且以贡举非他强项为由，录取者很少。京城上下，一致称赞陈恕的公正廉明。

母亲去世后，陈恕调任尚书左丞，兼开封知府。这时的他已大病缠身，由于带病劳碌，病情加剧，他请求改任教书或编撰一类职务。宋真宗惋惜之余，让其举荐一位能接替他职务的得力之士。此时，正值寇准被免去枢密使，陈恕力荐，于是真宗任命寇准为三司使，陈恕则升任集贤殿学士。

寇准接任后，整理陈恕任上所行各类条例、规定，分类立册。凡新出文告，则另制新版，并请陈恕过目签押，陈恕也当仁不让，表示负责。所以寇准在任期间，一直沿袭陈恕创设的制度，国库非常富足。

陈恕病情越来越重，宋真宗十分重视，亲自安排太医诊治。陈恕病危之际，向妻子口述遗嘱，要求丧事从简，子孙不准恃恩骄纵，乃至零星细节交代得十分详尽。宋真宗得知他病逝，悲痛至极，追赠陈恕为吏部尚书，谥封晋公。

## 第二节　临危不惧御外敌

陈敏（1113—1173），字元功，小松石田陈家坪人，南宋著名军事将领。他自幼聪明好学，勇力绝伦，以智勇双全而闻名，后被朝廷重用，多年坚守前线与金兵抗战，屡建战功，被人称为"常胜将军"。他所坚守的楚州城，被金兵称为"银铸城"。陈敏精忠报国，英勇善战，且忠孝自任，好贤礼士，抚军恤民。战场上他性不嗜杀，只除首恶。乾道九年（1173），因劳累病逝于楚州军中，受赠封庆远军承宣使，其生平事迹载入《宋史·功臣传》。

陈敏父亲陈皓，武艺超群，屡建军功，先后任职县尉、承信郎、巡检。陈敏从小就操戈习武，精于骑射，多次随父参战，很快因功升职右武大夫、武功县男、兴州（今陕西略阳境）刺史，后来受到宋高宗召见。高宗见其貌魁伟，又委任其为破敌军统制。

绍兴三十一年（1161），金国完颜亮率军侵略南宋，当时成闵担任京湖路招讨使，他升陈敏为司马统制，并令其驻扎荆、汉间（今荆江、汉水一带）。陈敏向成闵建议说，金人的精力虚弱，假设能由陈蔡（今河南东部、安徽西部一带）直捣开封，则无异于掏它的心窝，金人必然被迫回师支援都城，这是解救江南之危的最好途径。可是，招讨使不听，陈敏只得随成闵还驻广陵（今江苏扬州市）。这时，金兵尚未渡过淮河，如能迅速回师，从侧翼直插开封仍还来得及，陈敏于是再次劝说成闵，但成闵仍固执己见，陈敏只得以最快的速度移驻姑孰（今安徽当涂境内），以确保都城杭州一带的安全。

宋孝宗即位后，任命张浚江淮宣抚，张浚奉请陈敏为神劲军统制，后又改任陈敏为都督府武锋军都统制。此时，朝廷派遣李显忠北伐，张浚打算安排陈敏同行。当时正是盛夏酷暑，陈敏说："盛夏兴兵不是好时机，而且金人重兵都驻扎大梁（开封），我客彼主，胜负趋势已经很明显了。希望先不急北伐，按兵不动等候战机。"可是，张浚不听，仍然命令陈敏驻兵盱眙（今江苏盱眙）。李显忠奉命率军到符离（今安徽符离），很快即与金兵交战，结果正如陈敏所料，队伍失控败退。陈敏只好先入泗州（今江苏泗洪县），扼守要塞隘口，以稳定全军局势。此时，朝中主和派得势，以屈辱条件与金人议和，下诏命令陈敏退守滁阳（今安徽滁州市）。陈敏认为滁阳地形地势不利于防守，不合适作为驻军之地。于是向朝廷陈述情由，改成高邮（今江苏高邮）兼知军务。不久，与金人交战于射阳湖（今江苏省北部射阳县境），陈敏亲率军参战，火烧金兵舟船，大获全胜，又乘胜追击敌寇，直至沛城（今江苏沛县），并再次将金人击败。胜利的消息让朝野振奋，陈敏一时声名远扬。

乾道元年（1165），宋孝宗升陈敏为宣州（今安徽宣城）观察使，主管侍卫步军司军务。陈敏认真分析判断当时的军事形势，认为高邮仍属战略要地，所以在任职一年多后，向朝廷进言，称敌狡猾多诈，和谈不足以依靠。如今两淮没有设防，请求率领原来所统部队，再回高邮驻守。并具体建议重新修筑城防设施，以防不测。但孝宗一直在主和、主战派间摇摆不定，朝廷大臣中主和派又相对占上风，因而陈敏的建言没有被接受。孝宗只是任命他为先州（今河南潢川县）观察使，分武锋为四军，后又升陈敏为都统制兼知高邮军事，只管筑城与屯田之事。陈敏再回高邮任事后，勤于政务与军事，不但按旧制加高加厚城墙工事，而且修治运河堤防，从宝应（今江苏省宝应县）至高邮，按传统办法制作石跶12处，整个防线修整一新，保证了运河的水畅货通，使它既可免受水旱之患，又利于航运交通，战时还方便军用。

乾道四年（1168），北方人侍旺在涟水军（今江苏省涟水县）据城反叛，并假意密报朝廷，称联络了被金人占据的山东12州豪杰同时起义，以图占据中原。为此事宋孝宗征询陈敏意见，陈敏一语揭穿侍旺的阴谋，说："侍旺只是想利用我国的力量来制造乱局打劫而已，一定不会成功，皇上千万不要听信。"恰好有屯田统领官暗中与侍旺勾结，谋反成为事实。只是由于陈敏早有警言在先，准备充分，叛乱很快被镇压下去。侍旺失败后，金兵又派人离间中伤，试图挑拨陈敏与朝廷的关系，幸好宋孝宗明了底细，知道侍旺的反叛与陈敏无关，于是召令陈敏入朝担任左骁卫上将军。

陈敏在朝期间，官吏议论说，要使金兵不敢南犯，必须守住清河口（今江苏徐州市）。陈敏提出自己的意见，认为金兵每次经过清河（今河北邢台境内）一带，一定会先派人从上游偷渡，所以想要固守清河口，应先把楚州（今江苏淮安）城池整修坚固。他说："淮河二千余里，能通北方清、汴、涡、

陈敏手植樟树，
已逾 500 年

颍、蔡五灌，其中可直通长江到达江南者只有楚州运河。北人船舰自五河南下，欲渡长江非先取楚州运河不可，别无他路可走。以前周世宗从楚州北神堰，凿通老鹳河通战舰入长江，于是南唐便失去了两淮之地。由此可见楚州实为兵家必争的咽喉重地，是两淮的命脉，还望朝廷引起高度重视。"于是，朝廷准其言，命陈敏再次出守高邮，并诏令守臣左祐与陈敏同守楚州一线。左祐去世后，陈敏便移驻楚州，并将城池修葺一新。过往使臣看到楚州雉堞坚新，以"银铸城"相称。金人也因此很长时间里不敢轻举妄动。

后来，有 200 余从金国占领区归正的住户，因其他缘故又背叛归金，上司便怪罪到陈敏头上，陈敏先后被降职为忠州（今重庆忠县）团练使、福建路总管、江西路总管（驻扎赣州）。不久，奉命提举佑神观，恢复朝议。在赴职蕲州（今湖北蕲安）防御使授武锋军都统制兼知楚州、光州观察使期间，陈敏过度劳累，因病离世。

宋孝宗知晓后，非常感慨惋惜，特追赠庆远军（今广西宜山）承宣使，追认其父亲陈皓为武义大夫，并说道："朕异其忠义勇敢，亟还故乡，遣使赙钱五百缗、绢五百尺，钦命男孝忠（陈敏长子）护柩归葬。"陈敏棺柩回乡后，安葬于今琴江镇花园村的陂子脑。

# 第三节　忧国忧家为民众

温国信（1568—1624），字中孚，号任我，石城温氏同保公二十九世孙，北宋大儒乡贤温革二十四世裔孙。明末为官甘肃陇西、西和两县，政绩卓著，深受民众爱戴，当地百姓曾连续三年向朝廷申报诏封"温大吏"，并立庙祀典。

国信生于名门望族，其祖父温和直，尚气节，好读书，博涉诸子百家。父亲温尚，字碧涧，诰封文林郎，敕赠甘肃陇西县丞，乡饮大宾，坊表英豪。在崇尚太祖"不求诸外，盍求诸内？不在吾身，宜在子孙"的家庭熏陶中，温国信"幼颖嗜学，弱冠采芹于庠，屡试居优"。国信不仅学业优异，中乡贡，居全县榜首，而且对时局国事十分关注。那时已是明朝末期，他对国政衰颓深感忧虑，对不计民生的腐败官场更是深恶痛绝，期望自己通过乡试进举入仕，做一个正直的清官为国为民效力，但因不屑士俗贿赂监考官，五年间两次参加乡试皆失利。相知有识之士均为之慨叹，便劝说他："你有济世才干，不如到外乡任职，以才能来证明自己的实力。"就这样，在明万历年间以例贡远赴陕西巩昌府任陇西县丞，踏上了仕途之路。

陇西县地处陕西省，今宝鸡市西北，当时是一个十分贫穷且"烦剧难理"之地。国信到任后，"察民情，详地理，治吏制，通商贸"，勤政为民逾数年，"治之如烹小鲜"，使这个贫穷落后的县有了明显改善，治声闻达于州、府。时任陕西按（察）院的苏公特地来到陇西考察，备问"山川土俗"，国信应对"详敏"，其他官员皆不如他，按院甚感"惊异"。接着查看刑狱，有囚徒喊冤，按院令郡守复审三日，终无结果。苏公复令温国信悉数复审，先生"卷积叠谒三昼夜，原情准列多数平反"，郡守称之"神明"，按院"大奇"。很快即升任他为西和县正堂。

温国信公祠门额

西和县更是一个环境恶劣、民众好斗、偷盗成风的荒蛮之地，温国信到任的第一天，就碰上了一妇女裸体控冤，他亲自下轿授给衣食，并嘱其亲属到公堂问明缘由。原来该县吏治紊乱，宗族之间械斗不断，市民出入都"藏刃于身"，该妇女的丈夫就是在械斗中被打死的，要求县太爷为她做主。温国信迅速果断地处理好这起命案，将凶手绳之以法。县民亲眼见到新来的县令如此刚正不阿，如此关心百姓，都称他为"温大吏"。

接着，他利用几个月时间，深入乡间"立赏格，动以事诚，晓以理喻，训以礼让"。翌年又颁布县约，要求"父诫子，兄勉弟，无复暴横"。通过数年努力，民风得到根本好转，族睦邻和，"习俗逐移"，社会为之一新。

然而，境内有个叫萧兴汉的匪首，聚众盘山居洞，盗弄兵器，打家劫舍，抢商夺贸，曾两拒官兵，这股盗匪如不肃清，必为大患。温国信数次单骑前往山寨，动以真情，晓以利害，诚劝众匪下山操正业，做良民。这伙人虽是土匪，但实质都是穷苦人，迫于无奈才落草为寇，如今县太爷不惜身家性命多次前来说服，悉数感动，请求"大吏题请宥罪，诸求感激悉散"。

西和县地处陕西西部，这里的自然生态环境与陇西一样，都十分恶劣，干旱少雨，水源枯竭。改善环境是温国信在治所的第二件大事，为此，他踏遍了西和的山山水水，巡查水源，审察地势，号召全县人民修水坝、筑堤堰数十处，种草木、固沙土数千围，从此"县民不畏旱"，粮食增产，牧业发展，百姓生活有了根本改观。当地人民为纪念这一功绩，在所筑的堤堰上特地为他建了一座"任我公庙"，并连续三年上报"最大吏各加优奖"。时任陕西省的御史推荐其"鸿才小试，实负经济，民社厚望，朝廷柱石，亟擢以为用"，巩昌府知府奖其"才能练达，学识英断"。然而，明朝天启年间，已是朝纲颓废，官场腐败透顶，满清又是虎视眈眈，忠直官员凤毛麟角，所谓的州、府（院）官吏哪有心思荐拔良才，倒是更多的想方设法乘乱世捞一把。先生一身正气，一心为民，根本就不会去想如何疏通上司。对这样一个政绩卓著、民众称颂的地方好官，朝廷只是为安抚民心，"仅转凤阳府长淮卫留守参军"。

温国信作为地方官吏几十年，亲身经历了明末腐朽的官场黑暗，深知大厦将倾，难有完卵。朝廷虽给他升了官，但他"自恨久宦游缺，奉养衰毁，疾终怀才未竟其用"，以丁母忧辞去官职，回到阔别 20 多年的家乡。从此闭门谢客，继承先父遗愿，效法太祖乡贤，全力投入教育事业。他回到祖地堂下，接管父辈创立的书院，书院不仅接受本族子弟，还收受他姓子女。他秉承先贤教诲，耕读传家，对贫困学子不仅免收费用，还赠予衣食。由于操劳成疾，温国信于明天启四年（1624）离世，享年 57 岁。

## 第四节　恪尽职守勇担当

廖国用（1641—1703），字柱臣，小松镇新坊（今江口村）人。少时便天赋超群，颇有谋略。清康熙三年（1664），从军于福州邵武府（今福建邵武），因表现突出，多次担当突击先锋，屡建奇功，由百总逐级升至副将。

刚入伍时，廖国用骑马射箭技艺特别精湛，受到副总兵的极大赏识，很快便被特授为百总。康熙十二年（1673）"三藩之乱"时，福建靖南王耿精忠要挟廖国用，要他助其进军江西，廖国用不从。后都统吴某命廖国用随军征伐光泽（今福建光泽县），擒获朱天贵。次年六月，廖国用以功补授邵武府建宁（今福建建宁）千总。康熙十七年（1678），郑锦兵袭福建，攻占漳州，进逼澄海。澄海告急，廖国用奉总督姚启圣之命率军前往，经奋力拼搏，终解澄海之危。次年正月，廖国用因功升同安镇标左营中军守备。八月，他献密计，顺利擒获耿精忠部将多人，升任为都司佥事。其时郑伯化聚兵数万，布于福建沿海一带，进击清军，其势甚猛。清朝廷遣军征剿，廖国用部亦在其列。他身先士卒，战功累累。康熙十九年（1680）二月，廖国用部随师堵截郑伯化军，直抵厦门、金门。康熙二十一年（1682）三月，围剿结束，廖国用升授都督佥事。不久，调任光化镇标左营中军守备。

清军入关后，经过近 30 年的努力，在康熙期间逐步实现了中国大陆上的统一，唯台湾尚未收复。当年，忠诚于大明的勇将郑成功驱逐荷兰军队统治收复台湾后，一直打着反清复明的旗号据守台湾，拒不臣服于清，成为康熙帝寝食难安的心腹大患。康熙二十二年（1683），朝廷命施琅率军攻占台湾，廖国用奉命率部参战。自 6 月 16 日至 24 日，仅用 7 天时间，清军就攻克花屿、猫屿等 36 岛，郑克塽（郑成功子孙）军被歼 14000 余人，余部走投无路，均投降清朝。八月，清朝设置台湾府，廖国用随军进抚台湾，并留在台湾任职镇守三年。

康熙二十七年（1688），廖国用升任左都督，记余功 6 次，记军功 3 次，诰封 3 代，世袭 1 次。第二年，他奉旨任江南提标前营，管游击事。康熙二十九年（1690）春，邵武将军杨某委任廖国用为吴淞参将军务。十月，又奉江南提督金某委任，兼理福山游击。在此期间，他政绩卓著，朝廷曾为他树碑纪功。

康熙三十三年（1694），廖国用经四川提督吴某保举入京，于畅春苑觐见康熙皇帝。康熙帝观其骑射，"与之温语慰勉，录其姓名"。

康熙三十五年（1696）春，康熙帝率清军亲征，镇压噶尔丹叛乱。廖国用奉旨押运辎重出关，兼理粮饷、修路等后勤事务，出使和尔博十八台。次年五月，噶尔丹叛乱被平息，廖国用因功加官三级并准其子廖期恭为监生。

康熙三十七年（1698）五月，廖国用调任广西提标前营参将兼理中军印务，因表现出色，被奖给一世袭拖沙喇哈番，并再次带余功 6 次，军功记录 3 次。

康熙四十三年（1704）五月，廖国用升任江南督标中军浔州副将，但因病未赴任。同年六月二十二日卒于官署，享年 62 岁。

黄道海（1938—1981），大由乡兰田村人。1958 年参加工作，1960 年调石城公路段龙岗养路队当养路工，后任队长。该队原为后进单位，自黄道海担任队长后，连续 3 年被评为先进单位。

黄道海后调任县公路段工程车驾驶员，为了保证材料供应，他坚持早出车，晚收车，争取多装快运，每天工作在 14 个小时以上，有时搬运工不在，就自装自卸工料，被人称为"不知疲倦的老黄牛"，连续 13 年被评为县公路段先进生产者，3 年被评为赣州地区公路系统先进生产者。

1980 年底，黄道海出车从宁化运杉板至南昌。途中，发现货主与某检查站人员形迹可疑。驶至石城境内，他再次查核运货单，终于搞清楚是货主欺骗了调度员，根本没有办理木材放行手续，于是立即要求货主卸货。

货主见露出破绽，苦苦央求只要将这批杉板运抵南昌，愿送给两围（即两平方丈，当地常以此单位计算木板面积）杉板作为酬谢。黄道海义正词严地回答："杉板一块也不要，车子一里也不开！"

平时，黄道海外出运料回养路队，从不要队里另搞特殊招待。出差外地，都是选择收费十分便宜的简陋旅店住宿。家里建房，从不动用公家汽车，而是另雇他人车辆运送建材。1981 年，他去瑞金帮段里装运石灰，爱人要他顺便也给家里买几百斤，黄道海语重心长地说："我是一名共产党员，要严守党的纪律。我们宁可多花一点钱，也不要占国家一点便宜！"

1981 年 6 月 30 日上午 8 时许，黄道海正在县公路段机修站抢修汽车。突然，机修车间楼上传来急促的呼喊声："楼上起火了，快来救火呀！"他循声望去，机修车间楼上烈火熊熊，浓烟滚滚，楼下 5 台拖拉机、2 辆汽车

黄道海

和大批材料设备及旁边的汽油库面临严重威胁。

黄道海旋即丢下手中工具，疾步直奔机修车间楼上，冲进大门，顺手抓起衣服，向烈焰猛力扑打。不料此时，一煤油炉因受热发生爆炸，他被带火的煤油溅了一身，顿时浑身着火，可他全然不顾，一面高喊救火，一面与烈火进行顽强的搏斗。其他员工闻讯赶来，经过大家紧张扑救，大火终于被扑灭。机修站及价值 15 万余元的国家财产得以保全，而此时的黄道海已身负重伤，全身烧伤面积达 70%。同事们争分夺秒将他送往县人民医院。然而因伤势过重，虽经全力抢救整整 4 天，还是医治无效，7 月 24 日永远离开人世。

同年 10 月 14 日，中共石城县委授予黄道海"优秀共产党员"称号。江西省人民政府批准其为革命烈士。

## 第五节　取义成仁卫国家

1942 年春，抗日战争进入最艰苦的岁月，为了援助缅甸的反法西斯战争，同时也为了保卫滇缅公路，中国政府组织远征军进入缅甸，与英缅军共同担负抗击日寇和保卫中印军事供给线的任务。时任陆军第 5 军 200 师 598 团中校副团长的黄景昇，被编入远征军第一期入缅作战序列。

黄景昇，1911 年出生于石城县县城一个书香门第。他少年时聪颖好学，胸怀大志。中学毕业后考入中央陆军军官学校第八期，毕业后入编国民革命军服役。抗日战争全面爆发后，义无反顾地投入抗击日军的战斗。他参加过昆仑关战役等大小数十次战斗，多有立功建树，很快升任至中校副团长。

1942年2月，黄景昇所属的远征军第二〇〇师，在师长戴安澜将军率领下，从我国边境重镇畹町镇出境进入缅甸，途经腊戍、曼德勒，直趋缅南城市同古。3月8日到达同古后，原守城部队——英缅军早已被日军吓得望风而逃，百姓也已撤离多日，留下一座空城，敌情一无所知。没办法，戴师长只得按军事常识和作战经验布防驻军，做好临战准备。

形势异常严峻，远征军孤军深入缅甸南部，后续部队还远在中缅边境跟不上来，侧翼空虚，加之不明敌情，不知地理，又没有群众支援，天时、地利、人和三缺。

战前军事动员会上，不管戴师长如何激励大家，也不管如何用军法从事或押解回国相威胁，第二〇〇师的军官们大多耷拉着脑袋，士气低至极点。

戴师长严肃地问："黄副团长，你有把握战胜日寇吗？"

"报告师座！"黄景昇马上起立作答，"部下成功虽无把握，成仁却有决心！"

听到黄景昇这一响亮的回答，满座皆惊，全体军官的激情得以振奋，戴师长的战前动员终于达到目的。

为固守同古，师部于城南敌军来路设立两道防线。第一道防线设在皮尤河两岸，派骑兵团副团长黄行宪率兵设伏，突袭日军，随即撤离。第二道防线设在鄂克春，鄂克春便于防守，安排两个营在那里设防狙击敌人。要求战斗要坚持三天，给日军以迎头痛击，挫其锐气。在派何人担此重任时，戴师长和副师长高吉人同时想到了黄景昇。黄景昇毅然率领第五九八团两营兵力，前往鄂克春备战。

3月19日早晨，日寇毫不顾忌地向同古开来。一线黄行宪趁敌人车辆正在过桥时，突然下令将皮尤河桥炸毁，打了一场漂亮的伏击仗。

第二天，日军吸取了前一日教训，调集重兵，小心谨慎地向鄂克春开来。发现鄂克春有中国远征军布防，不敢贸然进攻，先用4门山炮向第五九八团防守阵地猛烈轰击。黄景昇事先将士兵埋伏于阵地后面，避开了敌人首轮炮火。在敌人停止炮击、利用步骑兵冲阵的几分钟内，又命令一营士兵迅速进入战壕。等敌人进至三四十米时，机枪、步枪、手榴弹齐发。待大部分敌军被歼时，立即率队冲锋将其击退，旋令部队迅速撤离，避开敌人下一轮炮火。敌人的大炮又一轮炮火过后，日寇再一次扑来。黄景昇又令另一营士兵进入阵地将敌人打下去。就这样，一天内接连打退敌人5次进攻，全团则伤亡甚少。

晚上，第五九八团团长兼第二〇〇师步兵指挥官郑庭笈来到鄂克春前沿阵地。这时一身泥土的黄景昇正在与士兵们一道说笑，看到团长到来，举起一把刚缴获的日本军刀炫耀地说：

"团座你看，这玩意儿还挺好使呢，砍鬼子就像开瓜切菜利索。"

"什么！你还冲出去了！"郑庭笈一听火了，不禁喊叫起来。他知道黄景昇的脾气，打起仗来不要命。他狠训黄景昇一顿，并警告说，如继续胡来，将把他撤回同古，自己来指挥。黄景昇生怕被撤下去，只好任其训斥，并始终严肃立正，一遍遍说："部下明白！部下明白！"

21日，日军出动飞机向鄂克春阵地轮番轰炸，又用步骑兵反复冲击，战斗十分惨烈。黄景昇阵地虽然没有丢，但部队伤亡不小。日军也没有占到便宜，阵前已丢下三百余具尸体。

翌日，敌人用正面佯攻、侧翼迂回的办法，企图偷袭阵地。黄景昇亲率预备队予以痛击，敌人的阴谋依然没有得逞。

这一天，军长杜聿明、师长戴安澜亲临阵地慰问，以激励将士。杜聿明训完话后，特意把黄景昇叫到掩蔽部，语重心长地说："郑团长告诉我，你像士兵一样坚持在前沿杀敌。这可不好啊！你是阵地上最高指挥官，既要对阵地负责，也要对几百名士兵负责……指挥官有闪失，军心动摇，阵地也别想守住！"

戴安澜也叮咛道："指挥官任何情况下都要沉着冷静，不能冲动，不可意气用事……"

由于战事紧张，黄景昇送走了军长、师长，上峰的叮嘱早已抛到九霄云外，转身又上了前沿阵地。

23 日，日军的兵力增至两个联队，山炮增至 12 门，并调来了战车 20 辆，加上 20 余架飞机轮番轰炸，给阵地带来极大的威胁。敌人的飞机、大炮轰过之后，步兵躲在战车后面朝我军阵地冲来。没有反坦克武器，迫击炮近射又不准确，枪榴弹、手榴弹射程有限，且破坏力不大。没办法，只能用集束手榴弹去炸。就这样，黄景昇用严重减员的两营兵力轮流作战，接连打退敌人的 3 次冲锋。

敌人又扑上来了，一辆战车吐着火舌气势汹汹地向我军阵地冲来，企图为后续部队杀开一条血路。远征军士兵挟起集束手榴弹向战车冲去，一个、两个、三个，都在半途上倒下了。先后上去五个士兵都牺牲了。这时的黄景昇双眼几乎要喷出火来，再也忍耐不住，双手一按跃出战壕，就地打滚翻到牺牲战士身边，拿过集束手榴弹，一直滚到敌人战车面前，将手榴弹塞进车下，再滚到一边。只听得惊天动地一声响，"铁家伙"被炸得翻滚蹦跳，一动不动了。

后面的战车不断冲上来，远征军士兵学着黄景昇的方法，一个接一个地滚出战壕。"轰!""轰!""轰!"敌人的战车一辆辆被炸翻。步兵和后面的战车见势头不妙，掉头败了下去。

胜利让战士们的情绪一时间失去控制，那些炸战车的勇士和战壕中的士兵都跳起来欢呼。日军突然掉转车头开火，一阵弹雨把勇士们都撂倒了。黄景昇在阵前十分着急，探身呼喊"卧倒! 卧倒!"就在这时，一颗罪恶的子弹击中了他。

敌人再次发起冲锋，一辆战车径直向受伤的黄景昇冲来。上士班长程洪喊着"副团长"，冲上前去想把他背回来。当他冲到黄景昇身边时，战车也到了面前。本来就地打个滚，程洪完全可以躲开，但那样黄景昇就会被碾得

黄景昇

粉身碎骨。没有别的选择，程洪抓起一束手榴弹迎着战车扑了过去。战车把他撞倒了，但也就在这一瞬间，他拉响了集束手榴弹，与敌人的战车同归于尽。这时全体士兵都跃出了战壕，与日军展开了白刃肉搏。当士兵们再一次将敌人压下去，把黄景昇背回来时，他已流尽了最后一滴鲜血，年仅31岁。

当晚，团长郑庭笈率军赶来，命令守军撤回同古。将士们抬着黄景昇的遗体回到同古时，戴安澜将军率领全体城防官兵列队城外，向烈士致哀。

噩耗很快传到了第五军军部，传到了远征军司令部，传到了重庆。黄景昇的豪言壮语和英雄事迹也很快在军中传开。随后军政部追赠黄景昇上校军衔，在全军传令嘉奖。国民政府饬令江西地方政府以抗日阵亡烈士给以优抚。

后来，蒋介石前往军中视察，杜聿明在报告战况时，特别说道："第二〇〇师第五九八团副团长黄景昇说得好，成功虽无把握，成仁却有决心！这就是全体将士的决心……"

蒋介石听了为之一震，关切地问："那个副团长他——现在还在第二〇〇师吗？"

杜聿明回答说："报告委座，黄景昇已如其誓言'成仁'了！"

蒋介石从座中肃然起立，沉默良久，突然问道："你们知道黄副团长这种精神是什么精神？"他踱了几步忽然严肃地说，"这就是黄埔精神！"

1946年，为褒奖黄景昇，激励后人奋进，石城县召开隆重的追悼会。军政部、几个战区司令长官和时任江西省政府主席王陵基、福建省政府主席刘建绪等都寄来题词。

县城西门外广场，竖立起一座抗日阵亡将士纪念碑，碑上镌刻蒋介石题写的"抗日阵亡将士永垂不朽"，以纪念黄景昇以及温忠实（中校副团长，1939 年广西大会战中殉国）、刘象虞（少校，南京保卫战中牺牲）三位石城籍抗日英烈。

## 第六节　砥砺奋进守初心

刘明辉（1914—2010），横江烟坊村人，1930 年参加革命，1933 年加入中国共产党。他历经苏区艰苦岁月、二万五千里长征、抗日战争、解放战争。共和国成立后，先后担任重庆市公安局长、云南省省长、省人大常委会主任、中共中央顾问委员会委员等职。在其 80 年的革命生涯中，有过 11 次生死考验，但他不忘初心，矢志不渝，从一个穷苦人的孩子逐步地成长为一名具有坚定共产主义信念的高级领导干部。他曾深有感触地说过："理想和信念是人生最重要的东西，是成就一切事业的精神支柱。它犹如黑暗中的一盏明灯，指引我们披荆斩棘，历经磨难，达到光辉的彼岸。尤其是要实现远大的理想，就必须具有坚韧不拔的品格，必须具有坚定的信念。从我人生的体验来说，共产主义远大理想，就是永不熄灭的灯塔。"

刘明辉同志是这样说的，也是这样做的。透过他参加中国革命和建设的丰富生涯中的几个小视角，我们可以看到他对革命事业的赤胆忠心。

### 三过草地志犹坚

1935 年 8 月，右路军和左路军分别由毛儿盖地区和卓克基区开始北上。从卓克基到阿坝，从毛盖儿到班佑，都要经过茫茫的松潘大草地。时任红五军团第三十九团特派员的刘明辉，随左路军行动，开始了第一次过草地征程。

　　8月的松潘草地，郁郁葱葱，繁花似锦。然而这绿草和鲜花下面，却处处隐藏着死神的狞笑。草甸下面沟河交错，泥泞不堪，人和骡马一不留心就会陷进泥潭，难以走出。草地气候恶劣，昼夜温差很大，时而晴空万里，骄阳似火，酷热不堪；时而风雨交加，雪花飞舞，寒冷难挡。战士们手拉着手，或相互搀扶，或彼此鼓励，艰难前行。没有粮食，就挖野菜，吃草根，甚至把皮带和干牛皮泡发后煮了吃。草地上的干牦牛粪算是好东西了。捡到干牦牛粪后，战士们就用它来生火，取暖御寒。尽管如此，还是有许多战友被这恶劣的环境夺去了宝贵生命。经过六七天的艰苦行军，左路军终于在8月中下旬走出大草地，到达阿坝地区。

　　在阿坝，张国焘公开了分裂党中央、分裂红军的活动，于1935年9月召开营团以上干部大会，会上作了反对党中央的动员报告，诬蔑毛泽东、周恩来、张闻天、博古是右倾机会主义，认为继续长征北上是逃跑。在其分裂主义错误方针指导下，左路军从阿坝原路南下，"打回四川"。广大指战员历尽千辛万苦，再次经过茫茫大草地，翻越空气稀薄的夹金山，南下到川康地区。一过草地时，红军战士曾暗发誓言："再见了雪山草地，但愿不要再见到你！"没想到两个月后，却是又一次走近了死神。

　　二过草地，已近初冬，寒风凛冽，草木萧疏。刘明辉一直跟着部队艰难行进，看到大部队一过草地时，路边留下的许多无法掩埋的红军战友遗体，他心中不禁阵阵悲痛。快到夹金山的时候，休息号吹响，战士们就地休息，十分钟后继续前进。不料身边一个战士站起来时，背包上的手榴弹掉到他休息的石板上。手榴弹的引火口不知什么时候松了，掉到石板上就爆炸了。正好刘明辉这时起身出发，只听"轰"的一声，被炸出七八米远，穿在他身上的棉衣背上烧着了一大块，人也被震昏。清醒过来才发现，幸好炸弹质量不好，弹片全部炸在棉花里。好险啊！二过草地的考验才过去，又一次死里逃生。

　　部队南下康川后，经过连续作战，虽然取得了歼敌两三万人的重大胜利，但红军也伤亡惨重，死伤过半。南下的红四方面军既四面受敌，又缺吃少穿，处境更加困难。广大指战员从惨痛的血的教训中愈来愈清楚地认识到：张国焘的南下方针是错误的。

经党中央多方努力工作，张国焘分裂党、分裂红军的活动宣告失败。1936 年 3 月，红四方面军由天全、芦山、宝兴等地区撤退，重新北上。6 月，部队与贺龙、任弼时、萧克等率领北上的红军二、六军团在甘孜地区胜利会师。7 月上旬，刘明辉随红三十一军从甘孜出发，途经阿坝、包座等地，第三次翻越终年积雪的夹金山，开始第三次过草地。有了前两次的经验，干粮、衣服等准备得比较充足，人员损失较少。经过 1 个多月的长途跋涉，终于走出了草地，于 8 月到达甘肃南部。10 月，红四方面军在甘肃会宁与红一方面军胜利会师。

回顾三过草地的经历，刘明辉说，长征之所以取得胜利，关键是有一股强大的精神力量，这就是长征精神。

### 铁心硬手肃残敌

共和国成立之初的重庆，特务组织机构林立，中统、军统分别制定了应变计划，从台湾派遣来的军统少将李修凯专门负责布置潜伏，从台湾派来的"技术总队"图谋对首脑机关、重要集会场所和电厂等重要地方实施爆破计划。

1950 年 1 月 9 日，重庆市人民政府公安局正式成立，刘明辉任首任公安局局长。在他的部署下，全市同时成立了 20 个公安分局，并在旧警察局分驻所的基础上，建立 100 多个派出所。公安局一成立，半个月就破获22 案，逮捕 29 人（军统 22 人、中统 4 人、其他特务 3 人），缴获电台 5部，收音机 8 部。然而，真正"撒开大网捕鱼"行动，才秘密筹划准备开始实施。

1 月 18 日凌晨，经过充分的准备，由市长陈锡联牵头，与刘明辉和警备司令部参谋长土毓怀组成指挥部，市公安局和部队突然出动，1万多人参战进行大逮捕，按着查实核准的名单，特务、土匪、帮会头目全部都"扫"。当天，陈锡联、刘明辉和警备司令员尤太忠乘车在街上巡视，特务和受蒙蔽的人吓得把蒋介石的头像、国民党党旗、委任状，还有枪支、弹药、电台等扔得满街都是，缴枪、自首、检举的人也不少。到中午时，共捕获特务、土匪、恶霸、大烟毒犯等1300多人，其中有蒋介石侍从室少将、警察局督察长舒栋材，西南长官公署二处军法官周特生，"较场口事件"元凶、国民党市党部执行委员吴人初，中统分区主任谢雨樵等，缴获电台、密码、手枪、黄金一大批。

当晚，公安干警把徐贵林从第18分局看守所押解至市区石板坡监狱关押审讯。徐贵林是渣滓洞看守所的看守长，也就是小说《红岩》中臭名昭著的"猫头鹰"。他在渣滓洞看守所疯狂屠杀被俘的共产党员后，又从军被编入胡宗南部76军80师，在战斗中被解放军俘虏。但由于不了解他的"底细"，把他当作一般俘虏释放了。徐贵林其实是受上司指派潜回重庆的特务，他伪装成市南岸弹子石地区的小菜贩子，满以为在弹子石这样偏远郊区没人能认出他来，谁知公安机关很快就发现了他的踪迹。在监狱里，他不仅拒不交代罪行，还一个劲儿推说自己不是徐贵林。随后几天，渣滓洞脱险出来的同志相继到监狱辨认，大家不约而同地肯定地说："没错，他就是渣滓洞看守所的'猫头鹰'！"5月4日，根据广大干警和受害群众的强烈要求，刘明辉决定以市公安局的名义报告重庆市委，请求处决徐贵林。16日，市委书记张霖之作出"准杀"的批示，"猫头鹰"终于被枪决。

第一次大搜捕，刘明辉他们还留了一手，抓的捕的多些浮在水面上的"鱼"，并且是快抓、快审、快放，让他们出去，引出暗藏的"大鱼"，当天上午捕人，下午电影院、戏院、茶馆等照常营业。刚刚逃过一劫的"大鱼"们纷纷庆贺自己藏得深，以为没事了，又蠢蠢欲动。结果，一伸头又被发现。5月19日，刘明辉和公安局的其他几位同志组成指挥小组，再次出击，发起了第二次搜捕。这次逮捕特务、匪徒416 名。

刘明辉

在中共重庆市委的领导下，刘明辉同志带领全体干警共同努力，使重庆市在短时间内形成了安定有序的社会局面。1951 年春节，在中共中央西南局春节团拜会上，时任西南局书记的邓小平同志向参加团拜会的同志逐一敬酒时，特别肯定刘明辉同志"把乱糟糟的重庆治理得很不错！"

### 心系家乡情更浓

刘明辉同志的家乡石城，是土地革命战争时期中央革命根据地的重要组成部分，当年为中央苏区的核心区域，中央苏区 21 个全红县之一。共和国成立初年，石城基础薄弱，百废待兴，修建第一条公路，却没有汽车。石城县领导找到刘明辉同志求助，他立即协调云南省机械厂（今云南省内燃机厂）积极支援革命老区建设，支援石城 3 辆汽车。进入 20 世纪 70 年代，因为财政困难，全县公职人员的工资均无法发放，县主要领导找到刘明辉同志，解了燃眉之急。

刘明辉同志深知授人以鱼不如授人以渔，为支持家乡的基础设施建设，他想出了许多好办法。家乡发展电力工业，却因物资紧缺买不到电力设施、设备。在时任云南省副省长的刘明辉同志的支持下，云南省支持革命老区建设，无偿提供了许多电力设施、设备，并自费运送到石城。随同来的还有云南省的电力工程师们，专门为石城人民免费安装电力设施设备。

1968 年，石城县农机厂急需重工机床，然而解决这个问题对计划经济时代的小县城来说实非易事。为此，县领导又一次远赴昆明向刘明辉同志求助，已是云南省革委会副主任兼省革委会生产指挥组核心小组副组长的他，再一次和相关部门协调，从苏联进口的机床分拨·批，途经缅甸和中国香港、广州、赣州，运入石城县。

20 世纪 80 年代家乡兴建第一座电视差转台，刘明辉同志亲自过问，亲自协调，云南省再次以支援革命老区建设的方式无偿赠送设施、设备，云南省 705 研究所为差转台提供免费设计、施工，甚至连设备运费和安装费也由云南省支付。

石城是中国烟叶之乡，迫切需要有自己的烟叶复烤厂。为采购 DK-86-3 型挂杆复烤机、液压打包机等大型机械设备，刘明辉同志亲自协调，云南烟草总公司给予机器设备、复烤技术的支持。

刘明辉同志终生践行共产党人的崇高理想、信念和宗旨。他旗帜鲜明，立场坚定，坚持真理，刚直不阿，胸怀坦荡，光明磊落，清正廉洁，无私奉献。他始终把党和人民的利益放在首位，体现出一名共产主义战士和无产阶级革命者的高尚情操和思想境界，永远是后辈的人生榜样和前行灯塔。

第七章

# 崇文重教　育才兴邦

　　客家石城人素有"崇文重教、耕读传家"的优良传统，历来把人文教化摆在前位。石城自南唐建县千多年来，曾经时政变异，遭逢天灾人祸，教育也曾几度兴衰，但文脉未断，人才辈出，在历史和现实中，出现了许多可圈可点的人和事。

## 第一节　私人办学开先河

　　"一年好景君须记，最是橙黄橘绿时。"2006 年 12 月 11—13 日，中共石城县委、石城县人民政府召开"纪念温革诞辰 1000 周年暨温革早期客家民办教育思想学术研讨会"。海内外知名专家、学者 86 人参会，有 73 篇学术论文宣读交流。会后精选论文 54 篇，汇编成《客家大儒温革——纪念客家私人办学第一人温革研讨会论文集》。2007 年 12 月，该论文集由黑龙江人民出版社出版。

　　温革何许人？为什么死后千年，人们还纪念他？只有穿越时空，了解温革，方可找到答案。

　　温革，字廷斌，宋真宗景德二年（1005）出生在石城县东北部柏中里

（今高田、丰山一带）一个名叫野芋窝的小山村的一户富裕农家。他自幼聪慧，好学上进，饱读诗书，二十几岁就成为乡贡。他曾走出大山，数次进京，参加会试（考进士），但是均名落孙山。

宋仁宗景祐三年（1036），温革进入而立之年。他再一次来汴京参加会试，结果又不幸落第。这次他有点懊丧，但马上振作起来。经过一番深思，毅然决定从此离弃科场仕途，不再来应试，他自书明志曰："不求诸外，盍求诸内；不在吾身，宜在吾子孙。"此话表白，他要转向在桑梓兴办教育。然而，兴办学校并非易事，教材、教室、教师三项必须齐备，当下他先解决教材问题。于是他"诣阙上书"，即到皇宫门外向管理国子监的官员呈上书束，表明"愿捐家资，尽市监书（国子监的教材），以惠后学"。北宋初年，国子监学子研读儒家经典，重点为九经（《周易》《尚书》《诗经》《左传》《礼记》《孝经》《论语》《大学》《孟子》）及其注疏之作。不久，他得到朝廷批准，凡是国子监有的书，温革都可购买到。教材，是育人之本，这表明他要在石城办出国家级的学校，培养类似国子监学生那样的高层次人才。办学校可不是仅购买一两套书，而是要形成系列达一定数量规模。书购齐后，将书运回家，可是一件极为艰难的事。因为汴京与石城相距遥远，约有2300里，中间还有崇山峻岭、大川急流阻隔。但是他不畏艰难，决定走水路，因为汴京水路交通便利。"一城宋韵半城水，梦华飘溢伴汴京"，他把这些书用船装载，从汴水河驶入运河，再往南运抵镇江，又沿长江西上至九江，便转向南下，沿赣江溯源而上至琴江，全仁城具城再逆江而上运到丰山。他只得再雇请一队挑夫，沿着崎岖蜿蜒的山路，硬是把这些书运进大山深处的野芋窝。

这些"尽市国子监书"不远千里，终于运到家了！时值宋仁宗宝元间（1038—1039），温革马上选址备料，延请工匠，在"乌龟双井"附近的一面山坡上，开基动工建造讲堂、书楼。挖基动工开始那天，竟捡到"窖"，掘得五万五铢钱。温革惊喜万分，觉得这是上天的恩赐勖勉，他办学意志更为坚定了。历时约一年，数十间用作书楼、讲堂及供师生生活所需的用房全部竣工。他遂以"青钱"名其藏书楼，将学馆命名为"柏林讲学堂"。他决定自任讲师，还礼聘饱学之士为师，既招收本地本姓子弟，也招收外地外姓学子，无论远近，凡来就学者，都免费供给食宿。闻之者纷至沓来。开馆之日，温革为学馆题联曰："朝来爽气翠如流，供人指顾；晚至岚光清欲泼，入我品题。"从此，琅琅书声便飘荡在这白云缭绕、长满苍松翠柏的山间。

14年后，宋仁宗皇祐五年（1053），时任翰林院秘书的石城进士许褒，将乡贤温革创办书楼义学的经历告诉当时太学说书李觏先生。李觏先生甚为感动，对温革其人及办学一事极为赞赏，首先为学馆撰写一篇近千字的《虔州柏林温氏书楼记》，盛赞温革办义学"是虔之福欤！""自古圣人之德业，举在于书"，而"今温公聚书勤勤，是有意于圣人"。并为"青钱书楼"题联曰："照榻有嫦娥，齐问天香消息；登楼无俗客，共读花样文章"。最后，李先生又作四言古体诗《赞廷斌先生》云："翁为名儒，性嗜读书。手不释卷，仕进纡徐。陶化遐迩，躬蹈力趋。讲经明道，先哲莫逾。素云求内，吻契典谟。"由此，温革及其柏林讲学堂一时誉满江南，闻名朝野。唐宋八大家之一的曾巩为柏林讲堂题额曰"雅儒堂"。

温革创义学自任教近40年，于宋神宗熙宁九年（1076）辞世。吉州安福进士伍柳菊为其撰《宋大儒温革廷斌先生墓表》曰："夫一人之学问文章，遂以陶淑四方，使谫陋消于淳雅，鄙里化于诗书，而况教泽之流于子孙哉！"对温革办学功德作了中肯恰切的赞评。

事实果然如此。学馆所在的野芋窝后易名为"雅儒堂"，俗称"堂下"。山林尽染诗书气。学堂周边山石林泉也得以雅化，竟生出堂下十八景观：睦邻双井、乌龟守门、沙罗醒狮、七板彩桥、拦溪门槛、五子过河、双龙戏珠、尚书盔帽、玉带系腰、锦鲤戏滩、双水洗笔、团鱼堆塔、鸡罾落水、犀牛下海、狮象护祠、鲤鱼归瓮、八仙下棋、碑山圣迹。

石城是边远山城小县。在宋代，石城学子考中进士者14人，其中有12人系温革创办柏林讲学堂后才蟾宫折桂的，其中有四次出现一科两人同登进士榜的佳话。这表明温革办义学对丕振石邑文风、陶淑桑梓社会有着立竿见影作用和深远影响。

至于温革"教泽之流于子孙",有两个史实可以证明。其一,重教化、兴义学成为家风传承不息。明代万历至天启年间的百年里,温革后裔温铤(字碧涧、号于尚)、温国信(例贡,官至凤阳府长淮留守参军)先后仿效祖先温革,捐家资于故里堂下村办义学,号丹峰书院,持续办学百余年。清乾隆四十五年(1780),温革第三十世裔孙温家学,字师胜,效远祖温革捐家资于石城县城东南温坊村温家山办起一所学堂,人称"师胜学堂"。民国时,温氏族人共同捐资于县城先后创办了"衡斋小学""维新小学"。其二,温氏兴办义学,不但培养了异姓子弟,也为本家族造就了人才。据清道光四年(1824)《石城县志》载:温氏子弟考中进士 3 人(温勋、温必联、温鹏翀),举人 13 人,各类贡生 93 人,荐辟 11 人。

温革在家乡的深山老林中演绎私人兴办义学书馆的壮举,在江西为最早的。《续文选通考·义学》篇载"江西义学见于文字记载的始于宋",先于同时代理学大师周敦颐所办清濂书院 6 年。因此,旧时《石城县志》《宁都直隶州志》《赣州府志》《江西通志》对温革办义学均有百多字记载,类似国史的《大明一统志》扼要载曰:"温革,石城人,宝元中,上书愿捐家资,尽市国子监书,得请归,创讲堂,开义馆,远近之士多就教,乡俗陶其善化。"温革遂成江西教育史上的历史名人,逝世千年后,得到后人的纪念,也是理所当然的事了。

## 第二节 民办塾馆亦流芳

石城自北宋温革开私人办学之先河后,百姓纷纷仿效,兴办学堂(私塾、学馆)。清光绪二十六年(1900)统计,全县有 60 多所私塾义馆,至民国三十五年（1946）发展到 165 所。其存续期虽有长短，但在为家国培育人才，推进社会文明进步方面，发挥过重要作用。

## 一、现存文物做见证

### （一）翠柳园学堂

今仍存，地址位于高田镇新坪村店下组，处国家 4A 级旅游景区八卦脑东南麓，系高田平溪（新坪）陈氏家族创办于明朝。它曾经几次修葺或重建。最后一次重建告竣于清同治十三年（1874）冬，至今有 150 年历史，是石城县唯一的保存完好的民间私塾，当属蒙馆。它处在大山怀抱中，坐南向北，"环绕皆山水，前塘后涧；左有清流映带，二桥相接，右有层峦耸翠，一寨冲霄。维石岩嵩高独绝者，（牙）梳山也，源泉滚滚昼夜不舍者，平溪也。蓄马向前，云龙获后，登斯园也，殆有心旷神怡，触物泻怀，不恍然鹅湖、鹿洞之流亚欤！……有正士修儒栽花翠点，插柳成荫，亦名之曰：翠柳园"。（《平溪陈氏第十修族谱》文传《平溪翠柳园学堂记》）今可见斯园占地约 300 平方米，土木结构，半砖半土墙，悬山屋顶。旧时农家小院格局，双合园门，进园有一小块空坪，房舍呈"凹"字形，园门对面有五间，中间较大，是为教室，坪之左右各有一间侧房。解放后，此学堂为新坪小学校址，1961—1965 年曾为高坪人民公社驻所。

### （二）耕读处

地址位于今高田镇上柏村，清乾隆至嘉庆年间由熊氏家族创办，距今已有 200 多年。其内部规模已消失于历史的风雨中，今仅存一座古老的门廊，坐西向东，砖石结构，条石拱成门框，面宽 5.3 米，通高 4.8 米，门额系镶嵌的一块长方形石板，石板上阴刻古体"耕读处"三个大字，石门框两边阴刻一副对联："力田可以无饥，开卷自然有益。"对客家耕读传家的家风理念作了朴实淋漓的表达。整个建筑古朴高雅，仍彰显昔时学馆的非凡气象，2005 年被列为县文保单位。

耕读处

鳌峰书院

### （三）鳌峰书院

地址位于今高田中心小学内，处在高田田心坝"七星过墈"第三星座上。清同治十年（1871）邑廪生温和羹等地方绅士，奉县儒学署之命，集社会资金创办。它坐北向南，石板门额镌刻楷书"鳌峰书院"四个镏金大字，寓意独占鳌头和勇攀高峰。内以礼堂为中心，建筑对称的二层厅室的合面的东西庭院，下礼堂上曾建有超三层楼高的魁星阁。计有 26 间房，中有三个天井。上下礼堂的墙壁上，用墨笔绘有许多人物、花鸟画，栩栩如生。书院整体是砖木结构，悬山屋顶，面阔 27.8 米，进深 23.6 米。东院外侧是菜园，西院天墀中还种着罕见的笔簪花。西院外侧是一排侧屋，那是厨房、膳堂。厨房北外是一个池塘。大门门廊外的中间是一条甬道，甬道旁种植花木，花木后是两排教室。甬道南端曾有一个八字外门廊，门额也是一块镌刻书院名的长方形石板（1959 年因扩建教室被拆除）。总占地面积 2000 多平方米。时为石城县上水片东北边的最高学府，今为石城县唯一保存完好的古代书院。2018 年被列为江西省文物保护单位。清末至今，除了苏区时（1930—1934）先后用作红军医院、赤水县苏维埃政府驻所外，名称虽有变易，但一直为学校所用，现为高田中心小学一部分。它走过百年，依然有学生诵读于笔簪花前，嬉戏于古壁画下，传承着一脉书香。它是江西省内唯一一座既是省文物保护单位，又依然保持学校功用的书院。

在石城历史上，自宋代至清朝，这样的书院还有 9 座：宋代的柏林讲学堂（青钱书馆）、通政书院、琴江书院，明代的龙门书院、丹峰书院，清代的屏山书院、横江书院、长松书院、大由书院，它们先后消逝于历史的长河里。

## 二、有诗为证理钩沉

### （一）景云庵

一个命名特异的私塾，持续办学近 300 年的家族学馆。清乾隆十年

（1745）后三部《石城县志》均载曰："景云庵，城西五里（排），上五龙岩（龙岩瀑布）外，黄日曦庄。"众所周知，"庵"是佛教僧尼自我修持、弘扬佛法的场所；"庄"，昔时富户、文儒、官员建在乡村的别墅。旧志所载令人生疑，这景云庵到底是庵还是别墅？且看石邑岁贡温贵枢（清乾隆十年《石城县志》校对）参观景云庵后，以《景云寺》为题作一首五言律诗（载清乾隆十年《石城县志》）云：

寺古云为覆，松盘鹤可巢。

小楼迟玉涌，曲涧杂金敲。

不事寻僧偈，还须读易爻。

夜来风雨集，咫尺起潜蛟。

这诗一、二、四联均是对这个"庵（寺）"的奇幽环境的描写，第三联才点明这"寺"（庵）之本质：不事僧偈读易爻。"偈"佛经中的唱词，"易爻"《易经》中的八卦符号，这里指《易经》类的儒家经典。由此可见这个所谓的"寺（庵）"既不是佛寺，也不是庄园、别墅，而是寺名学馆。这学馆的创办者乃黄日曦（1603—1673）。《宁都直隶州志》及旧县志把他列入"乡贤"叙载。据石城北关《黄氏族谱》载，此学馆开办始于清顺治年间，学馆为何用寺名？这可从民国四年（1915）黄日曦第十世裔孙黄有文（字卿云，号彩生，岁贡，分发广东办赈出力褒奖五品衔，诰封朝议大夫。民国初，署理石城县知县事）对该学馆重修后所作的《重修景云庵记》中可找到答案。斯《记》曰："……观庵前碑记，始知其名为庵，实则书馆。塑佛像其中，藉神灵呵护斯庵。年远，不肖支裔不能变卖耳！此盖先人寓意之深远，防范之周密……"该《记》还为此学馆"严立学规"五大条："甲、禁止洋烟（鸦片）……乙、禁止赌博……丙、禁止嬉戏……丁、禁止游荡……戊、禁止贪饕……"据说，此庵名学馆弃毁于 20 世纪 30 年代。然而，这个北关黄氏分支家族学馆竟培养出 1 名进士（黄颖，字遂才，号瑞畲，湖北应城县知县，清道光《石城县志》纂修），6 名举人（黄道㳽、黄道漪、黄鹤雯、黄德基、黄远志、黄有筠），15 名贡生（黄于民、黄道清、黄之佐、黄之柱……），140 多名监生、国学。

### （二）红石寨六经馆

屏山红石寨形肖伏狮，方圆不足十里，但有大寨、小寨之分，清代曾有乡贤先后在此寨上开办 6 座经馆。

#### 1. 品岩馆

小寨北面山崖上，有一个宽阔数丈的岩洞，可容百余人，寨下长溪村饱学之士赖允尊，字品岩，于清顺治庚寅年（1650）在此岩洞中开办一个学馆，人们称此为品岩馆。学馆招收寨下数十名学童研读儒经，赖允尊亲自任教 50 年，名噪一时，寿九十四而终教，真可谓"精舍三间劳鬼斧，危楼百尺下书帏"。

#### 2. 五经馆

大寨顶下西南向，有一个平阔山坳。清康熙年间，寨下亨田黄朝印（乡贤）及其儿孙尚仁、尚琼、尚玮、金惠（孙）五人先后在此各开办一个学馆，依次名曰养浩、梧岗、芝岫、绣谷、披云。学馆延请名士为师，招收本姓子弟，也招收异姓学子，讲研儒学经典。诸多学馆的开办，使红石寨闻名遐迩。清代三任石城县知县董应誉、孙绪煌、陈逢年先后登山视学游览，三任县教谕、训导姚芹、杨云彩、宋华国都曾登临学馆督学讲学，还引来了许多外地学子登山观摩切磋，有的还写下诗文留念。学馆师生还把红石寨上的优美风光及奇异事物，命题为"红石十景"（石门翠合、古寺松涛、梧岗璧月、芝窗云海、佛洞灯深、狮顶岚冠、仙岩米绩、丹井冰开、半壁鹰翻、三江涨汇），"四瑞"（黄杨双蕊发、芙蓉五月开、蜈珠岩下光、龙尾楼头见）用来歌咏，竟为后世留下 70 多首古诗。学馆文韵把红石寨变成了文化山。今引述知县孙绪煌《游鸿石四章》之三以证，该诗云：

小憩何妨一扣禅，偶思茗战试烹泉。

书声交起师多聚，经案长封僧未还。

芝岫云光流似水，梧岗柳色碧于烟。

……

红石寨上这 6 座经馆，品岩、绣谷两馆早毁于乾隆中期，其余馆均被焚毁于 1931 年。学馆之学子多有出息，据《屏山镇志》统计，清代屏山有举人 10 名，贡生 125 名，国学生数百，多出自红石寨经馆。故红石寨下周边乡村曾流传一首歌谣："红石山、孔孟府。学五经，真功夫。头悬梁，锥刺股。读诗书，追李杜。手执笏，穿官服。坐衙轿，上朝去。辅佐君，理政务。国强盛，民安富。"

还有，郭北黄氏的小溱学馆、通天寨下黄氏的南庐学馆、小松丹溪村李氏的燕卜梁馆、秋溪赖氏的观澜馆、石田邓氏的石田学馆、丰山上坑的芝圃学馆、温坊温家学开办的师胜学堂……这些清代蒙（经）馆都曾名闻一方。

民国时期，民办旧式塾馆未有衰减，且有与时俱进趋势，创办起开设有语文、数学、历史、地理、自然、音乐、体育、美术等多种学科的新型中小学。小学有县城温氏衡斋小学、维新小学，大由曾氏敦叙小学，丰山大琴陈氏维恭小学，丰山福村刘氏兴贤小学，屏山亨田黄氏普郎小学。中学有北关黄氏私立峭山中学。1946 年秋，县城北关黄氏利用家族资产及族人筹资，在自家大宗祠里，创办私立峭山中学（初级），面向全县招生，凭考试成绩录取。学生在校住宿，免费提供食宿。开设科目与当时县立初中相同，校规严，学风正，曾与县立初中并驾齐驱。至 1949 年先后招入一、二、三年级学生各 50 人。1949 年 7 月首届毕业 24 人。这些毕业生旋即迎来了新中国诞生，其中除了 4 人升高中外，绝大多数学生在中共指引下，走上了工作岗位（8 人从政，2 人从军，6 人从教，2 人从医，从商、从艺各 1 人）。后来他们中间有 1 人成了留美博士，有高级工程师 1 人，享受县级待遇 4 人、正科级待遇 2 人，中学高级教师 2 人，中学校长 1 人。1949 年 10 月，该校并入石城县立初级中学。该学校开办虽然仅 3 个学年，但得到社会民众的经久赞评。

当代著名的民办学校有石城县实验学校（九年一贯制）、石城县伟才幼儿园等 30 多所。

# 第三节　助学奖学古今同

客家石城人崇文重教，不仅体现在热心举办各种学馆方面，还表现在资助奖励学校、学生方面。

## 一、古近代

### （一）资助官办县学、书院

古代县学或曰圣学、学宫、孔庙，为全县唯一官（公）办学校，是县儒生读书准备乡试的场所。琴江书院建于北宋，位于县城，几度设县学于内，功能等同县学。然石城县地处偏远山区，为三等小县，且常有兵燹水患，书院几遭劫难、废兴。县学办学所需经费经常欠缺，石城百姓视情捐资以解燃眉之急。清道光《石城县志》载："北关人黄日曦（旸谷）捐金二百两，修学宫，北关黄一栋（声宇）时值先师庙（县学）公田不备，殿庑祭器缺，师长俸入无，慨然捐己田百石以助，邑绅熊思化也捐己田一十五石以助。"据其记载统计，各姓捐助琴江书院膏火，有 16 人捐 25 石至 59.6 石，不足 25 石者 294 人，共 310 人，合计 915.893 石。又载："乾隆四十四年（1779）温坊监生温家学价买将军桥、走马丘、朱家塘、松山下塘、木坑尾等处腴田 203 石，计费银 1600 两有奇，捐助归公，以为生童卷价。邑中捐助之盛，国（清）朝以家学为第一。"

（二）行之久远的奖学制度

古代社会是以宗族制为基础的封建社会，客家百姓宗族都设有奖学制度，以确保会读书的人有出息。百姓家谱将鼓励后学、奖励人才内容列入《族规》，世代传承。百姓祠族里普设学田租、"家课费"，宗祠按功名等级高低，每年或一次性奖拨给学田谷或学田，虽不能继承，但可终身受用。有的姓氏如北关黄氏不仅总祠设置，分支祠也设置，奖励就读子弟成才成名，对考取功名者，不论其家贫富，均可受奖。北关黄氏总祠有学田1088.5石；分支祠：双池房有80石，子昂房有90石，绚彩房有165石，羲侯房有310石，于民房有779.5石，遂才房有1260石……由于房族大小有异，学田租存不同，其奖学规定也不一。

宗族长辈为取得功名、官职者在祠堂前立石彰表。如北关黄氏大宗祠前，曾矗立过5座石牌坊（一为进士黄轩臣立，一为联捷进士黄颖立，一为兄弟联芳黄道涨、黄道漪举人立，一为父子黄鹤雯、黄德基孝廉举人立，一为父子黄颖、黄远志孝廉举人立）及20多块功名石。龙岗下迳懒木坑伊家祠堂前兀立的旗杆石，历经200多年风雨今仍伟岸矗立着。有的还在族谱中载传，死后为其送旌表，以励后学。

（三）六载上访请增县学学额

这是一项超乎寻常的助学义举。众所周知，古代能入县学者，才有求取功名发轫的资格，然而入县学，上规有限数，至清雍正二年（1724），石城有县学已771年，而儒童入县学名额一直仅8名。对此，石城历任县官、教谕、训导及众儒童甚感憋屈与无奈。清康熙末期，县学却出了一个庠生，县志记载："北关黄民欢，字陶斯，春和儒雅，喜读书，与名人游，评骘古今书数百卷，手自注录。咏吟之余，天机自适，旷如也。"黄民欢亦深感学额太少，萌生向上争取"广额"的想法。康熙五十八年（1719）他拟就呈文，请求增加石城县县学进学名额，还邀请同学们在呈文上签名表示同愿。他备办好拜谒礼帖，便独自下赣州拜谒知府、教谕；再下南昌拜谒抚台、学政；最后上北京拜谒礼部官员。但各（处）都难得到肯定的答复，马上得到批准更不可能。他便拜访一些在京城为官的同乡，虽得到一些安慰与鼓励，但眼看快到年终，他只得回到石城。就这样一年跑一趟往返，至第五个年头，雍正二年（1724）时，省学院学政沈翼机被感动，"以石城文风丕振"为由题写奏疏，请为石城县县学增加招生名额，这年虽然没得到朝廷批准，但看到希望的曙光。黄民欢不甘心，也没有气馁，翌年，继续拜请府、省、京的主政官及学官，请他们帮助奏请皇上批准。精诚所至，金石为开，这年秋，终于得到皇上批准："石城县学取进十二名。"比往年增取四名。六年奔波劳累，六年具呈府、省、京，六年往返诸费独力捐办，"鬻产千金"没有白费，愿望得以实现。他无比喜悦地回来了，时任石城知县朱允元为他举办宾筵庆功。

## 二、近现代

1939 年 9 月，石城县政府于原琴江书院琴水中学旧址（琴江书院旧址）创办石城县立初级中学，仅几间校舍，尚无发展空间。时任中国钨业管理处赣南分处处长的乡贤陈国屏将在职所获奖金两万块银圆悉数捐献，并发出为学校新建校舍募捐的倡议。时贤赖巨川、黄有志、廖鼎新、何逢春、陈郁芬、赖淇泉热烈响应，每人捐资 500 块银圆，当时共计 64 人响应捐资。当年组成校舍建筑委员会，并择城北太极观旧址（今石城二中址）为学校新址，建造新校舍，至 1943 年竣工。新学校有一栋二层八间教室的教学楼、一幢礼堂、二层大小十余间的师生住房、二间厨厕。翌年，学校从琴江书院迁入新址。

新中国成立后，百姓祠堂的公田、学田等，都分给当地农户，学校均属公办，助学、奖学以新形式出现。

1956 年后，石城县陆续出现民办村小、耕读小学、农业中学等学校，其开办者皆为集体单位（生产队、大队、公社），助学奖学亦由开办者负责。"文革"期间，农村民办中小学转为公办，但民办教师工资（除公助部分外）

仍由生产队、大队（群众）以定额工分给酬劳。这种由农民群众均摊工分助学状态持续至农村实行家庭联产承包责任制时。

"文革"结束，国家实行改革开放，教育优先发展。为改善办学条件，先着手解决学校的"一无两有"（校校无危房、班班有教室、人人有课桌凳）问题，再进行校舍的"土改砖"（土木结构改成砖木或砖混结构）建设，并实现校园"六配套"（学校配有行政用房、生活用房、卫生设施、运动场地、围墙校门、道路硬化）。其时，国家资金不足，全民响应政府"捐资助学，造福子孙"的倡议，纷纷慷慨解囊，全县干部群众以年工资1%捐资助学。据统计，1984—1993年，干部群众共筹集资金1803.27万元，完成新、旧校舍建设10.42万平方米，完成任务率达100%（赣州地区18县平均完成率为62.6%）。成为地区先进，登上赣州地区"捐资助学五百元以上光荣榜"的个人有22名，其中显著者有石城籍台胞陈永攸捐1000美金，观下乡农民吴景有捐2200元，琴江镇建筑工人温世昌捐1150元，台胞赖宜宗捐1050元。

这样，至20世纪末，石城县师生才完全告别了在祠堂、庙宇、危房里的教学生活。

跨入21世纪，石城县开始进行标准化学校建设，全民筹集捐资转为接受社会贤达（个人）或单位的大额捐助，加上县财政匹配资金，用来改善办学条件。

1992—2000年，接受社会大额捐款15笔，共计人民币354.33万元，新建中小学3所（东城初中、何兰畹小学、屏山胜利小学），为12所学校建教学楼各1栋，建筑面积17035平方米，工程造价总计567.39万元，其中捐助资金占60%。

2001—2012年，接受社会大额捐款53笔，共计资金2108.24万元，用以建设农村中小学教学楼、学生宿舍、食堂、厕所53栋，建筑面积41750平方米，工程造价总计3038.57万元，其中捐助资金占69.4%。石城人独资捐建的学校有李平捐41万元建坝口初中（1113平方米），赖由钰捐45万元建秋溪小学（833 平方米），张北京捐 124 万元建丰山沿沙小学（1253 平方米），刘时发（智慧法师）捐 45 万元建丰山下湘小学（1065 平方米），廖文洲捐 60 万元建大由初中（761 平方米），刘时发捐 50 万元建坝口小学（1656 平方米），陈昌幸捐 30 万元新建沙塅小学。

学校接受校友的捐赠进行校建，如石城中学：2021 年，1999 届校友捐赠 6.5 万元，用于建设教工健身房；2022 年，李平两笔专项捐赠共 74.72 万元，用于建设标准化考场；2023 年，2003 届高中校友会捐赠 15.88 万元，用于建设室内羽毛球馆。

建立奖学基金会，助学形成长流水。1990 年 5 月，石城籍台胞陈永攸设立体华育才奖学基金，首捐 1.2 万元，后连续添加，至 2022 年，基金额达 16.38 万元。用其存款利息奖励沙塅中小学师生，从 1991 年至 2022 年，共计颁奖 31 届，学生有 605 人次获奖，金额共计 9.3 万元，教师有 362 人次获奖，金额共计 6.2 万元。此举为新中国成立后，开石城民间建立奖学基金会助学之先河。

2007 年，屏山镇长溪赖氏宗祠管委会设立奖学基金会，将筹集到的 30

屏山长溪赖氏宗祠

万基金以入股实物公司，公司每年按 10% 的利息给基金会分红，基金会每年将红利用来奖学助学。自 2007 年实施以来，至 2022 年统计奖学基金已达 132 万元。获奖的大学新生共 396 人（其中考上 985 大学的 19 人，211 大学的 39 人，普通大学一本 75 人，二本 263 人）。扶助贫困大学生 69 人，奖励优秀小学生 383 人次，每年发给长溪小学优秀教师奖金 2000 元，总支出 60 多万元。

2010 年，石城籍乡贤、福州汇隆鞋材有限公司董事长陈昌幸设立冠以父名的"永乐助学金"，捐款 100 万元为基金，留本捐息以助学。基金由石城县慈善会管理，每年举行一次"永乐助学金"发放仪式，重点扶助石城籍贫困大、中学生，标准为贫困大学生每人每年 2000～3000 元（特殊贫困者），贫困高中生每人每年 1000 元，贫困初中生、小学生每人每年 500 元。当年资助贫困大、中、小学生 100 名，发放助学金 10 余万元。石城县慈善会从 2010 年至 2020 年底，使用"永乐助学金"共资助贫困家庭学生 1000 多人，发放助学金 130 多万元。此前，陈昌幸还于 2006 年捐资 10 万元资助 65 名贫困大学生和 80 名贫困中、小学生完成学业。

2012 年，石城邓氏文化研究会建立奖学基金会，每年给考上大学的石城邓氏学子颁发奖金。截至 2022 年，奖学基金收入总计 64.39 万元，支出奖金总计 50.35 万元，获奖大学新生 333 人（其中北大 1 名，一本 126 名，二本 206 名）。

2015 年石城李氏宗亲联谊会始设奖学金，奖励当年考上大学的李氏学子，当年获奖学生 23 名，共颁奖金 3 万元。8 年间超百名学子获奖，发出奖金超 20 万元。

2015 年，石城郭北黄氏"驸马阁"理事会设立奖学基金。至 2022 年，获奖学子（考上大学）46 名，发出奖金 5 万多元。

2020 年 9 月 10 日，石城县新时代科教兴县发展基金设立于县教科体局，接受石城县城投公司幸福分公司、石城县农商银行、江西新百伦公司、原慈善教育专户、石城辉翠投资公司、江西省新华书店石城分公司、广州市天高集团李平专项等 26 家企业（主）捐赠款，至 2022 年 12 月，总收入（含利息）已达 1136.7 万元。

## 第四节　创办高校立首功

125 年前的清末，石城县城西南郊外，有一个无名小山村，黄姓人聚居的屋场，小山岗环抱着。它坐东向西，处于"倒挂金钩"（山）形底部，前面不远处放着"一篮花"（山），"花篮"下是学堂排，后倚的小山岗上，长着十几株古老的大樟树，郁郁苍苍；左是寿财山，右是"点头马"（山），真是适宜居住的风水宝地。清咸丰十一年（1861），石城县最后一位科考进士黄大壎在这里出生了。

黄大壎，字伯音，号棣斋、涤斋、斋荌、鹧鸪村农，在而立年前后十年间（1889—1898），蝉联获取优贡（1889）、举人（1894）、进士（1898）系列功名，并获得钦点翰林、翰林院庶吉士、散馆一等授职编修的殊荣。按朝廷规制，在这个屋场中心的黄氏香火堂前左右，立起几块高约 3 米的功名石（俗称桅杆石）。竖桅杆，那时是顶级荣耀的喜事，可荣荫家族，光耀桑梓。从此，这个黄姓人聚居的无名小山村，便有一个传世的响亮名字：桅杆下。如今，这里的桅杆虽已消失无踪，但名可证史。从这个地名，可以想象这里曾有过荣华、显赫、风光。考证"桅杆下"来历，可知此处并不平凡，曾出过一位江西著名的历史文化名人——黄大壎。

黄大壎是江西近代史上较早成名的学者，也是江西省高等学校的创办人。在未取得功名以前，已在省内外小有名气。他出身贫寒农家，3 岁丧母，13 岁失父，依靠继母为人缝洗，堂伯叔接济过日子。家境十分艰难，年方 6 岁，便为富家放牧。每日放牧去归，他都要路过学堂排，都会在那

黄大壎

学堂门窗前驻足一会儿，或听先生读讲，或看学生读写。有时，他看见堂内学生不能及时回答先生问题，竟能脱口说出正确答案。于是，黄姓族人发现他聪敏好学，是读书的料子，一致表示要使他入学读书。为此，祠族长老进行商议，决定动用祠堂众家所用的"学田租、家课费"，资助他入学。黄大壎十分争气，异常勤奋，加上天赋聪颖，学习成绩特优，十几岁时便补石城县学博士弟子员，成为县学廪生，获得由官府供给食宿的待遇。近20岁时，黄大壎成为江西学政陈宝琛门生，陈认黄大壎为高才生，调其进省城经训书院深造。

清光绪壬午年（1882）前后，黄大壎从江西经训书院研修精进后回乡，即受聘到相邻的福建宁化县讲学。同治至光绪初年，闽西、赣南受太平军转战的影响深重，宁化尤甚，社会萧条，百业凋敝，文教荒废，文风衰落，几度乡试均无一人中举。当时宁化的耆宿乡贤刘梅生获悉，邻县石城那位江西学政的门生黄大壎已回乡备考，便向士族建议，礼聘黄大壎来宁化讲学，讲坛设在西门外雷氏祠（桃源祠）。黄大壎来到宁化后，一时慕名前来的就学者众多。他诲人不倦，悉心教授四书五经、三传、三礼、三史等先秦典籍，还讲授管仲、王安石的治国方略，商鞅、李斯的变法条条及唐宋八大家的篇章等。经过他数年苦心孤诣的教授，后来，这些聆习者中竟有20多人乡试中举，更多的人得列副榜，考中恩贡、拔贡、岁贡等，再晚一辈，亦有数人以秀才考取公费留学日本。这些人均直接或间接受到黄大壎文教熏陶。从此，宁化文风丕振，极盛一时，遗风余韵，延续至今，人才辈出。直至今日宁化学界，一闻黄大壎之名，莫不交口称赞、钦佩不已。

黄大壎在宁化期间，一面执教，一面精研文字训诂诸学，其成就与江西新建的胡朋等人齐名，成为誉传遐迩的后学俊秀。

光绪二十九年（1903）黄大埙在翰林院任编修已 5 年，钦命他任顺天府乡试同考官。这年，江西巡抚夏认为黄大埙"识量宏深，品学端粹，留心经济，众望成孚"，上奏朝廷批准大埙回赣，担任江西省农工商矿局坐办。当时，洋务运动方兴未艾，亟需人才。翌年，大埙上书清廷，建议选派优秀青年学子前往东洋、西洋各国留学，得朝廷批复同意后，他亲自带领一批青年学子东渡日本研学，悉心考察教育、实物、人情、风土诸事，将所到之处所见所闻都作翔实记述，著成《东游琐记》一书。回国后，江西巡抚会同学政以大埙"学有本原，品行纯粹"，奏准派为首任江西省高等学堂监督（相当于后来的校长）。学堂创办初期，校舍是原豫章书院改建的，规模狭小，设备不全。于是他改用当时废弃不用的老贡院，建造成规模宏大的新校舍。同时，他设法筹集资金，充实图书、仪器设备，用高薪聘请饶学名士当教师，把江西高等学堂打造成全省第一学府。江西高等学堂吸引了省内外的许多青年学子前来就读，为国家造就高级人才，极一时之盛。

光绪三十三年（1907）咨议部委任黄大埙为学务议绅。宣统元年（1909）大埙任江西高等学堂监督兼咨议局参议。邮传部奏派其充任全省铁路协理、部派监督，财政部照会其为财政议绅，同时兼任江西地方自治会会长、咨询局副议长、资政院议员、公立豫章法政学堂监督多职。其间，大埙对江西教业政事多有建树。后朝廷以编修为五品加级，诰授通议大夫（正三品）。

1911 年，清廷被推翻，民国新立。黄大埙拥护革命，是石城县首剪长辫者，积极为新政服务，尤为办学著力。民国十四年（1925），他上书江西督军方本仁，倡议重修《江西通志》，深得方赞同，设局编纂，惜因时局动乱而未成。

晚年已至，黄大埙回到石城定居，住于县城黄氏于民公祠右侧翰林府（可贻堂）闭门读书，手不释卷，潜心著述。他对音韵学、训诂学有独特见解，自成一家。生平著述颇丰，主要有《东游琐记》《梓桑管见》《经说札记》

《说文解字集注》等。另有诗词、文稿若干，可惜遭遇兵燹，散佚殆尽。

大壎在民国三年（1914）回乡，接受族人推举，担任《石城北关黄氏十一修族谱》主修，故此修族谱的序言、弁语都是他亲笔撰写且手书影印载谱，在该修族谱的文传卷、墓志铭卷中，有 7 篇传志是大壎撰写的。另大壎登进士的翌年荣归故里，曾探访过昔日的县学砚友游启廷，为游家厅厦题写了"卜晏留祥"门额，为游启廷客厅上的《行乐图》题写了两首诗，这些墨宝内容被启廷的孙子牧民录存传世。还有大壎为宗亲书室题书了一副对联。所以，人们还可把这些吉光片羽作窥斑见豹观，以领略这位钦点翰林的文笔风采。

# 第五节　亮点纷呈育人才

春雷滚滚开新宇。20 世纪 70 年代末，党和国家以经济建设为中心，实行改革开放。石城县教育开始向教改要质量，与时俱进向教育现代化迈进，石城教育出现了一些前所未有的新亮点，今择述三点。

## 一、持续开展小学语文教学改革实验

1980 年，县城镇小学（今石城一小前身）成为赣州地区重点小学。按省、地要求，该校于 9 月始在一年级一个班进行首轮小学语文教学改革实验，课题为"注音识字，大量读写"，使用北京景山学校语文课本，毕业时，语文程度要达初中一年级水平。1985 年 7 月毕业时，经地区教育局派员到县验收，认定实验达到预期目标。

1981 年 9 月起，该校还进行过 9 轮（每年均有一个一年级新生班为实验班）小语教改实验。这 9 轮实验与首轮实验不同之处是，使用中央教育科研所编写的教材，实验课题为"注音识字，提前读写"。这些实验均成功达标。其表现为实验班学生与普通班学生同样参加小学升初中招考（1992年以前）或全县小学毕业会考（或抽考），实验班的语文成绩均优先于普通班，作文优势更明显。1993年实验班学生陈鑫习作《家乡的白莲》被选编入全国大型丛书《我爱家乡·江西省卷》内，1986年实验班学生温光勇习作《欢乐的中秋之夜》、罗莹习作《闯关夺旗》被选编入《江西省百所名校小学生作文选》。小语实验教学对非实验班的语文教学有借鉴、促进作用，有助于全校语文教学质量的提高。2002年，该校对学生的优秀作文进行了统计（不完全），学生习作有130多篇在地（市）级以上报刊（如《摇篮》《提前读学报》《小学生之友》）发表，或参加县级以上作文竞赛获奖。该校将其中100篇编成《雏鹰文萃》一书，成为石城县学校第一本校本教材，得到学生及家长赞赏。该校还是江西省小学语文教研会"教改联系学校"，多轮教改实验及其良好效果，还引起了中央教科所的关注，2004年3月中央教科所陈志强、安经岩两位教授专程到该校进行调研指导。其时，石城县成为全市3个小学语文改革实验强县之一。

### 二、开展优才（超常）教育实验

1991年9月，石城二中成立以校长王錞居为首的优才（超常）教育教学实验组，选取6名学生开设一个高中"小班"，拉开了该校这项教育研究和教学实验的序幕。1993年9月，该校九一级小班高二学生周伟强，参加全国高考，以统考、复试（招生学校自主进行）两项第一名成绩考入中国科大少年班。当时，赣州地区教育局还特别给县教育局发电文致贺。1994年，该校小班高二学生赖隽文考取了中科大少年班。1995年8月，石城二中被全国中学超常教育研究协作组吸收为集体成员，校长王錞居应邀赴京，参加了有17个国家与地区的代表与会的"世界十一届天才儿童教育研讨会"。其参会发言论文《锐意进取，超越平凡——"小班"形式超常教育实验》由江苏省教育厅主管、江苏省教育报刊主办的杂志《现代特殊教育·超常教育》

创刊号刊发。

1996 年，该校小班高二学生赖伟考取了中科大少年班。1997 年 4 月，中国科学技术大学少年班管委会主任朱源副教授与《现代特殊教育》杂志编辑严颢专程到石城二中，考察该校超常教育实验班教学情况。随后，石城二中被确定为"中国科技大学少年大学生后备生源基地"。

在随后的 7 年（1996—2002 年）中，超常教育教学实验办班除了举办"九一级式高中超常教育教学实验班"外，还举办"中学五年一贯制优才教育教学实验班"（11 周岁以下的初一新生）、"能力迁移，单科强化实验班"（即开设单科如语文、数学、英语、计算机等小班）。10 年间，共开设 10 余个"小班"，挑选优才生 300 余名进行超常教育训练，共有 18 位学生实现了"少年大学生"梦，其余学生全部考入全国重点大学。在这些优秀群体中出现了年龄最小的 13 岁的少年大学生，2001 年有 8 名小班高二学生一同考入吉林大学少年班。

这 18 位仅读完高二的少年大学生的姓名、考入大学的时间及大学校名分述于下：①周伟强于 1993 年、赖隽文于 1994 年、赖伟于 1996 年、吴春林与马启辉均于 1997 年、黄炳矗于 1998 年、徐展平于 1999 年、熊华于 2002 年先后考入中国科技大学少年班；②温华欢于 1998 年考入上海交通大学少年班；③王翠林（女）、丁玉琼（女）、赖树春、赖聪、赖宇亮、罗幼泉、黄运先、陈镇铭 8 人同在 2001 年考入吉林大学少年班；④温炉明（女）于 2002 年考入东南大学少年班。

追踪这 18 位少年大学生的现状，可以看出他们的确是英才。如今，他们中的绝大多数人都取得了博士学位。他们中有些人成为著名中外企业部门经理、项目经理、产品线总工、产品研究员、高级工程师等，有的成为国内名牌大学的教授、博士生导师，有的成为中国科学院的研究员，有的成为中国航天科工集团院部负责人，并入选国家科技领域青年人才托举工程培养名单，有的成为"微软中国"研究集团研究员……

### 三、教育信息化建设名列前茅

为实现石城教育信息化跨越式发展，从 2013 年始，以石城一小为试点，率先采购启用"人教数字校园"，实现校内宽带"班班通"，进而点面结合，集中装配，实现全县各校"班班通"（含村小）。接着对全县学校网络统一规划，统一标准，统一接口，成功建成石城教育城域网，实现全县"校校通"。

2013—2020 年全县共投入约 6121 万元，用于采购"班班通"设备 1646 套，计算机（含云桌面）2969 台，装备专递课堂及录播教室 74 间，建设数字实验室、创客教室 2 间。

2015 年 5 月 22—25 日，石城一小代表江西省大中小学校，参加在青岛举办的"国际教育信息化大会全国教育信息化应用展"。该会展由联合国教科文组织，我国教育部合作举办，青岛市政府承办，全球 90 多个国家的教育官员、学者、校长和教师与会。会展期间，石城一小展台前人头攒动，气氛热烈，展示的教育信息化内容成果获得观展来宾的一致好评。时任江西省教育厅厅长叶仁荪一行来到石城一小的展台前参观，听取了详细介绍，对石城一小的信息化建设与应用给予充分肯定。

2015 年 12 月在吉水召开的全省"教学点数字资源全覆盖项目"教学应用现场会，县教育局长应邀在大会上作了先进典型发言，获得与会人员的好评。次年 12 月 13 日至 14 日，全省现代教育技术示范学校（小学）信息化应用现场会（与会人员 400 多人）在石城县召开，中央电教馆黄天元主任在会上对石城教育信息化工作予以充分肯定。

2018 年石城一小信息化应用案例《一份特殊举办的报告单——石城县第一小学大数据下智慧评价应用案例》入选教育部基础教育司"2017—2018 年度基础教育信息化应用典型案例"。次年 11 月 6—8 日，中央电教馆组织召开的全国基础教育信息化应用典型案例展示交流会在陕西杨凌举行，石城一小校长应邀在大会上作经验交流发言。

2020—2022 年，新冠疫情肆虐，石城县教育信息化发挥重大作用，师生采取"线上上课"方式，把疫情给教育带来的负面影响和损失降到最低限度。

# 第六节　桃李芬芳艳九州

石邑钟灵，琴江毓秀。客家石城这方沃土，曾孕育出数以千万计的优秀学子，且有许多翘楚走出了石城，香艳于五湖四海，其中有些学子还成为培桃育李的教师，他们立德树人，将芬芳的种子播撒九州。据不完全统计，石城寓外教师中，仅高等院校的教授就超过了 110 名。其中学官（高校领导）教授有 20 多位，博士生导师有 30 多位，硕士生导师近 30 位，一般教授有 20 多位。这 110 多位高校教授，如以出生时间来统计，出生于新中国成立以前、成名于新中国成立后的教授仅 15 名，约占教授总数的 13%；出生、成名都在新中国成立后的教授超过 95 名，约占教授总数的 87%；其中出生于二十世纪八九十年代的教授约占 12%。女教授有 13 名，约占 11.8%。因篇幅所限，恕无法一一叙及，只能遴选简介。

**学官教授之楷模**

陈春明（1925—2018）屏山镇人，陈方的长女，研究员、教授，中共党员，第八届全国政协委员，1947 年毕业于国立中央大学。毕业后至 1982 年先后于中央卫生实验院、中央卫生研究所、中央医学科学院从事营养学研究和管理。1982—1984 年任中央卫生部卫生防疫司司长。1983 年倡导组建中国预防医学中心（后更名为中国预防医学科学院），并出任第一任中心主任（院长），创建我国卫生防疫系统的国家队，为科学指导公共卫生防疫奠定了基础。1989 年创议组织中国预防科学院与北京医科大学、中国协和医科大学，共同创办"联合公共卫生学院"（现名中国协和公共卫生学院）并担任首任院长，首开我国培养实践型公共卫生人才的教学之路。1992 年以后一直担任中国疾病预防控制中心科技顾问。她成为我国公共卫生发展史上里程碑式的人物。

陈春明一生功勋卓著，在国内、国际享有崇高威望。2014 年荣获第十五届吴阶平—保罗·杨森医学药学特殊贡献奖，2015 年荣获中国营养学会终身成就奖，2017 年荣获宋庆龄儿科医学终身成就奖及中国反贫困与儿童发展终身成就奖。1979—2002 年，被聘任为 WHO 营养专家组成员。1992 年在世界粮农组织（FAO）/WHO 联合召开的第一届世界营养大会上当选为大会副主席。她多次被评为优秀共产党员，2012 年荣获全国离退休干部先进个人称号。

### 政府津贴享殊荣

**黄今言**（1937—2023）珠坑乡人，江西师范大学历史系教授，博导。从事高校教学工作近 40 年，1992 年起享受国务院政府特殊津贴，1995 年获评为全国优秀教师。担任的职务有江西师范大学中国经济史研究所所长、第二届校学位评定委员会副主任、江西书院研究所顾问、江西省中国农村社会研究会顾问、中国经济史学会理事、中国秦汉史研究会副会长。出版的学术著作有《秦汉赋役制度研究》《秦汉军制史论》《秦汉江南经济述略》（主编）《秦汉经济史论考》等。

**黄锡生**　1964 年生，屏山镇人，西南政法大学法学博士，中国社会科学院法学研究所博士后，现任重庆大学法学院院长、教授、博导。培养法学博士、硕士 200 多人，出版教材、专著 20 余部，发表论文 200 多篇，主持国家级省部级课题项目 10 余项，为英国波士顿大学和英国牛津大学访问学者。担任中国自然资源学会资源法学专业委员会主任（是我国较早从事环境法学研究的著名学者）、国务院发展研究中心智库专家、中共重庆市委法律顾问，获享国务院政府特殊津贴，荣获"重庆市学术、技术带头人""重庆市十大法治人物"等殊荣。

陈美球　1967 年生，高田镇人，博士、二级教授、博导，土地评估师、注册房地产估价师，现任江西农业大学研究生院院长、MPA 教育中心主任，获享国务院政府特殊津贴。2000 年起，受聘于国务院体改委中国小城镇改革发展中心，任发展研究处副处长。2006 年 2 月至 2007 年 2 月，在加拿大 UBC 做访问学者。发表论文 200 余篇，出版专著 18 部。先后主持国家自然科学基金、国家社会科学基金项目 6 项，其他省部级及重大横向项目 40 余项，获省科技进步二等奖、三等奖各 1 项，省社会科学优秀成果一等奖、二等奖、三等奖多项。系"赣鄱英才 555 工程"人选；"江西省新世纪百千万人才工程"第一、二层次人选。

赖延清　1974 年生，屏山镇人，工学博士，现任中南大学冶金与环境学院三级教授、副院长。2018 年其主研课题组"高比能锂硫电池技术"成果转让费达 1.4 亿元人民币。入选国家"万人计划"科技创新领导人才，获享国务院政府特殊津贴。

### 大学振铎的新星

石城寓外教师中，有一群令人钦慕的后生：他们都是 1980 年后出生的，都获得了博士学位，都是大学教授。他们中间，有的是博导或硕导，有的成为学官，有的是某学术领域的专家或领军人物。

王兴权　1980 年生，珠坑乡人，博士，教授，硕导。2010 年在中国科学院物理研究所工作。2013 年起于赣南师范大学任教，现任赣南师范大学电子科学与电气工程教研室主任、电子科学与技术本科专业负责人及一级学科硕士点负责人。发表学术论文 40 余篇（含合作发表），申请专利 20 余项，出版教材《电工电子实训·实验·设计》（第一副主编），承担国家或省自然科学基金研究项目多项。

陈心满　1980 年生，丰山乡人，博士，教授，现就职于华南师范大学，从事半导体技术研究。担任国家自然科学基金、广东省及广州市科技项目通信评审，为广东省光电技术学会专家委员会成员。

**温　焜**　1980年生，小松镇人，医学博士，美国南佛罗里达大学博士后，现任南昌大学第一附属医院副主任药师，硕导，系江西省科技杰出青年项目获得者，南昌大学赣江青年学者。主持3项国家自然科学基金项目、2项省自然科学基金项目课题研究，发表SCI论文10余篇，申请专利2项，获"中华医学会临床药学分会优秀临床药师奖"及优秀论文奖。

**温金华**　1981年生，小松镇人，博士后，南昌大学第一附属医院副主任药师，硕导，系江西省科技杰出青年项目获得者，南昌大学赣江青年学者。主持3项国家自然科学基金项目、2项省自然科学基金项目的课题研究。发表SCL论文10余篇，申请专利2项，获中华医学会临床药学分会优秀临床药师奖及优秀论文奖。

**吴春林**　1982年生，琴江镇人，教授、博导，南开大学数学科学院副院长、数学科学院科学与工程计算系主任。

**许永洪**　1982年生，琴江镇人，经济学博士，现任厦门大学经济学院教授、博导。担任厦门大学数据挖掘研究中心副主任、福建省教育统计专家、《统计研究》编委、《厦门统计》副主编、中国商业统计学会数据科学与商业智能分会副秘书长、厦门市统计学会常务理事、厦门市2035发展战略研究工作组专家成员。

**温小勇**　1982年生，小松镇人，博士，赣南师范大学副教授、硕导。

**温程璐**　女，1982年生，小松镇人，博士，厦门大学信息学院教授、博导。福建省智慧城市感知与计算重点实验室副主任，国际摄影测量与遥感学会ISPRS½移动测图技术工作组联合主席。在人工智能国际会议及相关国际期刊上发表论文80余篇，获福建省高等教育教学成果奖特等奖、中国激光雷达青年科技奖、福建省科技进步奖二等奖（三次）。

**李福明**　1984年生，小松镇人，博士，现任河南大学光伏材料省重点实验室副教授，硕导。在 Aduanced Function Materials Energy 等国际顶级及知名期刊上发表论文 30 余篇，获国家授权发明专刊 6 件，主持及参加国家级、省部级校级科研项目 10 余项，获省优秀论文奖 3 项。

**陈亮亮**　1984 年生，小松镇人，电气工程博士，现任南昌航空大学自动控制系副主任、硕导，主持或参与国家自然科学基金项目 4 项，在 SCI/EI 发表论文 20 余篇。

**张维绮**　女，1984 年生，琴江镇人，博士，中国科学院北京基因组所（国家生物信息中心）研究员、博导，主研发育和衰老的表现遗传调控。担任国家重点研发计划"干细胞及转化研究"课题组长、中国细胞生物学会干细胞生物分会及衰老细胞生物分会委员。荣获 2016 年首都十大疾病科技攻关创新型科技进展奖、2017 年北京市科学技术二等奖、2018 年中国生命科学十大进展奖。

**许晓芳**　女，1986 年生，小松镇人，工商管理学院博士，华东交通大学经营学院副教授，硕导，MPACC 中心副主任。先后主持教育部课题 1 项、省级基金和中国人民学科研基金 5 项，发表相关学术论文 20 余篇，曾获省级"教坛新秀"优秀教师等称号。

**白振伟**　1985 年生，小松镇人，博士，现任仲恺农业工程学院机电系主任，教工第二党支部书记。

**黄晓昕**　1987 年生，琴江镇人，博士，现任温州医科大学教授。

**温彦丞**　1987 年生，琴江镇人，博士，现任福州医科大学教授，系福建省引进高科技人才，曾在国际知名杂志上发表论文两篇。

**廖伟强**　1991 年生，小松镇人，博士，目前为石城县最年轻的教授、博导。2015 年为美国托莱多大学物理与天文系访问学者。2017 年任东南大学化工学院助理研究员。2018 年任南昌大学化学学院教授。2020 年任南昌大学化工学院副院长（副处级）、博导，为江西省青年井冈学者。曾入选国家重大人才工程、省双千计划、第四届科协青年人才托举工程名单。

# 第七节　丹青妙手誉春秋

画，抒胸中之逸气，写万物于笔端，且可"成教化，助人伦，穷神变，测幽微，与六籍同功"，乃"国之鸿宝，理乱之纪纲"。所以绘画为历代文人所喜好精研，在这方面，石城不乏其人，有的还成为著名丹青妙手，备受赞誉，彪炳史册。

### 两画家享誉海内外

韩佑、殷奇是古代石城的两位著名画家，但石城县旧志却缺叙载，故县人鲜知。然而，他俩的作品却被世界一流博物馆所珍藏，在美术史中被录载，在传世经典中熠熠生辉。

韩佑（1131—1162），江西石城人，南宋皇家画院祗侯（宋代职官名），艺术擅长小景花鸟草虫。明钦定《画史会要》云：韩画草虫则是以林椿（南宋画院待诏）为师法对象，"染色法可并石桥王绍兴（即王宗元·南宋画家）"。其存世著名代表作有《蟋斯绵胝图》《琼花真珠鸡图》等。名画《蟋斯绵胝图》被台北故宫博物院珍藏。该院编著的《中国画绘画数位课程》第四课"古画新鲜事——到故宫找灵感"评述道："画中田间一角，一颗颗满熟透的瓜果，散发着迷人的果香，令人垂涎欲滴，瞧，蟋斯将触角伸得高高，似乎正想大快朵颐一番呢！这样的题材也蕴含'多子多孙多福气'的祝福，反映出古人丰沛的想象力。"这画，正合《诗经·蟋斯》所言："蟋斯羽，诜诜兮。宜尔子孙，振振兮。蟋斯羽，薨薨兮。宜尔子孙，绳绳兮。蟋斯羽，揖揖兮。宜尔子孙，蛰蛰兮。"此画将诗变得更加形象直观。《宋元集绘集》内的《蟋斯绵胝图》，载入乾隆皇帝令大臣所编的《石渠宝笈》。

《琼花真珠鸡图》被重庆博物馆珍藏。其画面中有琼花一枝，雄锦鸡立于石上，雌者立于石下。右部题"琼花真珠鸡"，小款"上兄永阳郡王"。右下角小楷书"臣韩佑"，下钤"癸酉杨姓之章"，乃宁宗杨皇后所书，证明此画还为南宋内务府所藏，并赠与杨次山者。画还钤有"檇李""子京所藏""墨林秘玩"等印，可知该画曾为明大收藏家项元所藏。民国时期，此图已编入《南宋绢本院画图册》。1950年王缵绪将此图册捐赠给西南博物院（重庆博物馆前身）。

作为南宋画院主要成员，院体绘画代表韩佑被载入《画史汇要》《中国绘画史》《中国美术史教程》，并被许多美术论文论及。其画作价值连城，已是我国国宝级一级珍藏品，收入《故宫书画录》（台北故宫博物院）、《宋画全集》（浙江大学出版社）、《中国古代绘画名作辑珍》（天津人民美术出版社）、《中国工艺花鸟画范图》（天津杨柳青画社）、《中国历代名家技法集萃》（山东美术出版社）、《宋人花鸟》（辽宁美术出版社）等，成为学习中国画者的临摹经典。

殷奇，"字云生，江西石城人，善人物、山水，笔气文秀，烘染设色，俱法北宋笔法"，其代表作有《春溪劳作图》《春宫图册》等。《春溪芳作图》人物山水绢画，气韵高古，画面树木遒劲，山石荦确，人物生动，生活气息浓厚，确为山水人物画中之佳作。此画于2008年在北京诚轩拍卖公司拍卖。《春宫图册》是殷奇的传世佳作，属于春宫画中的"暗春宫"，画面雅致，乐而不淫。其人物及其使用器物、背景等描摹细致，设色细腻，具有画艺、考古、风物、风俗等诸多人文价值。此图册在1995年香港佳士得拍卖会上被拍卖，由世界四大美术馆之一的美国波士顿美术馆收藏。

### "元代以后写竹第一人"

陈方（1897—1962），字阮香，号芷町、荒斋，石城屏山人。自幼聪颖过人，十岁能赋诗作对。喜绘事，山水、花鸟均涉猎，此为日后绘画成就奠定基础。秉性豪爽，其竹画、诗文、书法被誉为三绝，时人称其为"江西才

陈方画作

子"，被后世誉为"民国才子"。

　　陈方 1925 年步入政界，历任蒋介石侍从室第二处（主任陈布雷）第四组少将组长、国民政府政务局局长、总统府国策顾问（未履职）。1949 年，他为总统写完退职通电后，立即退出政坛，携家眷赴广州。他在广州举办个人画展，售画收入达 80 余两黄金，旋往香港做寓公，闭门谢客，全心画竹，拒绝蒋召赴台及馈赠港币 5000 元，一时传为士林佳话。1953 年离港赴台，挂名"总统府顾问"，曾先后开过 3 次个人画展，均极一时之盛。1954 年，陈方与马寿华、郑曼青、陶芸楼、刘延涛、高逸鸿、张毂军组成"七友画会"，屡开联合画展，对台湾地区中国书画艺术的传承影响很大。

　　陈方专攻写竹，始自 1942 年秋，常趁公务间隙，将废稿纸反页画上竹一竿一枝，添上几笔竹叶，久而久之上了瘾，画出的竹也有很大观赏价值。他曾在各地竹林中默坐静观，留意风露雨霜于竹枝、叶的意态渍痕，细味其欹斜倚石之姿、疏密饰月之迹，日常起居于凝碧千竿之畔，苦心钻研搜求得来的苏东坡、文与可等前贤的图画真迹，纵览百家，虚怀集益，弗泥成法，正如其题竹诗云："要从有法归无法，未必今人逊古人。我不师人师造化，淇川新霭绿天春。"所以其画竹，枝叶清雅秀拔，意态潇洒，有出尘绝俗之态，深得名人大家之赞誉。著名外交家、书法家叶公超赞陈方画竹为"近百年来所仅有"。中国画大师、书法家张大千称陈方为"元代以后写竹第一人"。著名画家刘太希评其画竹"其矫健如鹰隼搏空，其疏宕如秋霄片云，其挺拔如奇峰突起，其风神如天际真人，所作往往入文吴圣处。"现代著名国画艺术家、教育家黄君璧也称道："芷町先生，文学大师、画竹专家，早已名满大江南北，其画竹法度严谨而潇洒，其章法尤多奇趣，而用墨则深得明僧道人遗法，近百年来无与匹比。"

陈方写竹，尤喜酒酣挥毫，下笔迅扫，所画竹枝洒落参差，各具形态，栩栩如生。还敢将牢骚流露于题画诗："此世真难开口笑，只堪日向醉乡来。于今酒价飞腾甚，画取琅玕换几杯。"

陈方有《芷町书画选》《芷町竹谱》《陈芷町书画作品集》传世。

至于陈方的诗书，有一则《陈方改诗》的诗话，足以说明其诗文、书法之绝胜。1941 年 11 月 16 日是郭沫若先生 50 岁生日，又是他创作生涯 25 周年纪念日。当时重庆文化界人士为他举行大规模庆祝活动，陈布雷是发起人之一。因此他准备好贺信一札及贺诗四首贻郭老，其中最后一首诗云：

长空雁阵振秋风，文学精心金石通。

巫岫云开新国运，祝君彩笔老犹龙。

诗写好后，请精于书法的同事陈方帮他把诗写到贺幛上，陈方写前看了看，便建议把这诗的第二句改为"文事心情脉脉通"。陈布雷欣然接受这一意见。陈方于是笔走龙蛇，片刻写就。陈布雷欣赏后十分满意，即派人送郭沫若。当时郭收到的贺信、贺诗甚多，但对陈布雷的贺诗尤为关注。当他得知贺诗系陈布雷亲撰，陈方书写时，将贺诗视为珍品，还写了四首和韵谢诗寄给陈布雷。

在石城历史上，清代有 4 位画家名载史册："赖勤，字集之，秋溪人，写花鸟尽态极妍，尤工芭蕉，同时魏石床，杨巨源俱以书倾动远迩，亦一时之能手。黄先宫，字肇五，监生，北关人，工写兰、竹、牛、蟹……，至今片纸人争购之。赖新，字蔚林，号晓山，监生，秋溪人，工山水及写意人物，尤善画松……，其松与分宜万辋冈上遴之梅、南城选拔吴白广照之兰珠为江右三绝。黄问津，字巨藩，长江人……，善写真，形神逼肖，名重一时。"（载道光《石城县志》）

近代，石城亦出现过著名画家：黄宗默擅长油画，其作品《冬》曾由法国国家美术馆展出；陈愿煌工于花鸟山水，1946 年于省城南昌办个人画展，当时省教育厅长为之题额、剪彩、主持开幕式，轰动一时，《民国日报》等几家报纸争相报道。

当代石城画坛，有擅长山水画的赖德廉、工于花鸟画的黄光琴、精于烙画的何芳，还有中国工艺美术大师李进的陶瓷人物画、本土画家刘鹏云的油画等，都取得了不俗的艺术成就。

第八章

# 固本守正　清正廉明

石城自建县以来，县人以"忠孝廉节"自律，清官正吏代代不绝。他们以朴素的认识、清醒的头脑，努力维护文人气节，庇佑治下百姓，稳定一方社会，为石城发展作出了自己的贡献。在石城，曾有这样一群人，他们青少年时候就在共产党的影响下加入红军，在党的教育下逐渐成长，最终成为共和国开国功臣。新中国成立后，无数客家儿女主动接受党的教育，继承革命先辈光荣传统，牢记祖辈代代相传的美德，积极投身社会主义建设事业中，无论权力大小、职位高低，他们都努力书写新一代石城人"固本守正、清正廉明"的新篇章。

## 第一节　公正廉洁千秋铭

### 一、清谨守法　门无私谒

陈执中（990—1059），字昭誉，虔州石城人，与其父陈恕皆为北宋名相。陈执中在朝为官，肃然秉政，洁身克己，鞠躬尽瘁，宋仁宗为其墓冢亲题"褒忠之碑"。

陈执中从小就受到良好的家风家教影响。有一次他哥哥问母亲要一两银子去酒馆吃饭，母亲舍不得，说："一两银子够我们一家三天的伙食费了，你要勤俭节约。"正是在父母的言传身教下，陈执中很早就养成了勤俭自律的好习惯，使他日后能够居庙堂之高而始终清廉自守。

陈执中

宋仁宗庆历五年（1045），陈执中任同平章事兼枢密使，堪称"身居宝马三公位"。这时候，有人努力攀附，但他处处严于律己，同时注重整肃吏风，以至后来没有人敢因私事去找他，各级官吏也不敢送礼与他套近乎。

殿前都指挥使郭承祐因公事出入了他家几次，后被御史们弹劾。虽然陈执中与郭承祐并没有私人交往，但他还是奏请仁宗，建议朝廷下发诏令，以避嫌疑。仁宗采纳他的建议，下诏：自今以后，中书、枢密大臣除上朝聚厅议事外，不得私下接见宾客。

为了防止朝廷的军政机密泄露，他建议关闭了中书政事堂的东侧便门，对那些因权势引荐的内外三司勾当公事、监场务官等，都一一查清，奏明仁宗，并按例罢免他们。此后，朝廷内外官员无不严肃谨慎，不敢徇私枉法。

"君子和而不同，周而不比。"陈执中为相多年，他选贤任能，秉持公心，反对任人唯亲。他女婿曾登门请求为自己谋求一个好差事，遭到他严词拒绝："官职是国家的，并不是我的私人物品，岂能随意给人？"

解宾王在山东做知县时，陈执中与他素不相识，当得知他品学兼优，便举荐他做了京官。陈执中虽然在政治上与王安石推行的新政不和，但他对王安石的才华非常欣赏。

陈执中为人正直，勤于政务，深得宋仁宗的信任。对此，有些官员心怀不满，攻击陈执中呆板固执，不是宰相之才。一次，一个谏官对仁宗说：

"陛下之所以看重陈执中，是否因为他曾在先帝面前请求立陛下为太子？"宋仁宗道："陈执中为相，坚持以国家为重，不以权力谋取私利，不做欺骗瞒哄的事，所以我才这样信任他。"

陈执中在朝为官，一生鞠躬尽瘁，肃然秉政，始终坚持洁身克己的信条。嘉祐四年（1059）去世，谥号"恭"。

### 二、体恤万民　不忘初心

温鹏翀（1799—1844），字静元，号心山，高田镇田心村人。清道光五年（1825），温鹏翀参加省会试中举人，翌年进京会试考中进士。道光十七年（1937），温鹏翀奉旨赴广西梧州府任藤县知县。在任上，他以天下为己任，牢记"富贵不能淫，贫贱不能移，威武不能屈"，体恤万民，不忘初心。

清代官场，徇私枉法、贪污受贿者层见迭出，官商勾结、欺压百姓者众多，一片乌烟瘴气。温鹏翀上任后，部属及地方绅士送礼者络绎不绝，但他谨记石城客家温氏"为人必诚，为官必忠，为亲必孝，为子必肖"的祖训，在藤县推行廉政，厉声拒收部属及地方绅士们的见面礼金，誓做青松，宁迎风傲立危崖，不苟求不义之财，不与奸佞同流合污，并颁布了《清廉要约》，约束自己和部属"不收分外之钱物，不扰民欺民"，以法律为准绳约束上位者。有一个乡绅不相信，晚上悄悄去拜访温鹏翀，并带金十斤，绫罗绸缎十匹作为礼物，美其名曰"交朋友的见面礼"。可出乎乡绅意料的是，温鹏翀当场拒绝了这份"见面礼"，说："故人知君，君不知故人，何也？"乡绅以为温鹏翀假装客气，便答："夜已深，众人皆寐，无知之者。"温鹏翀一听这话，立即火冒三丈，答曰："天知，地知，你知，我知，何来无知者？"那乡绅听出了温鹏翀的态度，只得带着礼物羞愧地离开。第二天，温鹏翀在家门口贴出了一句话："恶事，天地皆知；浊者，万民皆骂。"那些妄图行贿的小人看到后，只得作罢。

寒门出身的他，更加懂得读书的重要性，相信读书能改变命运。在藤县，他崇文重教，大力发展教育。他注意到藤县的教育资源较匮乏，大多集中在豪门大族手中，故鼓励多种形式办学，蒙以养正，有教无类，令贫寒子弟亦可入学读书，习四书五经，学孔孟之道，或高中功名，改变命运。温鹏翀倡导崇文重教，但这个想法最初并不被乡绅们认同，资金无处寻，温鹏翀四处劝说，到处碰壁，他说："残杯与冷炙，到处潜悲辛。"他却没有气馁，就在大家都以为温鹏翀要放弃的时候，他带头捐出俸禄白银，以此鼓励地方绅士、各阶层人民捐款，有钱者出钱，有力者出力。点点滴滴，虽渺如萤火，然聚之，犹似银河，亦可照亮黑夜，助力前行。久而久之，众人为温鹏翀的精神所感动，纷纷自发捐款。自此，藤县尚学之风盛行。

温鹏翀公正廉洁、政绩卓著，美名传至中央，朝野上下，无不夸赞其两袖清风，圣心大悦，于道光二十二年（1942）将温鹏翀调任云南，负责采运滇铜国用。他在任期间以更严苛的标准要求自己与部下，整顿吏治，带着百姓发展农业、手工业。

可惜如此一位如莲之君子因积劳成疾，殉职于云南任上。藤县人民得知温鹏翀殉职于云南任上，无比悲痛，数百名绅士相互联络，为温鹏翀制作了一块牌位，放置于当年温鹏翀率众重修的藤县"访苏亭"中，供后人瞻仰。

### 三、勤政务实　清廉自守

温必联（1697—1768），派名秀柱，字璧千，小松镇耸岗村人。温必联自幼聪明好学，记忆力超群，被誉为神童。清乾隆元年（1736）登丙恩科金德瑛榜进士，先后任部职方司主事兼武选司，海州知州，滁州知州，安庆府知府兼护安徽道兼理芜湖关税务、摄太平府事，中宪大夫、河南省粮储、驿盐、水利道员等官职。

温必联从小生活简朴，对百姓的生活深有感触。他16岁时就在小松丹溪燕卜梁教私塾，通过教书得一点薪俸贴补家用。在海州知州任上，他拒收地方官员和乡绅们的见面礼金，并规定所有官员不可以收送钱财，不允许以权谋私，他自己带头执行，为"三年清知府，十万雪花银"的清代官场带来了一股清廉之风。同时，他积极组织兴修道路，拓宽驿路，修葺驿舍，疏浚河道，为国为民办了许多的实事好事，深受百姓爱戴。他在兵部任职十年间，克己奉公，任劳任怨，处事谨慎，勤勉有加，在京察中列为一等。

在安徽任官十余年间，他廉洁奉公，关心百姓疾苦，大力发展生产，积极兴办教育，每以"清、慎、勤"三字为官吏表率。特别是他重新查阅案情卷宗，进行微服私访，使沉积多年的疑案得到审理，一些错案得以平反，冤情得以昭雪，被当地百姓称为"温青天"。他爱民如子，经常捐出自己的俸禄用于育婴、体仁等关系民生的事务，关心弱势群体，荡涤安徽官场，使得民众安居乐业。乾隆二十三年（1758），以政绩卓异，入京觐见乾隆帝。帝询问地方利弊，温必联详细陈述黎民疾苦，甚得乾隆嘉许，并赐以蟒袍、克食，以示恩典。乾隆二十八年（1763）满，再进京面君述职，奉旨升授中宪大夫，任河南省粮储、驿盐、水利道员。

时逢国家用兵急需征调大量粮草，温必联更是身先士卒，亲临一线指挥调度，衣不解带，马不解鞍，有时跟运粮的士兵一起宿在船上，其踏实的作风确保了粮草短时间征调到位。同时，他大公无私，从不谋取私利，所管粮草分毫无误，深得朝廷信任。老百姓听说温必联由安徽调任河南时，安徽百姓涕泪涟涟，纷纷拉住马车，拴住缰绳，躺卧车道，绵延数里，极力挽留温必联，成了当时官场的美谈。

温必联在为官之时，不忘培育良好家风，严格教育子女。他要求子女们要洁身自好，勤奋好学，公正善良，时常告诫入仕为官的后代要"清廉守身，大公无私，勤奋务实，爱民如子"。其子温崇潭，任云南浪穹县知县；其孙温之诚，任云南丽江府知府。其儿孙为官之时均能秉承良好家风，清正廉明，政声良好，深受朝廷信任和百姓的拥护。

温必联才华横溢，大公无私，政绩卓著，多次受朝廷嘉奖，受到百姓的爱戴，更受到同僚的信任。他逝世后，其墓志铭由进士、资政大夫金牲篆刻，进士彭启丰书丹，资政大夫曹秀先撰铭。温必联为官数十载，清廉自守，两袖清风，以"清正廉洁、勤恳务实、爱民如子"享誉官场。

### 四、乐观豁达　"饥楼"传世

黄轩臣，字来田，号海客，琴江镇温坊村人，22岁中举人，47岁中进士，曾任山东省青城县、沾化县知县。

进士是我国古代科举制度中，通过最高级考试被录取的人。一般都能进入官员行列，俸禄可观，但黄轩臣却是个例外。他为官多年，却两袖清风，回归故里后因贫病而去世。

他生前，曾在自家墙壁上写下《饥楼记》，成为传世佳作。《饥楼记》共 600 余字，说明了建楼时间、命名原因、室内外环境，特别是借古人的"饥"与自己的遭遇心态对比，以乐观豁达的笔调刻画了一位官员的生活状态与人生追求。

清朝的在职官员，一般来说，朝廷给的俸禄足够全家温饱乃至于小康，而退休官员则是半薪待遇。但如果是因病或其他缘故没有干到退休年龄（康熙以后规定为 60 岁），那么就没有退休金待遇了。黄轩臣在《饥楼记》里说他从沾化县知县任上"抱病归故里"，看来属于后一种没有退休金待遇的情况。即使在这样的情况下，他还是说，自古至今也不仅仅就他一个难免于饥，范史云、孔奋也一样。况且他自己从任上回家，虽然行囊萧然，但还不至于饥；靠着自己的学识，能够养活一家人；现在瘫痪在家，也不屑于"监河之贷"；再说了，范史云、孔奋还没有楼，而我总算还有座"饥楼"呢。字里行间洋溢着乐观豁达情怀，更显示出他对精神品格的追求。

黄轩臣的"饥楼"，"高十尺有余，其广不数步。所容者图书数架外，竹床木几，皆依书架为位置。入必俯身，坐惟容膝"，然而，就在这样逼仄的环境里，他更关注的是自然的美景。他说，当他感觉饥饿时，只要一推开窗户，看到高山流水，鸟语花香，竹青水碧，赏心悦目，便顿时忘记了饥饿。怡然快乐之下，就写下了这篇《饥楼记》。他只字不提自己为官的清廉，但更显示出他廉洁的本性和与众不同的追求。

## 五、清廉爱民　永存青史

清同治五年（1866）八月二十日，时任署理两江总督李鸿章向皇帝上疏《刘同缨请建专祠片》："前上元县知县刘同缨，于咸丰三年二月十三日在城殉难，业已奏蒙赐恤。现据江宁绅士即选直隶州州判蒋新、训导周葆濂等，以刘同缨居官历著政声，士民爱戴，殉难尤烈，禀恳奏请建立专祠，以光祀典等情。当经批伤江宁府暨采访忠义局，查核议复，据称舆论佥同，详请具奏前来。臣查同知衔前上元县知县刘同缨，由拔贡分发来苏，历任江宁、盐城、邵州、泰兴、江浦、六合、吴县，调补上元县，所至皆有政声。迫咸丰三年，贼窜金陵，先练健勇多人，绝城杀贼。卒因贼众兵单，城陷后大呼巷战，力尽将欲自刎，犹以百姓为念，谕贼只可杀我，毋杀百姓，被贼拥至民舍，义不受辱，乘间趋龙王庙潭投水死。虽已蒙恩优恤，该绅民等感念遗爱，尸祝勿忘。合无仰恳天恩，准将前上元县知县刘同缨，于江宁省城建立专祠，以彰忠烈。除将事实清册咨送军机处备查外，理合会同护江苏抚臣郭柏荫附片具陈，伏乞圣鉴训示。谨奏。"

同月二十九日，同治皇帝给军机大臣下旨：刘同缨著准其于江宁省城建立专祠，该部知道。钦此。

在石城古代人物中，陈敏、陈执中名气较大。但同样进入历代正史之一《清史稿》的刘同缨，却名气较小，很少有人知道这个石城人的故事。

太平天国运动兴起以后，各州县为清王朝殉难的官员，难以计数。而上元县（今江苏江宁）刘同缨则更是让人赞佩。刘同缨最初在江苏吴县任职，捉贼捕盗，保卫地方安宁，后被调到上元县也同样勤政爱民、廉洁自守，受到当地士民的欢迎。咸丰二年（1852），武昌陷入太平军之手，刘同缨献上

防守长江的要略，被总
督弃之不用，结果，九
江大战清军败退，总督
垂头丧气地败逃下来。
当金陵遭到太平军的围
攻时，刘同缨为防患于
未然，筹集了 5000 两黄
金和 2000 石稻谷以备后
用，并动员士民储粮奋
战。当太平军攻来时，
他又带人运石筑墙，制
造火器，招募兵勇，登

古门廊："青云居"

城防守。他连续守城 10 多天，并亲自督促检查，毫不松懈。后来，太平军
用地雷炸开城墙，数百人涌入城中。他所招募的五百志愿兵也拿起武器来迎
战太平军，这些志愿兵反比正规官兵要顽强。太平天国突击部队退走后，堵
塞突破口的工程也主要由刘同缨招募的志愿兵来进行。二月十一日黎明，太
平军大部队从三座城门源源不断地进入了外城。刘同缨知道这一情况后，在
县衙门上用朱笔写了这样的话："示贼：毋害我百姓，愿以身代。"他回到官
衙，为免于被乱军侮辱，他先将两个爱妾杀死，然后穿上朝服，端端正正地
坐在大堂上。太平军冲进来以后，见此十分惊讶，都对他肃然起敬，连连称
他是"好官"，不敢冒犯。刘同缨冲着太平军大骂不止，但太平军都说他是
好官，不忍加害于他。县后有个龙王庙，龙王是水神，祭祀龙王的地方往往
要凿一个池塘。上元县衙后面的庙里，也有一个以水深而闻名的池子。骂完
以后，刘同缨就纵身跳入楼后的池塘中自尽。

　　刘同缨是道光十七年（1837）拔贡，善于书法。据《中国美术家大辞
典》记载，他的书法颇有晋人风格。中国是讲究人际关系的社会，求到高官

的字，家里一挂，既可欣赏，又很荣耀。然而，他虽然生活俭朴，却没有以官员身份去卖字发财，甚至坚持把自己的墨迹作为"礼品"而不是"商品"，也许，这就是他清廉爱民从而得到当地百姓爱戴的原因。

百年过去，在刘同缨的老家横江镇烟坊村找不到他建的高楼大院，只有他的清名依然流传在南京城，流传在《清史稿》中。

### 六、清浊终分　历史永铭

这个故事与一个"实诚"人有关，但鲜为人知。

《清实录·光绪朝实录》卷之二五二，记载着皇帝与太后的日常："光绪十四年。戊子。二月。癸未朔。上诣储秀宫问慈禧端佑康颐昭豫庄诚皇太后安。至辛亥皆如之。"简单地说，这段时间光绪皇帝天天都准时向慈禧太后请安。然而，在同一卷里，还有这么一段话："以贪墨昭著，革署湖南新宁县知县准补慈利县知县程桐、永定县知县郑文思职。郑文思情节尤重，永不叙用。"

光绪十四年是指清朝光绪皇帝在位的第14个年头，同时期的《申报》是这样记载的："……又永定县知县郑文思，贪鄙任性，词讼案件，借端罚款，物议沸腾。李成等控告有案，有与本地富户郑辉南联为同宗，往来甚密。上年郑辉南侄妇屈氏服毒自尽，廪生屈焕章藉命向郑辉南图诈钱物，自有应得之罪，该县（郑文思）合郑辉南之意，遽行禀请，将屈焕章就地正法。经臣驳斥，行司另拟。又在籍前任福建台湾镇总兵刘明灯，妻妾口角，殴有微伤，该县作为访案，声称欲赴其家验伤，带妻妾到署审讯，索诈多金。种种妄为，不顾廉耻。以上二员，劣迹昭著，未便姑容，相应请旨，将署新宁县事准补慈利县知县程桐、永定县知县郑文思，即行革职，以儆贪墨。谨会同湖广总督臣裕禄附片具奏，伏乞圣鉴训示，谨奏奉硃批，程桐着即革职，郑文思情节尤重，着革职永不叙用，钦此。"

程桐与本文无关，姑且不论。郑文思，石城小松人，光绪三年进士。光绪十四年任湖南永定县（后为大庸县，即今张家界市）知县。据 2011 年民族出版社《张家界市情大辞典》"光绪"条介绍："光绪十四年（1888），永定知县郑文思，廉明无私，性伉直，因得罪县内巨室，被诬为贪墨昭著而革职，永不叙用。"

如此看来，在 100 年后，当地还是给郑文思"平反"了。再看更早一点的《大庸县志》："道光二十年（1840）后，清朝日益腐败，对外和帝国主义割地赔款，对内镇压太平天国起义。县署为筹募湘军所需兵员、粮饷，加紧勒索农民……这些反抗都被官兵残酷镇压下去了，但经济一蹶不振，阶级矛盾日深，社会秩序杂乱，县政多被地主恶霸把持，他们勾结官府为非作歹，贪赃枉法卖官行贿，任意捕杀勒索民众，搞得怨声载道。从光绪十年后连续四任知县，有的为官无私，有的革除积弊，有的严禁县内绅耆说情，如邱正达、郑文思、李尚卿、秦尔坦等都因被手下人愚弄，或因得罪巨室，先后被诬告或因微罪被撤职、降职、免官、他调而去，县民叹惜不已。这种腐败无能、上行下效的状况，已积重难返，形成大厦将倾，无法挽回的局面。"

清代的"七品官"确实有着相当大的权力。除了每年例行祭祀山川社坛、文武庙等，以祝祷年丰岁熟，天下太平，并宣谕皇言，任聘僚属外，还可以发布政令，清查户口，整顿里甲，剿匪缉盗，维护治安。要收缴上解田赋课税，审判民刑案件；要巡视管理学校教育，支持士绅兴办地方公益事业；遇灾年请上司减赋放赈等。当时知县下乡坐轿骑马，鸣锣开道，前呼后拥，高高在上。不少知县吃缺贪污，每审理人命大案，永定旧俗动辄株连邻里数十户，官吏从中敲诈受贿，中饱私囊，百姓不敢伸张。民谚云"衙门八字开，有理无钱莫进来"。但就在这样的污浊环境下，石城人郑文思毅然以民为本，不惜得罪县内豪绅，即使因此被皇帝免职，成为国内"新闻人物"，也依旧不改初心。在清末民初动荡的社会里，这是难能可贵的品质。

感谢张家界后来的文献记载，百年之后，虽然无法确知郑文思当年遭遇的每一个细节，甚至无从了解郑文思在低谷中回到家乡后，是如何面对当年谆谆教诲的乡间族老的。但有了《大庸县志》，有了《张家界市情大辞典》，我们终于看到一个实诚人终究成为一股清流，更为一地之历史永铭。

### 七、廉己为公 方史留痕

走进石城各地的客家宗祠，往往能看到在宗祠两壁上有"忠孝廉节"四个大字，其实，这就是客家人的核心家训。只是，这四个字读起来容易，身体力行却不是那么简单了，或者需要时间，或者需要金钱，甚至需要用生命去践行。

石城自元末至新中国成立，以地缘省界水流八方之故，平时自然商人往来，熙熙攘攘；乱世则多有流寇，啸聚四奔。南宋建炎年间，原居小松陈家坪的陈皓及其子陈敏，剿破巨寇李敦仁所啸聚的数万贼寇，斩李世昌，生擒李世立，收复石城，进而进取宁都，擒李敦仁等，并将周边各县一一收复。石城自南唐建县，始无城，为了更好地保护家园，陈皓父子辅佐时任知县余惠迪在今石城老县城基址上修筑土城。其后更代有忠义之士，奋不顾身，守御城池，捍卫百姓。元末明初，寇乱四起。县城北关人黄志坚，器量宏远，家富，勇于倡义。值元末世乱，倾赀团结乡勇守御城堡，邑藉以安。明初，以调琴里腴田三百石，赡太极观羽流。义方训子著名，当时里人追其德，祀于公义祠。其子黄晖、黄昭均笃志力学，事亲以志，周恤乡党，人称"黄氏三义"。

县城临琴江河，古时易暴发山洪，且无河堤，故多有水患。如明正德十一年（1516），"城圮於水，上下交恐"；乾隆九年甲子（1744），"春夏之交，雨泽愆期，艰于播种"；乾隆二十九年甲申（1764），"山水暴涨，冲决城垣河堋二百余丈"；后来还有"咸丰三年歪啊歪，大水打走郭头街。打走几多标致女，打走几多神主牌"的俗语流传；因为经济实力、规划认识和技术问题，水灾始终是老县城人民的心头大患。千百年间，一代代知县和绅士群众，尽心尽力，或发起募捐，建设县城，修筑河堤；或建庙求神，施舍桥渡。如明代正德十一年（1516），城圮之后，县城人黄宜选等三人首倡助银修补，县人日夜抢修，早上刚修好城墙而下午贼寇就到了，全县人都为此庆幸不已。县令钱季玉为此专门向南赣巡抚陈恪申请，由县里给予匾额旌表于其家门。其他或助10两、5两、3两者，约有200人，也由县给花红奖赏，勒碑题名于东门内。可惜万历二十六年（1598）的时候，因为城中大火，此碑被毁。嘉靖辛酉（1561）、壬戌（1562）年间，连年寇至，士兵们整日整夜地在城上巡逻守卫，黄邦安、黄辂二人每天都在四更时分，准备好茶粥酒肴来慰问守城士卒。康熙年间，郭尧京、董应誉、李德明等先后组织修城，群众纷纷响应。乾隆八年（1743），县令王士倧以城垣河堋周遭水圮，历任经报未修，春涛秋涨，日朘月削，居民难以奠安，于是倡建捐助，呈请修理。当时全县士庶争相募义，捐200两者有黄志坚后人、黄先履、熊尚进等13人，捐100两者1人，倡首输捐50两者有熊承元、黄民欢、周日千等数10人，急公尚义踊跃乐输30两及以下的数百人，当时都勒石为碑。乾隆二十九年（1764），山水暴涨，冲决城垣河堋200余丈。次年知县徐焕安倡率修砌。时有陈二八、黄世弟、熊承元、黄世仁等17人（家族），各捐银200两助役。乾隆三十九年（1774），城墙又坍圮数处。邑侯杨柏年倡率修砌。邑人温家学、何吉所等6人，各捐银200两助役。嘉庆五年（1800）庚申七月，洪水冲塌城垣、城楼、河堋。邑令李大谟劝捐修筑，又有黄凤轩、熊衍澜等30人每人各捐银200两。

封建王朝的落后体制，再加上经济社会的贫穷落后，使民生多艰，古代人民始终在既"患寡"又"患不均"的怪圈里挣扎。丰年还能凑合过活，一旦有水旱天灾或者战火人祸，贫民便无以自给，官府也只能或者卖官鬻爵敛钱救济，或者号召富家施舍救助，尽量维持基本稳定，避免矛盾激化。石城是客家地区，历来有施舍便民以积德行善的传统，其中部分善举善人，也被县志记录，流传后世，成为后人的榜样。明成化十七年（1481），温永钦输谷555石备赈；成化二十三年（1487），黄祯鉴、温卓所、徐尚明等捐银50

两备赈；弘治年间，黄祯瑾、徐尚伦等输谷 240 石备赈；天启元年（1621），宦绅熊兆泰捐谷赈饥。正德年间，黄绍仪、温韫玉等输谷备赈。嘉靖年间，温体辅、熊应凤输谷备赈。崇祯年间岁饥，熊邦治、熊邦荣等捐款到宁都买谷 400 石，用船运回来接济，饥饿的人得以存活。康熙年间，黄壁藏赈谷 102 石。乾隆九年（1744）春夏之交长雨成灾，城乡谷石腾贵，一日迭增数价。县令王士倧除发仓平粜外，又劝谕有力之家减价接济。城乡遍张劝帖，一时好义之士，或倾已赀，走本郡及邻境买米接赈，或出祖父祭产盈余，以赡本族。驯至新收，邑无菜色。

除了捐款赈灾，建设城池、营造书院、修补茶亭也到处是石城人的身影。城内修建学宫，需要坊郭里人陈成道、陈成佩兄弟的一块私地，以凑方正。道、佩兄弟捐地，辞不受价。邑令给匾旌门，表其宅曰"宋代勋臣第，当朝义士家"。进贤坊人熊时佐、熊承业，赞助南关内儒学西庑墙脚地基。乾隆四十五年（1780），重修邑志，建造书院，黄志坚的后人以其名义及其他社会人士各捐银 200 两首其事，还有的捐租谷作为书院膏火。嘉庆十四年（1809），黄子端、许于千、温淑源等劝捐琴江书院膏火田租，均载入县志。道光二年（1822）秋，熊达铢等 17 人捐款重建尊经阁、修理城垣。至于修建茶亭施舍桥渡，更是处处有石城人的踪影。站岭上赣闽交界处，有黄氏捐修的介福亭；道光四年《石城县志》载"仙姑岭亭，城东三里许，黄益千建，后圮。嘉庆十三年职授理问陈慧姿重建。二姓合议日后同修"，还可以看出古代家族传承与不同家族之间联合施行的善举。万历年间，城内邑宦熊懋官建礁下桥，后倒塌。庠生廖奇兆、监生温春魁、庠生李自芬等筹资重建。崇祯年间，进贤坊江时荣捐田 192 石，并捐城外仙源坊店四间、园地一块，以赡南门、灞口、古樟口三渡。在此前后，城外南门桥渡、济川桥渡、永济桥渡、东门桥、城外北门桥渡、古樟口小溪桥渡等，也分别由县城及周边众多绅耆首事，建立各种桥会、渡会，以接济舟子工资，维修桥梁渡船。他们的善举方便了更多百姓，而他们的善行因历修县志记录或石碑留名而流芳百世。参阅石城历代所修县志，可以看见很多这样对自己廉洁自守甚至小气巴巴，却对公益事业乐善好施的乡间杰士。

顺治年间，温朝缙被知县董应誉评价为"操可履冰，署铎一年见肘。绰有古孝廉之高节，克为都人士之景行"。堂下人温贵稷性诚笃，生平忠信廉介，乡里素重。尝过站岭亭，拾一包袱，内有白金（银子）60两。候觅者至，知为广昌罗秀岩往宁化娶亲之物，还之，酬以十金而坚辞不受。大琴村人陈莼虽然家贫，但以廉耻自励，砚耕养志。大由村人曾琇性廉洁，敦孝友，承先启后，周急济贫，不务声华。宁都人魏书评价廖应兆，说他居常疏水布素，自处甚约，与未达时如一。其孙廖季、廖义、廖孜，也俨然清白之风。黄道漪担任新蔡知县，清慎子谅，老百姓翕然以治。县城北关人黄承振从小孝谨笃厚，性格恬淡，不屑于世间荣华，粗衣粝食，泰然自若，但是好施于人，如果有人需要救急，总是尽力帮助，遇上贫穷不能偿还的，多次焚烧借据，后来以明经任彭泽训导，在任上捐修学宫，建大成枋，修复陶元亮故居，有宦声，最后逝世于任上。

也许，这就是古代的"石城好人"吧。

# 第二节　革命理想高于天

### 一、以身作则　不谋私利

郑三生（1916—1990），小松镇井溪村人。他于1931年参加中国工农红军，1934年加入中国共产党，1955年被授予少将军衔，是一位曾被毛泽东主席评价为"三生有幸"的开国将军。

郑三生一生光明磊落，清正廉洁，艰苦朴素，处处以身作则，从不以权谋私。他常说："要想让部下做到，就必须自己先做到！"有一次，他老家小松的一个亲戚，提着家乡的一些土特产找到他。原来这个亲戚的儿子退伍回

郑三生

到地方后，没有分配工作，就想请郑三生帮忙在地方上找一份工作。郑将军一听说这件事，当场就严肃起来，语重心长地跟这位亲戚说："你儿子能选择参军，我为他感到光荣，但是工作的事情，一定要凭自己的真本事，党和人民赋予了我这个权力，我更要对党忠诚，为民谋利，而不是滥用权力，以权谋私啊！"他拿出自己将近一年的工资给这位亲戚，让他用这些钱解燃眉之急。

郑三生的独生子郑钢 1969 年参了军，还是战斗机飞行员。其实，郑钢是偷偷报的名，没有和家人说，等到录取后，家人才知道。战斗机飞行员的工作危险系数较高，郑三生的妻子非常担心独子，因此想让郑三生去把他调回来。郑三生对妻子的想法很不满，说："他能上战场，这是他的光荣，担心什么？要按你这样，主席当年就不会让他的儿子上朝鲜战场了，主席不心疼儿子吗？主席从不搞特殊，作为主席的战士，我同样不能搞特殊！"郑三生有好几个孩子，但没有一个受到过特殊照顾，上级分配干什么工作就干什么工作，郑三生早就有言在先："谁也不能打着我的旗号去走后门，否则进了也要出来！"

1990 年，郑三生病逝，身无余财，两袖清风。郑三生一生以身作则，大公无私；严于律己，宽以待人；清正廉洁，艰苦朴素，始终保持着党的优良传统和作风。

## 二、艰苦朴素　大公无私

赖达元（1917—2010），赣江源镇赣江源村人。1934 年参加中国工农红军，同年加入中国共产党，1961 年被授予少将军衔。

新中国成立后，赖达元成了党的高级干部，但他始终以共产党员的标准来严格要求自己，一丝不苟地对待自己的工作和生活。住在大山里的亲人非常渴望通过他的权力走出深山，在城里安排一份工作，而赖达元总是耐心地向亲人们解释："我是一名共产党员，受党长期培养才走上了领导岗位。党给我的权力只能用来为党工作，为国家工作，为人民工作，不能用手中的权力谋取私人的利益，请你们理解我，支持我！"

赖达元

　　尽管有些亲人颇有不解和怨言，但赖达元始终坚持原则，绝不利用手中的权力为亲友"开绿灯"。他的弟弟曾经因为工作上犯了错误，几兄弟到北京找赖达元帮忙求情。没想到赖达元不但不出面求情，还联系了县政府相关人员，要求从严处理。长征时期的艰苦经历影响了赖达元一生，直到 21 世纪，新中国已经富起来了，他还保持着当年的生活习惯，而且还经常向小孙子"灌输"艰苦朴素思想。每次吃饭，他总忘不了要"念叨"："饭菜不许剩，这些都是农民伯伯辛苦种的……"即使有些剩饭剩菜，只要没坏，从来不许老伴倒掉，热一下又是一顿。但每当遇到募捐时，赖达元又非常慷慨大方。他居住的小区里，大伙都知道，每次捐款捐物，排在名单第一个的，肯定是赖达元，而且一捐就是 1000 元甚至更多，还一捐就是两份，在小区里捐过了，去市委老干部局再捐一份。

　　赖达元将军艰苦朴素的革命精神、大公无私的革命风范，为广大党员领导干部竖起了一面廉洁无私的旗帜，为党旗增添了光彩。

### 三、克己奉公　不徇私情

　　温先星（1914—1990），横江镇齐贤村人。1932 年参加中国工农红军，1935 年加入中国共产党，1961 年被授予少将军衔。

温先星

在革命战争时期，温先星满怀理想抱负，为实现民族独立，人民解放，先国家后个人，不顾自身安危。在平型关战役、百团大战、解放大西北、进军大西南等诸多战役中，他身先士卒，出生入死，拿着大刀无所畏惧地往前冲，先后九次负伤，多次命悬一线。在战场上英勇杀敌时，温先星考虑过自己的战友、下属、百姓，却唯独没有考虑过自己的家人。缠绵病榻之际，温先星愧疚地对妻子说，当年自己在战场上冲锋陷阵，将个人生死置之度外，是为保家卫国，却没有考虑过倘若自己不幸战死沙场，妻子孤身一人该如何在乱世中自处。他一生戎马，用行动践行了何为"苟利国家生死以，岂因祸福避趋之"，不负国家，却愧对妻儿。

在临终之时，温先星仍不忘对满屋儿孙谆谆教诲，要求他们不给组织上添麻烦，不搞特殊待遇："以后，你们要听党的话，一定要跟党走，要好好工作，不要给组织添麻烦……还要听妈妈的话，不准找你们妈妈要东西，要钱……"这是一位将军、一位老人、一位父亲、一位爷爷对后代的希望和要求，也是他对子女们最后的嘱托。而这最后的嘱托，没有对自己身后事的要求，也没有对党组织的物质请求，有的只是一位老党员克己奉公的精神传承、一位好干部不徇私情地言传身教。

温先星历经近60年戎马生涯，为中国人民的解放事业和军队建设贡献了毕生精力。他生活质朴，廉洁奉公，办事公平公正，从不为自己和他人谋取私利。他一生始终如一的优良作风、光辉精神值得所有共产党人保持和发扬。

### 四、清正廉洁　永葆本色

伍生荣（1918—2011），珠坑乡坪埠村人，1934年参加中国工农红军，同年加入中国共产党，1964年晋升少将军衔。

伍生荣一生驰骋疆场，保家卫国。他坚定信念，将忠于党和人民作为自己的毕生追求。不仅如此，他还将清正廉洁、不搞特殊化作为自己一辈子坚守的铁律。他的一生胸怀大局，心系群众，为后人留下了永恒风范。

为确保部队和战争信息安全，伍生荣远征17年，仅写了"我还活着"和"我还干老买卖"两封共10个字的家书，字虽少，却十分珍贵，字字见真情。伍生荣出生入死参加大小上百次战斗，由原红军副团长改任八路军连长，然后又从连长一步步升为团长。当有人问他对此有何感想时，伍生荣动容地说："我们都是无产阶级的队伍，一切都交给党了，党叫干什么就干什么，当士兵也行，当将军也行。很多好同志都牺牲了，我们这些活下来的只想坚持下去，直到打走日本鬼子，解放全中国，谁还计较当什么呢！""吃水不忘挖井人，要牢记毛主席和党的恩情，一辈子跟党走，把革命进行到底。"伍生荣经常这样教育身边的同志和家人。

无论在战争时期还是在和平年代，伍生荣坚毅的品格和不屈的精神从未褪色，他丝毫没有动摇过对党和人民的忠诚和担当。他经常教育自己的孩子："我和你们的妈妈都是贫农出身，我们的家乡是老革命根据地，我们都是在战火中打拼出来的人，无论今后的日子有多么幸福，都不能忘记生我养我的地方，要永葆革命本色。"

1960年到1998年，他先后15次胃部大出血，但每次病情稍有好转，便立即上高原，下部队，继续坚持工作，即使胃被切除仍然奋战在革命一线。1969年中苏关系紧张，边境发生冲突，伍生荣带领全家积极响应祖国号召，把几个孩子全部送到部队当兵报国。这种顾大家、舍小家，忠于党和人民的爱国情怀，大无畏的精神境界是何等的高尚！他说："革命同志到哪干革命都一样，绝不能搞特殊化。"

伍生荣

1970 年，伍生荣担任兰州军区后勤部主要领导，这时他带着全家 8 口人仍然住在 80 平方米的套房里，使用着陈旧简陋的家具。看到这般情景，组织上想要安排大一点的房子给伍生荣全家居住。"还是留给更需要的同志吧。"伍生荣婉言拒绝。就这样，他依旧带着全家人住着老砖房，用着老家具，他时常说："东西够用就行，食物够吃就好。"伍生荣几十年只买过一双皮鞋，而且这双皮鞋只有在陪同上级首长考察工作，或者在军队举办重大活动时才拿出来穿，平时就穿一双旧布鞋上下班。

1975 年，根据上级规定，军区领导的一部分子女要分配到农村参加劳动锻炼。这时伍生荣的小儿子符合留在父母身边的条件，无须接受分配，但是在会上他却带头表态："我是分管这项工作的，我要带头让我的孩子到农村去。"那一年，伍生荣的小儿子被分配到河西走廊高台县插队落户参加劳动锻炼。

伍生荣一生清正廉洁，不搞特殊化的事例不胜枚举。他的崇高品格永放光芒，照耀着我们前进的道路，激励着一代又一代人砥砺奋进，勇毅前行。

## 五、舍生忘死　廉洁奉公

现代作家王愿坚作品《七根火柴》中，一个生命垂危的红军战士用生命为部队保存七根火柴的故事感动了几代人，让人每每想起，就不禁感叹长征的艰苦卓绝。这位战士的原型名叫郑金煜。

郑金煜（1918—1935），石城县人。1933 年参加红军，1934 年加入中国共产党，并参加长征，为红一军团二师四团团部党支部的青年委员兼宣传干事。1935 年 8 月 25 日，在过草地的行军途中牺牲。

郑金煜个子不高，但十分秀气机灵，冲锋打仗更是不含糊，16 岁就入了党，是个非常惹人喜欢的"红小鬼"。1935 年 8 月，红军长征进入川西北的不毛之地——松潘。在这里，有海拔 3500 米以上、纵横 600 里的沼泽地。穿过这片土地，对于饥寒交迫的红军来说无疑是在挑战身体极限。

8 月 21 日凌晨，红四团作为先锋进入松潘大草地。刚开始草地行军时，郑金煜非常活跃，精神抖擞，不知疲劳，柴火拣重的背，工作拣难的做，不但行军走在前头，还抽空搞宣传。他不仅讲故事有声有色，而且能唱几支好听的歌。他不时用客家方言把《红军打到石城县》的歌唱给大家听："正月革命是新年，红军打到石城县，石城县里打一仗，土豪劣绅叫可怜，哥哎妹啊，土豪劣绅叫可怜……"

随着红军队伍往草地中心走，困难逐渐显现，天气极端恶劣，时风时雨，忽而漫天大雪，忽而冰雹骤下。进到沼泽地时，许多红军将士陷入沼泽，一边的战友却无从援助，只能眼睁睁地看着患难与共的战友慢慢沉下去，永远留在那泥沼之中。累了、困了的红军战士躺下就睡，可许多人再也没能醒来，生生被严寒夺去了性命。这样的悲剧每天都在上演。

严寒中，郑金煜负责保管七根火柴，以备不时之需，使在最困难的时候战士们能够烤上火。无论多大的风雪，多难的行进，郑金煜始终把七根火柴贴身藏好，保护它们不被淋湿。他说："每根火柴都是大家的，我不能自己随便用。"

然而，在风雨、泥泞、寒冷、饥饿的煎熬下，入草地的第四天，郑金煜病倒，一步也走不了了。杨成武将军掉头找到他，把马给郑金煜骑，嘱咐战友一定要把郑金煜带出草地。但是，郑金煜此时衰弱得连腰也直不起来，战友们就用背包在前后把他身子支撑起来，再用绳子把他绑在马背上，轮流扶着他走。

到第五日中午，郑金煜已面如白纸，双目紧闭。在生命的最后一刻，郑金煜把藏在腋下、夹在党证里面的七根火柴郑重地交给了战友。

《七根火柴》
教学挂图

此时，郑金煜全身最后一分热量和力气消耗殆尽了，他保管的七根火柴却完好无损。他紧紧握住杨成武将军的手，说："我知道党的事业一定会胜利！革命一定会胜利！如果有可能，请告诉我的家里，我是为执行党的路线，为了革命的胜利牺牲的！"说罢，郑金煜就永远地躺在了冰冷的草地上。

郑金煜至死都没舍得给自己用一根火柴。在无边的暗夜里，一簇簇的篝火烧起来了。在风雨、在烂泥里跌滚了几天的战士们，围着这熊熊的野火谈笑着，湿透的衣服上冒着一层雾气，洋瓷碗里的野菜"咝咝"地响着……

这七根火柴，点亮了长征路上的希望之光。革命烈士舍生忘死、廉洁奉公的精神，永远照耀着后人。

### 六、久经磨难  不越底线

杨庆荣是石城第一支革命武装的创建者。他的身上，有着共产党员的鲜明印记。

　　1928 年 2 月 19 日，杨庆荣召集 30 多名进步青年，在屏山罗陂竹林中开会。会上，杨庆荣传达了党组织关于在石城县筹建工农武装的指示，并向与会人员详细介绍了中国共产党的革命主张和全国各地开展武装斗争的情况。会议决定成立石城县第一支革命武装——罗陂游击队，陈树帮任队长，杨庆荣任党代表。从此，石城人民有了自己的武装革命队伍，开启了武装反抗国民党反动统治的新纪元。

　　苏区时期，杨庆荣先后任屏山区主席兼游击队队长、石城县军事部部长等职务。1934 年 10 月中央红军主力长征后，他继续率领县游击队大队，坚持游击战争，保存革命火种，传播革命思想。

　　随着国民党反动统治的压迫日益加强，红军游击队终告解体。据杨庆荣的儿子回忆，杨庆荣带着游击队的经费和老婆孩子，躲到了和福建相邻的通天寨上，假装成出家的居士，在山间的庙宇中藏身。新年过后，地主武装再次出现，到处勒索老革命同志的银洋和自新费，对这一带山庵搜查得特别紧，各个地主都想借此机会大赚一笔。杨庆荣见势不妙，又假装成斋人从站岭脑向宁化出发，想从宁化出境找到红军大队，结果又被宁化的清乡团堵回来。就这样，每逢石城地主搜查紧张时，杨庆荣就跑到宁化一带的庵里去躲。宁化有风吹草动就又回到石城通天寨的山棚里来住。这样轮流躲庵里住山棚的生活，一过就是 6 年。1940 年冬天，杨庆荣久经磨难，风寒暑湿，竟一病不起。因为没有医药治疗，最终长辞于世。杨庆荣生前与和尚聊天时，和尚劝他交一点钱给清乡团，买个平安。他总是说："我哪里有钱呢！"后来临终的时候，他对妻子说："公债你要好好保管，红军一定会回来，这个票是可以兑换银洋的。这些钱都是公家的，以后要交给共产党，我们不能随便动用。"这些银钱数额巨大，杨庆荣的儿子回忆称"有一大捆像饭桶一样，拿油纸包裹着"。可惜因为时局动乱，这些钱被杨庆荣藏在通天寨某个不知名的山崖里，再也找不到了。

　　在最危险的时候，杨庆荣也没有想过动用游击队的经费来给自己谋平安；甚至在自己重病期间，他也没有想过动用经费给自己治病。在杨庆荣的心中，公家的钱就是公家的，廉洁是一名共产党员的底线，决不能逾越。

### 七、忠于职责　勤廉克己

红军长征途中，有千千万万名红军战士，忠于职守，勤廉克己，无私奉献，把生的希望留给战友，把死的危险留给自己，石城籍红军战士黄志贤就是其中之一。

黄志贤，石城阻击战的幸存者，于1934年10月随红一方面军一军团二师五团三营六连部队战略转移。

"向右看齐，报数！""一""二""三""红数个"嗯？战友们一脸疑惑地看向这个敦实的小伙子，他挠了挠头，开口解释道，"不能说'四'，'四'就是'死'，我们石城人都说'红数个'，图个吉利！"从此，"红数个"就成了炊事员黄志贤的绰号。

部队从瑞金出发，向西转移，突破敌人国民党军队的四道封锁线，攻克黎平，强渡乌江，抢渡大渡河，翻越茫茫夹金大雪山，经历了成百上千次战斗。

1935年8月，部队进入川西北杳无人迹的大草地，向甘南地区行进。行军到了最艰难的境地，粮食补给跟不上了，战士们个个饥肠辘辘。张爱萍将军《过草地》一诗写道："绿原无垠漫风烟，蓬蒿没膝步泥潭。野草水煮果腹暖，干草火烧驱夜寒。坐地随意堪露宿，卧看行云逐浪翻。帐月席茵刀枪枕，谈笑低吟道明天。"生动地描绘了过草地时风餐露宿、艰辛而豪迈的行军历程。

黄志贤所在的部队在进入草地第四天，几乎就没有粮食吃了，黄志贤只能寻些野菜、草根，煮给大家充饥。这天傍晚，只听见黄志贤用少有的兴奋的声音喊道："开饭喽，开饭喽，今天有荤有素，吃好可以走出草地打鬼子喽！"大家围上去问："荤在哪里？怎么来的？"看着大家流口水的表情，黄志贤笑着说："荤啊，就是你们瑞金人最爱吃的牛肉汤啊！可惜今天换成了牛皮汤。"原来他将自己的牛皮腰带削成一条条煮给了大家吃，这一餐大家吃得特别开心。

没想到，第二天，黄志贤就饿得生病了。开始指导员搀扶着他走，后来黄志贤再也迈不开步子了，战友们轮流背着他。这时战友们才知道，这个敦实的炊事员这么轻啊！轻得就像一张枯树皮贴在背上，让人感觉不到身体的重量。走了不到 20 华里，黄志贤不想连累大家，执意要大家放他下来。随队的卫生员检查完黄志贤的身体，红着眼背过身去。黄志贤喘着粗气说道："你们走吧，我不能连累大家。反正我不行了，不能让大家死在草地上，多一人活着就多一份力量，我只有一个要求，胜利以后，你们一定要想法告诉我家里一声，我在草地上光荣牺牲了！"说完，他坚决地推开搀扶自己的战友，拖着瘦弱的身躯向旁边的小水沟爬去。

80 年后，瑞金籍老红军钟枝棋回忆起这件事，抹了抹眼泪，用颤抖的声音说道："俗话说，三年大旱，饿不死厨官，可是，我们后来才知道，黄志贤这个石城老表，为了让我们填饱肚子，早在一个月前就开始给自己断了粮食，他把每粒米都留给了我们，每次只吃剩下的菜叶和米汤。身体那么敦实的小伙子，本来可以活着的，活得好好的！他是炊事员，有的是机会随便吃一点什么……他比我们更有机会活下来啊！"

就是这样一个报数连"四"都忌讳谐音"死"而要报"红数个"的石城红军战士，为了战友们生存下去，无私奉献出了自己宝贵的生命。身为炊事员，忠于职守，勤廉克己，不但没有利用职务上的便利为自己保命谋取食物，反而自断粮食舍己为人。

如今的松潘草地，春日百花缤纷，夏日牛羊成群，秋日辽阔辉煌，冬日冷峻苍茫。黄志贤牺牲了，永远地留在了广袤无垠的草地上，但他的勤廉事迹永镌丰碑，他为了革命勤廉克己、无私奉献的精神品质，激励着一代又一代共产党人奋勇前行。

### 八、淡泊名利 牢记初心

罗兆吉（1906—1995），琴江镇大畲村人。1933年参加红军，同年入党，1953年罗兆吉要求并经组织批准回家乡石城务农。

1934年10月长征开始后，罗兆吉担任红一军团侦察连一排一班班长，堪称长征"探路人"。1945年，我军接受侵华日军的投降，罗兆吉赴东北押送投降的侵华日军时，被流弹打中右腰部，第三次负重伤。组织上将其安排在河北邯郸市疗养。

新中国成立后，罗兆吉的伤势好转。他深知自己文化尚浅，为避免自己"占着茅坑"而影响党的工作，罗兆吉选择了自己最拿手的功夫——种田。"解放了，国家建设也需要粮食，那就回家种田吧！"罗兆吉毅然决然地放弃了本应获得国家分配的工作，用另一种方式为建设新中国发光发热。

罗兆吉想着，新中国成立不久，经济社会建设各方面的压力都很重，不想给国家增添负担，故不愿因自己是革命军人而领取政府的供给，而是希望通过自己的劳动获取收入养活家人。妻子王秀兰只能跟他吃青菜煮饭、萝卜辣椒，身体日渐消瘦，面部蜡黄。王秀兰是邯郸人，1953年元月，因生活不习惯，方言不通，且思念家乡的亲人，便带着女儿回到邯郸，后来妻子写信劝罗兆吉一同回邯郸。在邯郸，一切生活费用都可以由政府供给，逢年过节各级政府前来慰问，光一个中秋节送来的月饼就有十来斤，凭罗兆吉的残废证还可以领肉、领鱼、领大米白面……但罗兆吉给妻子回信说："我能自食其力，为什么要向政府伸手呢？儿亿农民过的都是这种生活，他们又能向谁伸手呢？难道参加革命就是为了这个？那些牺牲的战友，又如何伸手呢？不用担心，我有两只手，能劳动，日子一定会好起来，你回来好了……"但是，罗兆吉没有等来妻子，而是等来了离婚判决书。

这位万里长征的先行探路人，没有被婚姻破灭而击溃，在社会主义建设中，罗兆吉满腔热血，与燕珠坑的老表一道耕耘收获，他曾先后当过互助组长、生产队长、农技员、监察员、夜校老师……人们不明白，正正经经的官他不做，怎么偏要干这些"九品以下的品外官"？每次他都回答得明明白白："这个，我干得了。"的确，他干得了，而且干得认真、忘我。县里筑大水库，他也干得了，而且当了突击队员，在前线挥洒血和汗。

时间长了，有人开始怀疑罗兆吉，"罗兆吉真的是长征干部吗?""县里的长征干部不止他一个，他们都被安排得好好的，哪像他灰溜溜地回家种田?"许多人作出了诸如此类的分析，对罗兆吉议论纷纷。当年"四清"工作组对他这个保管员进行了清查，可是查来查去，这个保管员连续6年的账目，保管得井井有条，只查出了8分钱的误差。后来，经过组织调查证实，罗兆吉同志是长征干部，抗日军政大学毕业后分配到冀东抗日前线任连长，任连长期间，屡建战功，日军曾贴出告示："活捉罗队长，奖励一万元!"原来罗兆吉是货真价实的"二万五"长征人。

随后，政府给他拨粮拨款修房子，拨了300元，但罗兆吉只领了200元，他说："不要这么多，不足的部分，我上山烧炭来补足。"接着，江西省民政部门给他发来了"退伍红军老战士定期定量补充证"，江西省政府给他发来了"革命残废军人抚恤证"，这时罗兆吉已经72岁了。然而，罗兆吉仍然住在那百年土屋里，过着"日出而作，日落而息"的生活。

罗兆吉几十年如一日，不要政府的"补给"，仅凭血肉之躯为建设新中国发光发热，到底是什么样的精神支撑着他？那就是淡泊名利、不忘初心、把自己的一生无私地献给革命和建设事业的精神。

## 第三节 清白传家不忘本

### 一、清廉立身 德技双全

温端生（1953—1995），琴江镇兴隆村人。1972年12月参加中国人民解放军，1974年6月加入中国共产党，生前系中国人民解放军福州军区总医院骨科副主任医师。

温端生从医 17 年，两袖清风，廉洁正派，德技双全。他对工作极端敬业负责，以精益求精的技术，成功医治了成千上万名小儿麻痹症和骨外伤患者，仅骨科手术就达 4000 多人次。他热爱军队医疗事业，始终不忘党组织和部队的教育，以自己勤奋扎实的工作报效军队，被誉为"军中白求恩"。

他发扬我党我军的优良传统，始终保持一个共产党员、人民军医高尚的革命情怀。温端生家里还有一个年近七旬的母亲和 4 个兄弟在温饱线上挣扎，但他从医以来，从未收过任何患者的红包。

一个从事鞋类出口业务的老板找到温端生，他为腰椎间盘突出的妻子前来求医。手术前，鞋老板打听到温端生父母年迈，5 个弟妹都在乡下，经济十分拮据，便拿出一个厚厚的"红包"硬要塞给温端生，他坚辞不要。鞋老板以为他嫌少，又从口袋拿出一沓钱说："只要对我妻子的病尽心尽力，钱咱有的是。"望着他那焦虑的目光，温端生收下了。第二天，成功完成手术后，温端生跟着手术推车，护送病人进病房，把"红包"原封不动地退回到鞋老板手中，微微笑了笑："这下你放心了吧。"

福州市一家外商独资医院老板慕名找到温端生，许以月薪千元、一套三室一厅的住房，聘请他去操刀主持骨外科；石狮拥有亿元资产的吴老板看上温端生那把手术刀，动员他脱下军装到石狮创办骨科医院，保证他 3 年内发大财。这些都被温端生谢绝了，他说："党组织把我这个农家子弟培养成人民军医，我只有用手术刀为人民医伤治病的义务，没有用它谋私赚钱的权利。"

温端生去世的前一天，他上午为 6 岁的患儿陈伟源做了手术，下午在家整理资料论文，晚上 9 点多到骨科、中医科病房和招待所查看病人情况，记录病人病情。第二天凌晨，劳累的温端生不幸心脏病突发，猝然离世，年仅42 岁。

他那精湛的医术、清廉的医风、高尚的医德，得到了闽赣两省各地人民

的一致认可和赞扬。1995 年 8 月 5 日，38 位患者自发捐资制作了一尊高 70
厘米、宽 50 厘米的温端生半身雕像，由患者代表护送到福州的军区总医院。

1995 年 8 月 24 日，中央军委委员、总参谋长傅全有上将为温端生题
词："学习温端生同志崇高的革命精神，加强军队医德医风建设。"1996 年 7
月 3 日，南京军区给温端生同志追记一等功。

### 二、深藏功名　廉洁奉公

廖学经，1934 年 3 月出生，小松镇江口村人。1952 年 8 月加入中国人
民志愿军，在某部担任班长，开赴朝鲜参加抗美援朝战争。在朝鲜战场上，
廖学经多次荣获三等功，被授予"战斗英雄"光荣称号，获"中朝友谊勋
章""抗美援朝纪念章"。

廖学经战功显赫，在朝鲜历时 6 年戎马生涯，直到 1958 年转业才分配
到山西省大同市建筑公司工作。1962 年为了家乡的建设，他毅然放弃了条
件优越的城市生活，回到生他养他的故土小松镇江口大队，担任大队书记。
回乡后，为了改变家乡贫穷落后的面貌，使全村百姓过上好日子，他带领父
老乡亲发扬一不怕苦、二不怕累的精神，与天斗，与地斗，用军人的钢铁意
志，干出了一番事业。那时候，国家还不富裕，没有先进的机械设备，全凭
人们的双手，用最原始的劳动工具锄头畚箕，逢山开路，遇水架桥，修建了
5000 多米公路、3 座水库、600 多米灌溉水渠，开垦了 200 多亩荒地，封山
育林 3000 多亩，种植树木 2 万余株，改变了江口大队过去穷山恶水、靠天
吃饭的生存环境。

廖学经一家 7 口人，上有年迈父母，下有 3 个儿女。父亲常年患病卧床
不起，过早丧失劳动能力，而且每年还要支付不少的医药费。那时候 3 个
孩子均在上学，常常饱一餐饥一餐，3 个孩子的衣服都是捡别人穿过的旧衣
服，很少买新衣服。家里没钱买鞋，孩子几乎是光着脚丫上学。记得有一年
学校开运动会，很多学生都穿着运动鞋，但他的两个女儿都是赤脚上阵，但

廖学经（左一）给青年同志讲述革命经历

令人欣喜的是，姐妹双双荣获冠军，一时传为佳话。全家三代同堂挤在祖上留下的两间破旧的土坯房里。廖学经对自己更为苛刻，生活十分俭朴，常常抽的是经济烟，吃的是番薯渣，穿的是破旧衣。上级组织得知他生活如此艰难，几次送来救济款和慰问金，但他从来没有收过一次钱，更没有以退役军人身份向组织要过一分钱。他常说："国家有困难，不要给政府添麻烦，我们现在还好，咬咬牙就能过这个坎。"

廖学经不仅是"战斗英雄"、中朝友谊使者，更是人民的好儿子、廉洁奉公的好书记。

### 三、一身正气　一尘不染

陈泽民（1929—1997），丰山乡大琴村人。历任丰山区副主席、书记、高田区委书记、县农工部部长、县革委会副主任、县委常委等。

1952 年，时任丰山区公所副主席的陈泽民牢记党的宗旨——为人民服务，全心全意地为乡民群众排忧解难，常常工作到很晚才回家。非常注重调动和发挥中层干部的工作积极性，请大家出谋献策，集思广益，保持高效的工作氛围。后来，陈泽民改任岩岭水库建设指挥部总指挥，常常亲自实地勘察，遍走水库周围检查预案落实情况。其求真务实、抓根抓底的扎实作风，充分展现了一名共产党人的政治本色。

陈泽民与其妻李金秀育有 3 子 5 女，8 个子女皆为普通干部、职工或农民。平日里，陈泽民教育子女要做对国家、对人民有益的工作，要求子女"不可有特权思想"，绝不允许做以权谋私的事。

自 1978 年改革开放以来，国有企业一直面临种种冲击。进入 20 世纪90 年代，国有企业效率低下，面临重组局面，进而引起大量裁员的下岗潮。陈泽民的五女儿陈凤莲，原来在国企食品厂工作，1993 年赶上了下岗潮，失去了国企这份工作，成了一名下岗职工。1995 年，陈泽民的四儿子陈必连夫妇接连下岗，生计困难，于是与陈凤莲结伴到父亲面前表述家中生计困难，想求得一份工作。陈泽民却严肃拒绝了他们的请求："有手有脚，总能挣得到钱养活自己，完全可以靠自己的双手改善家里生活……我这里不允许以权谋私，你们不可以有特权思想……权力是人民给的，只能用来为人民服务。如果用来服务个人，那就是腐败！"一番教育，训得陈必连、陈凤莲两兄妹低下了头，不敢吭声。

事后，陈泽民的三儿子陈必廉背地里劝导陈必连、陈凤莲二人："爸一生克己奉公地工作，从未以权谋私，临到退休，你们却来找他为你们安排工作，这不是让咱爸晚节不保吗？咱们做子女的，可不能啊！"一番话说得陈必连兄妹俩羞愧不已，自那以后，陈必连、陈凤莲兄妹再也不敢向父亲诉求什么工作，而是谨遵父亲的廉洁训导，不敢再有"特权"思想，一切靠自己的双手去改善，去创造。

1997 年 6 月 30 日，陈泽民因病逝世。他对子女的"不近人情"，表现出一个优秀共产党员对家风的严格要求，让人肃然起敬。他一生做到了忠诚于党，服务人民，克己奉公，廉洁自律。

### 四、两袖清风　人民情怀

赖大南（1928—2010），字焰光，赣江源镇秋溪村人，祖辈世代务农，1949年参加工作，历任丹阳乡乡长、城关区副区长、县贸易公司经理、县商业局局长、县建设银行行长等职。1993年退休享受副处级待遇。

"站住，你不能进去！"有一次，赖大南到省城南昌参加全省的商业局长会议，赖大南下车后刚走到会议中心门口就被拦了下来。原来赖大南一身皱巴巴的旧衣服，虽然干净却浑身上下掩饰不住的"土气"，让门卫怀疑眼前这个"憨老头"是一个来此处凑热闹随意溜达的闲汉。虽然反复检查了他的代表证，但是仍不相信面前的人是一个县的商业局局长。后来，得益于省商业厅副厅长"及时做证"，赖大南才得以进入会场。赖大南的"农民做派"，就源于他始终恪守的权力观，即恪守赤诚为民、秉公用权的党员初心。

赖大南不仅举止像一位农民，其"作为"更像一位地地道道的农民。当时商业局掌管着全县主要的商业贸易，包括公家的供销社等商业机构，可谓"大权在握"，但赖大南却从不占公家一丁点便宜。用自己工资买最廉价的香烟，每天定量只有一包。遇上夜里加班烟瘾大，烟不够抽，赖大南也自有妙招，他按老家的办法把芋荷叶晒干在纸上卷烟，就是这样的烟，他吸得"津津有味"。

有一次，赖大南的妻子到商店用肥皂票多领了两盒肥皂，回家后妻子对他沾沾自喜地说起这事，但他非得让妻子又到商店退回去。

担任局长期间，有不少老家来的家属托他帮忙找个工作，每次都遭到赖大南的拒绝。亲友退而求其次，说家里实在困难，哪怕找个临时工干干也是好的。赖大南就把自己省吃俭用攒下来的一点钱和物资接济给亲友，并对他说："我的官是国家的官，我是人民的干部，又是一把手，如果我带头以权谋私，不坚持原则，工作还怎么做，队伍还怎么带。"老家来的亲属见赖大南言辞恳切，也不再提及找工作的事。

赖大南在职期间始终恪守清贫，艰苦朴素，保持秉公用权、克己奉公的公仆本色。退休后，他躬耕园圃，依然不失劳动人民的本色，直到 2010 年过世。

赖大南，这位不像局长的局长，实则是石城县众多人民公仆中的榜样和楷模的缩影。作为新中国成立后的第一代石城县青年干部，赖大南历经了属于那个年代的艰苦创业和发展时期，其农民做派正是深厚人民情怀的体现，正是其清廉担当品格的体现。

第九章

# 创业乐业　自立自强

有着"客家摇篮"之称的赣南石城，受深厚的客家文化的孕育和滋养，形成世代石城子民顽强进取、坚韧不拔的精神品格，以及达观向上、积善向美的品性。我国近现代客家族群的迁徙史，也是一部奋斗史、创业史，无数客家精英挥斥方遒，勇闯世界，甚至漂洋过海，开疆拓土，铸就了坚韧不拔、自强不息的伟大精神。

随着时代的变迁，尤其是改革开放以来，一批批石城儿女赓续客家祖先的精神，带着家乡特有的文化底色，走出偏远的小城努力追求理想。他们散布在全国各地的商业、科技、法律、文学艺术、文化体育等众多领域，凭着自立自强的精神，在时代的浪潮中奋力拼搏，建功立业，开辟新天地。

## 第一节　坚韧守正敢闯拼

坚忍守正，敢闯敢拼，是石城人奋斗精神中的鲜明底色。石城这个山多地少、交通不便、以传统农业为主的县城，想要摆脱贫穷，创业创富，只能走出去。从八九十年代开始，一些不甘贫穷、满怀理想的石城年轻人就背负行囊，到广东、浙江、上海、北京等城市打工，历经艰辛，慢慢地站稳了脚跟，积累了资源，就开始白手起家，自己办工厂，做企业，脚踏实地，守正创新，越做越大。创业路上，他们表现出来的坚韧忍耐、顽强拼搏、愈挫愈勇、刚毅前行的品格，成为一笔笔宝贵的精神财富。

### 一、从地质勘探到产业报国

李平，广州市天高集团董事长，江西省政协委员，广东省江西商会创会会长、现任名誉会长。从苍莽的赣江源头石城出发的赣南赤子李平，从合肥工业大学硕士研究生毕业时，正赶上创业热潮，他怀着青春梦想及对改革开放热土的向往，来到改革开放前沿阵地广东，从一名普通的地质队员做起，之后投身创业热潮，在这片激荡的商海中搏击，历练出了敢为人先的远见与胆识。30多个春秋，李平紧跟时代步伐，进军矿业、地产、环保等多个领域。

李 平

1992年邓小平南方谈话，再次激起了一批有识之士投身商海的创业热情。当过4年地质队队员的李平，决定和其他几名同事一起创业，创办了广州市天河高新技术开发区新材料有限公司，即天高集团的前身。几位合伙人都曾是勘探队队员，对铁矿熟悉，就做起铁矿石的贸易。万事开头难，公司成立不久，因业务量小等原因，一起下海的合伙人陆续离开。李平没有退却，而是迎难而上。为了谈成一单业务，拎着包站在业务员办公室门口等待数小时，业务员最终被李平的真诚与执着打动。

凭着李平的坚韧与追求成功的毅力，公司成功地取得了将广东梅县地区的铁矿石收购，发运至山东济钢的经营权，终于掘得自下海以来的第一桶金，并且此后慢慢形成一个长期的供应链关系。李平找准市场经济规律，奋力打拼，使仅成立三年的公司入围中国民营企业500强。此后，他将天高集团的产业链延伸至矿业、房地产、新材料、环保等领域，逐步发展形成拥有20多家全资或控股子公司、3000多名员工的综合性企业集团。

先进的科学技术成为企业腾飞的翅膀，天高集团以科技为抓手，为企业的发展添上智能化的色彩。早在1998年，李平就敏锐地进军环保领域，在南昌成立了天高环保科技有限公司，生产防渗土工膜。有一次，李平在一次"中国稀土之乡"赣州市龙南县黄沙村考察中，得知村里的河水污染严重，不能饮食也不能灌溉，沿岸皆是荒田荒土。他知道这种情况防是防不住了，只能从源头上解决。为了切实解决流域周围群众用水问题，接下来的几年，李平与中国科学院、广东地球化学研究所、江西理工大学等国内多家知名的环保科研单位达成长期的合作协议，以科研为切入点，带领天高集团环保板块研发出具有自主知识产权、世界首创的矿山稀土尾水处理技术。2018年4月，天高集团在黄沙村建立起一座现代化的稀土尾水处理收集站，总投资1.2亿元，每天可处理4万吨稀土矿山尾水。当地村民表示，处理站投入使用后，河水变得清澈了，种植的谷子也有收成了。2018年9月，江西省河长办宣布，全面实现省委、省政府提出的用一年时间消灭劣V类水的工作目标。李平带领的天高集团环保团队成为这场攻坚战中有力的参与者与贡献者，并以此为起点，将该技术带至全国各地，并攻破更多环保领域上的技术难题，为守护青山绿水贡献更大的力量。

润泽社会，情系桑梓。创业之初，李平就为企业定下"创造财富、产业报国"的使命。经历艰辛创业的李平，一直心怀大爱，回馈社会，帮助更多有理想、有抱负的人。2009年，李平联合一众优秀赣商创立广东省江西商会，他担任首任会长，确立"为会员服务、为国家尽责、为社会担当"的办会理念，为更多的在粤赣商提供返乡考察投资、交流学习和联谊等服务，使商会成为连接企业和政府之间的桥梁。据不完全统计，商会成立10多年来，组织会员企业返乡创业，总投资2500多亿元，使120多万人实现就业，为江西的经济发展、社会繁荣做出卓越的贡献。作为商会的创会单位，天高集团在返乡投资上不遗余力，从1992年开始，累计在江西投资50余亿元，并不断通过慈善公益将财富投入到社会福利项目中，累计捐赠助学、扶贫的社会公益资金多达6000余万元。他以实际行动成为引领示范的楷模，诠释了浓厚的桑梓情怀。

### 二、团膳中的世道人心

深圳很多科技企业、科技园、科研机构、高等院校的"大后方"，都有同一家做团膳的企业，它以高度的责任情怀、专业的工匠精神和科学规范的管理服务，为广大员工提供日常的餐饮服务，是工作餐，更是健康餐、放心餐。这家企业就是2004年在深圳成立的深圳誉兴饮食管理有限公司。经过20年的发展，公司已经实现集团化运作，旗下有36家子公司，员工1万余人，在全国拥有17个中央厨房、286家网点，服务世界500强及品牌客户586家，单餐人数超过190万人，年带动产业链收入突破130多亿元。

誉兴集团取得这样的辉煌成就，是集团董事长张北京顽强拼搏、勇于创新、勇担社会责任的结果。

张北京，深圳市团餐行业协会会长，深圳市赣州商会创会会长。出生于石城丰山一个小乡村的他，家里兄弟姐妹8人，自小家庭贫穷，经常吃不饱饭。1992年，张北京背负简单的行囊，从江西石城南下深圳打工。其间，他经历了所有打工者都经历过的坎坷与辛酸，做过勤杂工，打过零工，摆过地摊，当过食堂班长，甚至还遭受过更落魄不堪的境遇。后来，张北京在台商办的永新鞋厂找到一份勤杂工的工作，月工资只有180元。他任劳任怨，勤奋工作，由于表现突出，被提拔为厨房班长，张北京的人生事业就从这里开启了。他在这家企业兢兢业业工作的同时，努力学习厨艺和食堂管

张北京

理，特别是他不贪不占的品质得到企业上下的认可和好评。1996年，张北京辞去这份工作，带着身上仅有的 3000 元，去承包了一家企业的食堂。誉兴集团的事业，就从这家小小的企业食堂开始做起。

餐饮行业赚钱太难，风险也很大，张北京凭着坚强的毅力和顽强的精神，愈挫愈勇，在餐饮这条道路上越走越顺。经过 8 年的努力和积淀，2003 年誉兴集团成为深圳富士康科技集团食堂服务商。据说当年的富士康员工达到二三十万人，餐饮行业的竞争异常激烈，誉兴集团能够脱颖而出，可见已拥有了较强的实力和较好的口碑。这一时期，"创新是深圳的魂，是深圳的根"这一观念在深圳经济特区深入人心。业务规模越做越大，张北京却没有骄傲自满，止步不前，而是承载着深圳经济特区敢闯敢干、敢于创新的精神，在传统的餐饮行业不断开发、改进、提升。2009 年，他为公司引入了中央厨房，研发出了移动厨房实用新型专利，为现代智能化综合性餐饮服务奠定基础。2010 年，誉兴集团走向全国，武汉、郑州、成都誉兴分公司相继成立，其中郑州公司主要为郑州富士康科技集团提供团餐，并且进驻中国航天研究院、北京现代，迈出了团膳业务进入知名企业机构、大型园区的步伐，包括美的、格力、海信、迈瑞，以及南方科技大学、深圳大学、深圳北理莫斯科大学、香港大学、深圳医院等在内的国内知名企业机构及院校，都成为誉兴集团的合作伙伴。2023 年，张北京在南方科技大学餐厅开业仪式上深情地对员工说："我没有要求大家为公司创造多大的利润，但是一定要为他们服务好。我听到一位老师说，他在餐厅里终于看到学生的脸上有了笑容，我认为这就是我们的价值。说句心里话，做团餐，不是高科技，只要用心用情，用我们的餐饮业的工匠精神，就一定能够做出令人满意的餐。"这番话虽然朴素，却道出了誉兴集团快速发展壮大的"秘诀"。

2016 年，张北京投身"学生营养改善计划"，启动学生营养餐"百县大战"，开始"二次创业"。中小学营养餐工程是国家的一项民生工程，更是一项利于国家长远发展的民族振兴工程，誉兴集团投身于此，展现了张北京强烈的事业心和社会责任感。如今，誉兴集团的学生营养餐在江西、广西、贵州、湖南、新疆、四川、山东、云南等 20 多个重点省区，服务超 70 万学生。

誉以载道，兴达天下。深圳石城商会会长高树参观了解誉兴集团近 20 年的发展历程后，由衷地赞叹道："张北京在团膳行业拼搏和沉淀，坚守朴素的世道人心，把一种坚持、一种执着、一种情怀融入企业发展过程当中，紧跟时代步伐，持续创新发展，淬炼专业专注的工匠精神，以更大的魄力傲立行业先锋。"

## 第二节　笃敬专注重信义

石城人的实诚，很多时候会被人误解为"笨拙"，但事实是体现在工作和事业当中，就是笃志专一，讲信义，守本分。从很多石城优秀的工商企业家、知识分子、乡村贤达那里，都能看到"治国、平天下"的雄心抱负，在做好一个"实诚"人的同时，希望做出一份"实诚"的事业，那就是匡世扶危、守护大义的社会情怀和历史责任。

### 一、怀法典诗心，拓律法疆域

深圳律师行业发展历史资料显示，1990 年深圳市共有 13 家律师事务所，律师 109 人。这一年，石城籍青年才俊高树从中南政法学院研究生毕业，深切感受到深圳改革开放的火热氛围，听说"在深圳做律师是一件非常了不起的事"，便下定决心南下发展，分配到深圳市司法局律师管理处，并参加了当年的律师资格考试，成为深圳第 119 名律师。仅两年后，也就是 1993 年，他到深圳国际商务律师事务所工作，开始了深圳律师从业生涯，不久便开始参与创办华商律师事务所。

回忆起这段经历，高树说，之所以筹划创办华商律师事务所，那是因为 1992 年，深圳开始酝酿律师制度改革，他在司法局律管处参与了这项工作的筹划，知道律师业将面临重大改革，感觉这会是他人生中的一个重大转折。到深圳国际商务律师事务所后不久，深圳果然争取到了在全国率先设立合伙制律师所的政策。机会总是留给有准备的人，高树就和所里几个同事一起申办合伙所。1993 年 9 月，全国首批 12 家合伙制律师事务所在深圳成立，高树参与筹划申办的华商律师事务所即在其中。如今，经过 30 年的稳健发展，华商律所成为国内最具规模的综合性律师事务所之一，正式设立的分支机构 48 家，各类专业人员 3000 多人，其中合伙人律师 256 人，执业律师 2500 人，位列全国前 10 名的律师事务所，被国家司法部、全国律协评为"优秀律师事务所"。从一开始的创始合伙人，到后来担任主任 20 多年，高树发挥自己的专业优势，集中力

高　树

量办案，业绩在所里始终排前一二名，其中有许多案件还是在业界颇有影响的重要案件。

高树接任华商律师事务所主任后，将精力放在律所的战略发展、参与到社会治理和行业改革事务当中。在这一时期的律师执业过程中，从 2003 年起，高树连续担任第四、第五届深圳律师协会副会长，第二、第三届深圳律协党委委员，第二、第三届深圳律师工会主席，特别是参与并推动了第四届律协公推直选改革，同时，他还对法治理论和实践进行了认真的观察和思考。高树从 2005 年开始担任第四届、第五届深圳市政协委员（兼任政协社会法制与民族宗教委员会副主任）以来，主要关注和推动的就是深圳法治建设，比如对于政府规划关于法治的建言、对政府法治建设指标体系的相关建议、深圳经济特区立法权在新时期的转型、依法构建基层社区等，他研究撰写的"关于建设法治深圳的相关建议"被深圳市政府纳入"十一五"发展规划。

2014 年，经过公推直选和激烈竞选，高树担任深圳律师协会会长。在竞选中，他说要做"五最会长"：最敢于创新的会长、最勇于担当的会长、最能跑腿磨嘴的会长、全国最接地气的律师协会会长、全国最公正透明的律师协会会长。在任职期间，高树高瞻远瞩的视野、海纳百川的胸襟、专业律师的形象、平易近人的作风给深圳律师留下了深刻的印象。在他的带领下，深圳律师业发展突飞猛进，截至 2022 年 12 月底，深圳市共有执业律师 21995 名，律师事务所 1174 家，专职律师数量和律师事务所数量均位居全国第三。

在此期间，高树还与王石搭班子，担任深圳社会组织总会监事长，同时还担任广东省法官与检察官遴选委员会委员。直至目前，高树还担任深圳前海"一带一路"法律服务联合会执行会长、深圳前海国际商事调解中心理事长、江西商会监事长、赣州珠三角流动党委第一副书记。

高树在律师行业可称得上一棵顶天立地的"高树"。从大学法律专业研究生毕业后分配到司法行政机关从事律师行政管理，几年后到国办律所，再到创办合伙制律所，高树从律师做到律所主任，从律协副会长做到会长，经历并参与了深圳律师行业大部分改革事件，见证深圳律师行业发展的辉煌历程，至今还在律师行业发光发热，积极推进合规体系建设，为深圳一流法治城市建设作出了应有的贡献。

2018 年 5 月 19 日，深圳石城商会正式成立，广东华商律师事务所主任、首席合伙人高树当选为深圳石城商会会长。他表示，有一种情怀叫石城，他将引领深圳石城商会为在深创业的石城老乡建一个家，为会员企业交流沟通搭建一个平台，凝聚力量，整合优势，合作共赢，与会员一起为特区经济新一轮发展和回馈家乡贡献自己的力量。

2020 年 8 月 26 日，深圳经济特区建立 40 周年，深圳新闻网推出 24 小时大型直播活动"我们都是奋斗者"。高树在直播中，回顾了深圳律师行业发展历程，他说："我一生最想做的就是律师，我想我这一生能做的也就是律师。我在深圳 30 年了，对深圳律师事业的发展很有感触，也对这个行业、对这座城市充满了感激。"

有人评价高树为"法律界最会写诗、诗人中最懂法律的人"，这并非戏言。他先后出版《苍天瘦》《树对风的回忆》《我们如此深爱》《我凝望流水》等 4 部诗集。他的诗歌公众号"乔树的探戈"（原名"乔树的声音"）阅读量超过 200 万人次，拥有超过 30 万的粉丝。另外，他还出版了长篇小说《拒绝辩护》、文集《沿着法治的方向》《律师的荣耀》等。从诗集《苍天瘦》可以看出，高树的"高"，就在于他既洞察律法的现实，窥探真相和真理，又穿越诗歌的林海，领略深邃与阔大；就在于他很早就体悟到了两者的一致性。法律，让高树接近现实，理解现实；诗歌，也让高树超越现实，敬爱现实，正如他自己所言，他是一个致力于实践的理想主义者。

## 二、以法治推动生态文明建设

重庆大学法学院院长黄锡生，是一位致力于生态文明建设的法学专家。

他积极探索生态文明法治前沿理论问题，为生态文明立法建言，进行司法释疑，提供实务指导，在我国生态法治领域作出了卓越的贡献。

1995 年 7 月，黄锡生调入重庆大学工作，主要从事环境资源保护法学、能源法学、民商法学、经济法学的教学与研究。凭着刻苦钻研的精神和深厚广博的专业素养，黄锡生不断完善自己的理论体系和知识结构，致力于创新性的研究，1999 年出任全国环境资源法学会常

黄锡生

务理事，走上了环境与资源保护法学的学术研究之路。在他的推动下，重庆大学成功申报环境与资源保护法学的博士学位点，成为我国西部地区环境资源法学的研究高地。他担任重庆大学环境与资源保护法学科带头人，重庆市人文社科重点研究基地——西部环境资源法制建设研究中心主任等职务，2014 年出任重庆大学法学院院长，带领学校环境资源法学科进入了我国环境法学研究的前沿高地。

作为我国较早从事环境资源法研究的学者之一，黄锡生数十年如一日，始终耕耘在生态文明法治建设和实践这片新兴的热土上。他积极开展生态文明法治的基础理论研究，查阅大量国内外相关法典文，跟踪观察全国各地在生态环境保护过程中遇到的法学问题，参与各种与生态文明相关的科研活动，出版学术专著，编著教材。公开发表学术论文 200 余篇，其中被人大复印资料转载或被 CSSCI 期刊收录 120 余篇。主持完成国家社科基金重大项目"生态文明法律制度建设研究"等 2 项，国家社科基金一般项目 2 项，司法部、最高人民法院、教育部等省部级以上重大重点项目 20 余项，获省部级科研奖 10 余项，极大地促进了我国环境法学研究的发展。

黄锡生提出的资源社会性理念、生态利益衡平理论、水权制度理论、跨界河流生态补偿理论、荒地治理理论等一系列新观点，为开拓、巩固和完善我国生态文明法治建设提供了坚实的理论基础。2011 年，外交部边界与海洋事务司邀请黄锡生就国际水域利用的生态补偿原则进行详细解读；2017 年，水利部国际河流处邀请他就国际水域利用的争端解决议题提出对策建议；2018 年水利部国际经济技术合作交流中心到访重庆大学法学院，就跨界河流争端的解决向黄锡生和他的研究团队征询意见。

除了理论研究，黄锡生还长期致力于推动我国生态文明的立法进程。他担任中国法学会理事、中国法学会环境资源法学研究会副会长、国务院发展研究中心智库专家、重庆市委法律顾问、重庆市人大常委会立法咨询专家、重庆市人民政府立法评审委员等社会职务，参与国家和地方立法咨询上百次。受国家林业局委托，领衔起草了《林业行政执法全过程记录办法》草案，获国家林业局审查通过并采纳。他运用生态文明法治理论研究积淀，为《环境保护法》《大气污染防治法》《森林法》《电力法》《行政复议法》等环境法律法规的修订和完善建言献策，为我国的生态文明法治完善和生态文明建设贡献了智慧和力量。

"法古今圣贤修身养性，学中外智慧治国安邦"，法律人无论身处何处，都永远是治国安邦的主力军。在黄锡生看来，法律人必须德法兼修，时刻保有公平正义的理念，争做德才兼备、有社会担当的法律人才。

### 三、"螺丝王国"的工匠精神

来自赣南石城的黄勇粦（又名张小勇），原本与苍莽群山、碧水田畴相伴，似乎与螺丝风马牛不相及。然而开放改革的大时代让他们兄弟几人的生活场域蒙太奇式地切换到了前沿城市深圳，从此与螺丝结下不解之缘，并开创了一个远近闻名的铨圣"螺丝王国"。

1994 年春节过后，石城丰山沿沙村的黄勇粦收拾行囊背井离乡，来到深圳福永，进了一家港资螺丝厂。从学徒做起，每天工作 12 小时，工资才 6 块钱。虽然工作很累，但黄勇粦并不觉得苦，潜心向师傅学习技术。一年后，他跳槽到另一家螺丝厂，当上了技术师傅，工资涨了近 10 倍。而此期间，二弟黄江涛和三弟黄健粦也来到了广东。巧的是兄弟四人分别布点在不同的五金厂，二弟、三弟在深圳沙井进了港资和台资五金厂，跟随专业的师傅学习技能和管理经验。在工休见面时，黄勇粦总是给弟弟们鼓劲，希望他日能创下一番事业，在深圳站稳脚跟。

黄勇粦

　　1998 年，在五金螺丝行业做了四年后，黄勇粦心中的创业梦想像春天的柳芽一样萌生了。他带领四兄弟在深圳松岗成立了精威螺丝厂，创业之初，客户资源和市场定位是个难题。一次四兄弟聚在一起商议，最终决定做投资少、精密微型的小螺丝，主要用于眼镜、钟表、相机。四兄弟根据个人专长，既各自分工，又相互协作。作为兄长的黄勇粦，负责总体的事务和规划，大弟主要负责生产，二弟负责技术，三弟负责市场开拓。

　　五六年后，眼镜、钟表、相机等工艺越来越精致化、简约化，意味着原有螺丝厂的设备、工艺和场地，都面临升级。在几年的发展中，黄勇粦几兄弟也感觉到个体工商户很受限制，于是 2003 年成立了深圳市南方精工金属制品有限公司。

　　随着市场和业务的拓展，原来松岗租赁的厂房难以满足生产需求。2006年，黄勇粦与兄弟们想找个地方自建生产工厂，在朋友的引荐下，来到东莞的大朗考察，签订了一块约 10 亩的工业用地，马上投入建厂。花了 1 年多时间，一幢占地 1 万多平方米的崭新厂房建成。2008 年春季，公司从深圳整体搬迁到东莞自建工业园区。随着企业规模的扩大，以及市场产品工艺的升级与更新换代，黄勇粦开始思考如何创新与提升。

由于公司产品的质量和信誉在业界广受认可，同时经同乡企业家张北京的推荐，2009 年公司与深圳富士康科技集团开始合作。与世界 500 强科技企业达成合作意向后，黄勇粦几兄弟倍感振奋，同时也感到了压力，于是提升公司的生产设备质量、专业技术人员素质，经过多次产品验证，逐步提高企业产品品质要求和标准，公司最终得到客户们的认可。

此后，随着苹果手机新品的推出，公司迎来了高速发展期。黄勇粦公司与富士康也达到紧密合作的高峰。公司迎来突飞猛进的好时期，生产工人一度达到 600 人，年产值数亿。企业又一次扩大规模，几兄弟在东莞大朗着手建了第二家科技产业园，在精密五金行业闯出了一片天地，一跃成为享誉业界的"螺丝大王"。

即便如此，黄勇粦对待产品及专业技术的要求，从来不敢松懈。"一钉损一马，一马失社稷！"在现代高精尖的科技领域，也是如此，只要一颗螺丝稍有松动，后果就不堪设想。黄勇粦认为，一个细节的疏忽，会误了大事，甚至误民误国。螺丝钉虽小，但其作用不可忽视，从事这一行，一定要养成精益求精的品质和精神。

数十年从事精密五金行业，使黄勇粦几兄弟养成了行大于言的独特品格。作为铨圣科技公司的领头人，黄勇粦深知细节决定成败的重要性，并将"失一钉，失一国"作为企业格言镌刻在文化墙上，意在让每一位企业管理者、技术人员，甚至每一位员工，都要养成一丝不苟的品格，谨守钉子精神。

如今，铨圣科技集团已经集精密、科技、电子、智慧园区为一体，下有铨圣科技（香港）有限公司、赣州铨圣科技有限公司、东莞钰名圣科技有限公司、铨圣科技（东莞）产业园有限公司，并锐意创新，勇立潮头，以其专业的研发团队、精湛的技术水平，争做精密五金的领航者。

# 第三节　勇毅前行求创新

毋庸置疑，很多企业家都是从小县城走出来的。伴随着改革开放的春风，石城走出了许多知名企业家，甚至在前沿科技领域也有很多石城人的身影。

### 一、演绎中国 AI 制药的"硅谷故事"

近年来，深圳大力推动综合性国家科学中心建设，打造全球产业科技创新中心，吸引了一大批在国外的中国籍科学家创新创业，智能机器、新能源汽车、生物医药等前沿科技领域迅速发展，冲出了不少行业"黑马"，演绎着"中国硅谷"的创业故事。

温书豪的创业故事，带有浓厚的"硅谷"色彩。2014 年 9 月，在麻省理工学院一个连窗户都没有的小办公室里，正在做博士后研究的温书豪与同样具有量子物理学背景的马健、赖力鹏两位中国年轻人经过慎重的讨论，决定创立一家名字叫作"XtalPi"的以计算驱动创新的药物研发平台型公司。XtalPi是一个充满科技感的名字，代表这家公司年轻和创新的风格，Xtal 代表的是公司推出的首个算法——晶型预测里的Crystal，Pi 则代表着圆周率，意蕴着从物理和数学角度切入，解决工业问题。如今，晶泰科技已发展为一家以量子物理、人工智能（AI）和机器人驱动创新

温书豪

的研发平台型企业。基于这一独特的技术组合，晶泰科技建立了智能算法与自动化实验相互印证、相互促进、高度互补的研发平台和技术优势，为药物和新材料的设计与发现提供智能化、自动化的解决方案，覆盖生物材料、农业技术应用新型化合物、新型化学表面活性剂和催化剂，以及化妆品和保健产品等领域。

深圳是企业创新的沃土，这里从来不缺资本，而是缺好的项目。2015年，中科院博士，美国加州大学、麻省理工学院从事博士后的石城青年温书豪决定回国继续发展时，首选地就是具有"中国硅谷"之称的深圳，于是注册成立了深圳晶泰科技有限公司，担任公司董事长，致力于使公司成为由智能化、自动化驱动的创新研发平台型科技公司。创办之初，晶泰科技公司仅有4张办公桌，半间办公室。2016年初，晶泰科技公司成立几个月，便成功获得了腾讯2400万元的A轮投资。后来马化腾对温书豪说，"你们做这个事情，是有社会效益的"。此后，晶泰科技公司加大AI投入，不断增加算力，持续拓展技术和平台，解决制药链条当中的痛点问题。2016年底，晶泰科技团队有幸获得了参加全球著名药企辉瑞内部盲测的机会，并凭借算法的准确度和效率从全世界多家顶级机构和公司中脱颖而出，获得国际药企客户的青睐，也一举打开了欧美药物研发的市场。从此，温书豪和他的晶泰科技公司声名大噪，资本闻风而来。2020年9月完成的3.19亿美元C轮融资，创下全球AI药物研发领域融资额的最高纪录。2021年8月又获得4亿美元的D轮融资再次打破纪录。谁也没有想到，短短七八年，晶泰科技就已然成为AI药物研发领域的"独角兽企业"，2024年6月，晶泰科技以QuantumPharm（2228.HK）的名字登陆港交所主板，成为港交所18C特专科技规则下首家成功上市的企业，也是港交所AI+机器人第一股，具有里程碑式的意义。

基于前沿的AI药物发现解决方案与智能自动化实验解决方案，晶泰科技已为辉瑞、强生、德国达姆施塔特默克集团、中国正大天晴药业、长江生命科技、韩国大熊制药等全球 300 多家生物技术与制药公司及研究机构提供服务，其中包括 16 家全球排名前 20 的生物技术与制药公司（按 2022 年收入计）。晶泰科技拥有顶尖的科研团队，并长期注重研发的底层基础设施建设。在深圳、上海、北京、波士顿的 700 多名员工中，有 500 多名科学家和技术专家，拥有一支横跨物理、化学、生物、算法、云计算、自动化等交叉学科的团队，打造了算法及流程、研发数据、领域知识深度融合的一站式解决方案，建立了独特的技术壁垒与竞争优势，海外业务加速增长。其自主研发的机器人自动化解决方案，有望成为智能化学领域的新一代实验基础设施，以更具效率、更准确、可扩展的方式提供稳定可靠的数据和结果，替代大量人力劳动，推进产业的自动化、智能化升级。

**二、体育运动品牌的领跑者**

在广东东莞、浙江温州、福建泉州等地区的纺织、服装、鞋帽制造领域，活跃着大量来自石城的创业者，他们凭着激昂的干事创业精神、实诚的品质风格、独特的创新理念，在前有标兵、后有追兵这样异常激烈的市场竞争中占有一席之地。珠坑乡人曾德强和他的江西新百伦领跑集团，坚持自主创新，追求精工品质，恪守诚信经营，用领跑精神和创新理念成功打造"新百伦领跑"品牌，冲出运动领域的"领跑速度"，成为体育运动品牌的领跑者。

从只身打拼到自主创业，曾德强闯出了属于自己的一片天地。1994 年，年仅 17 岁的曾德强凭着一股敢拼敢闯的韧劲，只身来到福州打拼，先后在福建三丰鞋业、福建晋江凤竹集团上班，干过一线工人、生产线线长、车间主任，一直干到副总经理、厂长。2006 年，经过十几年的打拼，积累了丰富经验的曾德强怀揣着"做中国 NIKE"的梦想，开始自主创业，创办了第一家自己的公司——广州蓝鱼鞋业有限公司，担任董事长，凭借自身努力与抓住鞋服市场的每一次机遇，首战告捷，产品出口国外，年产量达两百万

曾德强

双，鞋产业上的资源积累，也为新百伦领跑的诞生积蓄力量。

虽然曾德强是技术工程师出身，但驰骋泉州、晋江等鞋业前沿地带和长期的企业经营管理实践，使他成为"最先听到炮声的人"，他对于全球鞋业发展极其敏锐，更善于审时度势，抓住机遇。2013年全球"N"字鞋市场兴起，曾德强先生敢为天下先，整顿思路投入行业，开始寻觅更合适的道路与更广阔的未来。2014年国务院印发了《关于加快发展体育产业促进体育消费的若干意见》，这个被誉为具有标志意义的46号文件，提出要营造重视体育、支持体育、参与体育的社会氛围，不仅将全民健身上升为国家战略，同时还明确提出到2025年，体育产业总规模超过5万亿元，成为推动经济社会持续发展的重要力量。

曾德强很快就意识到，全国健身运动、体育产业大发展的时代迅速来临了，运动服饰、运动鞋将形成巨大的消费市场，特别是兼具时尚、科技、人文元素的专业运动鞋一定会备受年轻人的喜爱。曾德强抢抓商机，加大研发投入力度，致力于为消费者提供更舒适、耐用、健康、符合人体工程学的产品，以更具时尚潮流风格的元素及设计手法，构建产品吸引力与生命力。累计获得专利38项，其中发明专利12项，拥有量领跑国内同行业。通过科技手段将消费者足部三维数据化，建立消费者足型大数据，驱动后端的柔性生产，形成了私人定制的全生命周期解决方案，实现了鞋履制造向个性化、数字化、柔性化、大规模标准化定制转变。

每一位成功的企业家都与一家企业或者一个品牌紧紧地联系着。曾德强提出的"每一步，都是新的未来"的品牌口号，确立了"中国轻运动品牌领跑者"的品牌使命。在他的带领下，旗下品牌获得长足发展，受到社会各界的肯定。

企业的发展壮大与成功，时刻考验着企业家的战略眼光。新百伦领跑厚积薄发，进入快速发展的基业开创期。然而，具有 20 多年从业经历的曾德强却更加冷静，他看到喜人的成绩的同时，也看到了行业发展隐忧，开始思考新百伦领跑的未来。2013 年前后，中国鞋业在达到发展高潮之后，很快进入调整期和徘徊期，市场跌宕起伏，鞋企前路迷茫，品牌竞争加剧，各大品牌竭尽全力打响市场"保卫战"。2015 年，在石城县大力实施"赣人兴赣""赣商回归"的感召下，他毅然回到家乡石城，创办了新百伦领跑集团。2018—2020 年间，新百伦领跑集团在古樟工业园建设 600 亩智能鞋服工业园，总投资 23 亿元，推动石城县做大做强鞋服产业，全面带动石城经济发展。

### 三、中国新派茶饮文化开拓者

一杯奶茶的小小生意，却衍生出富有浓郁中国文化符号的新式茶饮，成为行业中的新标杆，产品热销国内国际市场，这是来自石城大由一个偏僻山村的陈根福的故事。陈根福作为中国最早的一批奶茶饮品从业人员之一，20 余年来经历了整个新式茶饮行业的跌宕起伏，终于建立了自己的茶饮品牌和生态产业链。

2008 年，陈根福进军当时鲜为人知的奶茶饮品行业。在他的带领下，陈根福从上海到山东，开辟了北方市场，开启了他的奶茶饮品生涯，成为众多当时知名品牌的省级代理商。正是这个大的转变，让陈根福拓宽了视野，因所代理奶茶品牌的上游是德国企业，对接的是德国著名的德乐集团，陈根福接触到了国外更多优质的产品，并做了一年多德乐集团茶饮渠道的总代理，陈根福感觉到中国奶茶在国际市场大有可为，于是更加坚定地从事这个新兴的行业。

陈根福（右二）

来山东刚站稳脚跟的那个时候，他就开始考虑全局，考虑如何打造自己的竞争力。在贸易商都还在卖货的时候，他就开始考虑做服务商，在行业内率先开设饮品体验中心，让客户免费品尝，免费培训；在大家都在手写库存单、盘算利润时，他在行业内引入 ERP 专业系统，让生意数字化；在大家在低价抢客户的时候，他在布局全盘，在山东 12 个地级市设立直营服务分公司。经过几年的不懈努力，终于做成了全国奶茶贸易行业的翘楚。在贸易生意风头正劲之时，他却重回上海，组建研发团队，创立大由实业（上海）有限公司，并担任总经理，开始布局实业、布局全球业务。2013 年开始在上海、浙江创办工厂，自己生产研发茶饮材料，真正开启了新中式茶饮的研发—生产—销售一条龙模式。

2018 年，在石城县政府领导的大力推荐和支持下，他回到石城创办了江西德都食品科技有限公司，开启了全生态链条的实业之路。家乡赣南丰富的生态和农产品资源，无疑成为他大展身手的沃土，德都从选种、种植开始，开启了全生态产业链的模式。2020 年冬季，德都公司携新品先后参加了广州国际餐饮博览会、上海 HFC 环球进口食品展，探索茶饮新世界，主打推出了赣南脐橙系列产品、石城槟榔芋系列产品，挖掘地域特色传统食材，展示东方新式茶饮的魅力，纯正天然的品质，受到国内外宾客的喜爱。2023 年又主推石城白莲，6 月参加 Hotelex 上海展，携国风新品亮相，其中"白莲玉芙蓉、荷塘芋色"系列产品，成为展会的顶流新品。随着"一带一路"倡议的引领，中国茶饮也开始走向世界，德都产品以中国元素、江南特色为基调，选择了赣南脐橙系列、石城白莲、槟榔芋系列等代表性产品，以及石榴汁、山楂汁、魔芋晶球等经典产品，频频走出国门，向世界展示和传播中华茶饮文化魅力。"成为全球知名的中国饮品配料生产商，让中式茶饮文化传遍全世界"，正是怀着这一执着信念，陈根福带领大由国际开始布局全球，不断在国外市场进行拓展。疫情 3 年期间，在市场拓展受限的情况下，公司悄然布局，完成了"大由国际"全球 100 多个国家商标的注册和食品认证工作。近些年也陆续拓展海外市场，亚洲各国已实现全覆盖，而且产品已销往美国、加拿大、英国、南非、肯尼亚等国。

在陈根福看来，中国茶饮品牌的自信，是源于中国文化的自信，中国茶文化本来就博大精深，随着时代的发展，年青一代的口味和习惯与奶茶很好地融合在一起，赋予了奶茶更多的文化内涵。陈根福正以独具韵味的天然品质和中国文化符号，追求探索着新中式饮品的新世界。

### 四、全球风味轻食面点的开创者

一张轻薄酥脆的手抓饼，不但满足了都市人的味蕾，而且做成了走向全国乃至海外的大事业。说起大由大食品的，人们不由得想到创始人、上海江西商会副会长、长三角石城商会会长熊传金。从石城大由乡村走向大上海的熊传金，经过起初的艰苦拼搏之后，于 2015 年创立了公司。别出心裁的是，公司从生产手抓饼起家，扩大到现在品类繁多的面饼轻食，在赣州、沈阳、西安、成都、昆明、武汉等城市建立生产基地，拥有 20 余条生产线，员工上千余人，年产手抓饼可达 12 亿张，致力于成为全球风味轻食面点开创者。

熊传金

熊传金说："我的梦想是把中国的手抓饼做好，做成世界级的，走向全球。"

手抓饼口感酥脆，味道鲜美，烹饪灵活简单，在快节奏的城市中，非常适合人们的日常生活。2008 年，有一定积累的熊传金瞄准手抓饼这个行业的市场需求，成立大由大食品公司，开启了新的创业项目。金碑银碑，不如老百姓的口碑，对这张小小的手抓饼，熊传金下足了功夫，在原材料选用、绿色安全生产、品味口感外观等方面，坚持品质化、标准化、品牌化发展道路。功夫不负有心人，熊传金将老百姓这一日常食用的手抓饼做出大市场，成为全国各地人们乐意享用的美食，提升了江西小吃的形象。

2011 年后，随着冷冻食品流行和设备技术进步，实现了手抓饼全流程自动化制作，无论是在学校、公司、医院还是商场，都能看到它的影子。手抓饼是较早爆发的冷冻米面类轻食产品，从 2013 年之后，越来越多的企业涉足这个行业，就连"三全""思念"等一线品牌也纷纷布局目前手抓饼品类市场规模超 100 亿，市场竞争日趋激烈。

如何把企业做大做强，做成手抓饼及面饼行业的知名品牌，是熊传金思考最多的事情。他认为头一件事情，就是做"好"这张手抓饼。一粥一饭，当思来之不易；一面一饼，事关幸福大事。随着人们对高品质生活方式的追求，绿色健康成为很多消费者关注的重点。只有不断地进行产品创新，才能保持发展活力。在做好手抓饼的基础上，熊传金努力研发更多的面饼，几度升级改进，形成了面饼大家族，不断满足人们日益增长的对美好生活的需要。从墨西哥鸡肉卷、葱油饼、印度煎饼、比萨饼，到各色家庭 DIY 饼食等，大由大面饼家族成员越来越多，人们餐桌上多了不少新的选择。

新产品，需要新技术、新工艺和新设备，熊传金加大了企业生产的升级改造。建成了超 1000 平方米的标准化研发室、化验室，并建有精密仪器室。同时在长期实践积累中培养了一支从事速冻手抓饼、墨西哥卷饼等饼类产品研究方面经验丰富的专业团队。此外，为实现现代化标准化冷冻食品生产，自主设计创新了无尘和面车间和真空和面系统、连续恒定蒸发系统等工艺工程技术，克服行业难题，率先实现全流程自动化和机械化作业，多项技术为手抓饼行业首创，大由大也因此成为国内规模最大、标准最高的手抓饼工厂。

好品牌需要好渠道。创业伊始，熊传金以大气谦和、开明睿智的个人魅力，努力整合手抓饼的众多小制作商，形成发展合力，并快速在全国布局，很快打开销路。2015 年，熊传金将江西大由大食品科技有限公司的运营总部设在国际金融中心——上海，同时在沈阳、西安、成都、昆明、武汉等城市建立生产基地，进行集团化运作，确立了"全球风味轻食面点开创者"这一企业定位，不断开拓直销渠道，产品遍布全国。2018 年，在石城县乡贤返乡创业大潮中，熊传金率领大由大集团毅然回到家乡，在石城县小松工业食品园新建工厂，占地面积达 96 亩，投资近 2 亿元，并于 2020 年 7 月份建成投产，为乡村振兴和县域经济发展作出积极贡献。

## 第四节　文体之光辉桑梓

耕读传家是客家人的优良传统，在崇文重教、知书达理的传统文化影响下，在文艺、体育领域，石城走出了一批在全国知名度很高的艺术家、运动健儿，打造了一张张赣南的文化名片。

### 一、《八子参军》，撑起长风浩荡的戏剧舞台

温何根，历任赣南歌舞团编剧、赣南戏剧创作研究室副主任、赣州市

温何根

群众艺术馆馆长，共创作43部大戏和47部小戏，硕果累累。他创作的大型采茶歌舞剧《八子参军》荣获第十二届"五个一工程"奖等多项殊荣，大型采茶歌舞剧《永远的歌谣》获中宣部十四届"五个一工程"奖等。

1968年，大学毕业的温何根分配在赣南文工团任专职编剧，开启了他的戏剧创作生涯。他创作的第一首歌就是《红井水》，这首歌被歌唱家葛军从赣州唱到北京，从北京唱到了亚非拉。后来他又创作了众多小戏，以及大型歌剧《飘蓬》等。1986年，温何根被调任赣州市群众艺术馆馆长，一干就是15年，在管理岗位上付出了美好的青春年华，也开启了他另一种艺术人生。在此期间，温何根的专业论文《文化馆量化管理方案的构建》在业界引起很大反响，并在全国各地引入实践，之后还荣获群星奖金奖等。

2010年末，温何根在深圳女儿家与孙辈享受天伦之乐。一天，突然他接到赣南歌舞剧院院长的电话，说赣州市委决定在2011年11月8日中华苏维埃共和国成立80周年之际，献演一台以八子参军为题材的大型戏剧，点名要让他担任编剧。

时间紧迫，只给4个月的剧本创作时间。温何根二话没说，立马回到了老家石城高田闭关创作。此时的他，丝毫未曾料到此次备战的《八子参军》会成为他一生戏剧事业的巅峰之作。在家人的悉心照顾下，他日夜奋战，经过4个月的努力劳作，大型赣南采茶歌舞剧《八子参军》剧本如期完成。

紧接着谱曲，排练，终于赶在中华苏维埃共和国成立80周年之际如期演出。真实的现实题材、震撼心灵的家国故事，令人们重温国共战争时期赣南苏区人民舍命支援红军的感人场景，感受赣南百姓质朴而又高尚的情操，以及胸怀大义、舍生忘死的奉献精神。当时剧场时而鸦雀无声，时而哭泣声一片。该剧一举大获成功，好评如潮，获得中宣部第十二届"五个一工程"奖等重要奖项。2013 年进行全国巡演，开创江西省地方戏曲全国院线签约巡演的先河。之后又走进北京，在全国政协礼堂连续演出 7 场。后再走进赣南高校，成为师生必看的经典红色题材剧目。《八子参军》打造了赣南苏区的一张厚重的文化名片。

人生如戏，2012 年 10 月温何根刚参加《八子参军》获中宣部"五个一工程"奖的表彰大会上回来，11 月就上了手术台，切除了一个恶性肿瘤。当时赣州市正征集苏区干部好作风的创作题材，在与化疗的痛苦作斗争的过程中，温何根的创作灵感又触动了。有一天他对老伴说，自己有了一个大戏的构思。老伴惊奇不已：你什么时候构思的？他淡然笑道：打点滴时。

出院半个月后，温何根就向赣州市委宣传部提交了一万多字的创作大纲，剧名为《永远的歌谣》。几经周折，2014 年 2 月 26 日《永远的歌谣》正式公演。北京来的几位专家给予了极高的评价，北京人艺著名编剧刘锦云说："这部戏写了人、写了人性，将一个宣传品写成了艺术品，将一个奉征之作写成了传世之作。"该剧被列为国家艺术基金 2015 年度大型舞台剧资助项目，并参加中国戏剧节，获得中宣部第十四届"五个一工程"奖，先后在国家大剧院及各省市演出 100 余场。

温何根说，他的一生几乎都浸透在戏剧的情境里，而人生晚年（68—78岁）竟是自己戏剧人生中的黄金十年。如果将这一生比作一部戏，《红井水》是序曲，量化管理是插曲，《八子参军》是精心组织的戏剧高潮，《永远的歌谣》是韵味悠长的尾声。如今，已是耄耋之年的温何根，还不时有精品面世。2022 年，以石城革命故事为原型的小戏《七根火柴》在当地首演，故事荡气回肠，感人肺腑；2023 年夏天，由戏曲《奶妈》改编的舞台剧《兰妹子》入选江西艺术基金重点剧目，在江西南昌首演，震撼全场。一辈子以戏剧立身的温何根，以长风浩荡之气，让戏剧之花绚烂地绽放在厚朴的赣南大地。

### 二、从赣南到岭南，中国儿童文学之星闪耀

曾小春，出生于石城屏山，中国作协会员，一级作家，著名儿童文学作家。小说集《公元前的桃花》荣获第八届中国作家协会全国优秀儿童文学奖，长篇小说《手掌阳光》获第九届广东省鲁迅文学艺术奖（文学类）。他的作品从小城出发，走向了赣南、岭南，走向了全国。

家乡绿野田畴一望无垠，琴江绿水环绕村庄。想必是童年在这样美好的环境中滋养、浸染，故而曾小春在心底里蕴蓄了深厚的能量和美感，在笔下流淌出汩汩的甘泉。在他早期的作品《绿草地》《父亲的城》中均有细腻的呈现。曾小春的儿童小说主要讲述乡村孩子的故事，把笔墨倾注在底层小生命的关怀上，展示乡土人物的魅力，追问时代变革下人的本质，很有力度和分量。他对这类题材驾轻就熟，信手拈来，并围绕着这类题材反复开掘，且获得很好的反馈与评价。

2005年，在东莞盘桓5年之久的曾小春，以全国招考第一名的成绩，成为组建东莞文学艺术院的骨干力量，他以改革的精神和开拓的勇气，制定切实可行的工作方案，建立灵活高效的运作机制，通过聘请著名文艺评论家雷达担任名誉院长、特约著名作家进行东莞重大题材系列文学创作、面向全国开展签约创作、创建樟木头中国作家第一村等得力举措，为东莞快速崛起为全国文学重镇作出了突出贡献。与此同时，他自己的创作也达到了新境界。特别是2007年在鲁迅文学院第六届中青年作家高研班进修之后，他以雄健深沉的笔触，接连创作出《西去的铃铛》《月光水井》《哑树》《水字兰亭序》等新乡土系列小说，先后斩获冰心儿童文学新作奖·小说大奖、《儿童文学》小说擂台赛银奖、广东省"香市杯"青年文学奖、第九届广东省鲁迅文学艺术奖。

2010年，其小说集《公元前的桃花》获得中国作家协会主办的第八届全国优秀儿童文学奖，曾小春成为东莞首位获得此奖的作家。曾小春以自己的智慧与才情，以及不懈的努力，获得了应有的荣光。评审委员会在颁奖词

中写道："曾小春的儿童文学作品文笔精粹，多以孩子的眼睛，观察古老而又充满变化的乡村社会，同时刻画此中亘古未变的复杂的人性人情。既有延续千年的悲辛欢乐，也有渐被世人忘却的动人的赤子之心。那些丰富鲜活的生活场景、清新浪漫的田园风光、淳朴善良的乡村伙伴、温情宽厚的民风民俗，充满了对古老乡村生活的怀念和敬畏，沉淀着重情义轻功利的诗意人格，构成了曾小春儿童文学世界深厚的文学意蕴。"

曾小春

　　从处女作《空屋》一鸣惊人，入选初中语文自读课本，到早期的《丑姆妈》《父亲的城》《手掌阳光》等一系列厚实之作，再到《月光水井》《西去的铃铛》等新乡土小说，及至《公园前的桃花》巅峰之作，是曾小春从家乡石城的年少成名到岭南的跋涉闯荡，一路艰辛、辗转、迷茫、奋进，最终实现高迈的文学理想的深刻印证。著名评论家雷达对他的作品厚爱有加，他认为曾小春的作品有着一种凝练、节制和智慧。他说，节制是需要智慧的，也是需要历练的。忍耐、宽恕、中和、无言，才会炼出一颗内在精纯、外在平素的心，这是一种具有东方智慧的含蓄之美。

　　如今曾小春的创作已到秋天般的成熟季节，近年他开始涉足长篇纪实文学，但儿童文学仍是他身上闪亮的符号，对儿童文学的创作有着更深的理解。他说，对一个作家来说，写什么其实不重要，关键是作品有没有自己的审美追求，最需要的是对时代价值、伟大人性的书写能力。

### 三、漂泊与坚守

　　谢莲秀，笔名莲子，出生于石城高田岩岭，中国作家协会会员，中国

谢莲秀

民间文艺家协会会员，二级作家，知名儿童文学作家。长篇儿童小说《暖村》入选 2013 年国家出版基金资助项目，《东江谣》（合著）获第十一届广东省鲁迅文学艺术奖、第一届江西省文艺创作奖等。

1992 年，正值青春年华的谢莲秀（以下称莲子）正在岩岭一所乡村小学代课。时代的浪潮再次轰然推开了通向外面的大门，乡村里的年轻人一拨拨地开始往外涌，她也心血来潮，想去看看外面的世界。于是有了短暂的机缘，在厦门沿海城市感受到了改革开放的热浪。

一年后，莲子又从厦门回来，以全乡第一的成绩考入岩岭乡政府任广播站播音员。此后的几年，她为人妻，为人母，在偏远的山乡潜心钻研，成为采、编、播的多面能手，多次在全县新闻大联赛中名列前茅。四年后，在单位和家人的支持下，莲子脱产到大学进修学习。学成回原单位工作几年后，几经犹豫，带着对年幼孩子的不舍与揪心，还是毅然选择了远行——去追随爱人的脚步和文学的梦想。这一抉择，看似充满理想与浪漫，却历经艰辛与迷茫。

终于让莲子像榕树的气根一样，扎到了松润的土壤，多亏那扎实的文字功底。因一则报纸消息，她幸运地进入当地妇联主办的《家庭挚友》刊物杂志社，任执行主编。两年后，也是因为文学专长，莲子有幸进入东莞市文联主管的唯一一份纯文学刊物——《东莞文艺》杂志社任编辑，几经辗转，终择良木而栖。

此时的东莞，新的文学思潮方兴未艾，新散文、非虚构、打工文学、网络文学等新文体，以及新的文学手法，冲击着内地原有的传统文学模式。在这方文学土壤里，莲子如鱼得水，更加忘我地耘锄，在主编的引领下，每天组稿、编稿，认真对待每一篇来稿，精读了大量的文学精品，受益匪浅。莲子常念及，在内地时自己也曾得到过省刊责编的肯定与鼓励，这份鼓舞弥足珍贵。2009年，漂泊岭南5年后，莲子出版了第一部乡土散文集《掌心里的故乡》。那时，她已升任《东莞文艺》编辑部主任，事务繁多，但写作的锐力不减。不仅如此，在她的影响下，颇有悟性的小弟耀西也走上了文学之路。

《东莞文艺》立足本土，面向全国，这份地方刊物声名不小。莲子不但发现和悉心培育本土作者，还搭建起与各省市尤其是赣南众多文友的桥梁，那时内地缺乏平台，许多赣州、吉安等地的作者，都在《东莞文艺》发表过作品，点燃了写作激情。2011年秋，莲子到东莞文联的另一本打工文学刊物《南飞燕》杂志任主编，这本刊物，见证着众多打工作家的成长与梦想。

最令莲子倍感欣慰和铭记于心的，是2008年12月12日，她构思的留守儿童题材长篇小说《暖村》创作选题，通过了东莞文学艺术院面向全国的签约。凭着丰富的乡村生活经验和近十年新闻工作者的职业敏感，以及切身体验，她感觉这是个好题材，在多轮的角逐和评审中，选题一路绿灯。这是她第一次创作长篇，于是铆足了劲，先后十多次往返于粤赣闽交界的山区学校，走访了近百个留守儿童，寻找创作的灵感和源泉。

作品紧扣时代主题，并切中社会焦点，被广东新世纪出版社列入了重点出版选题。2012年夏，在南国书香节首发推出后，引起很大的关注与反响，并入选河南、广东两省的农家书屋精品项目工程。在创作期间，生活中也曾遇到挫折，但莲子一想到这么多留守儿童，那一双双期盼的眼睛，令她无法放弃。因为这份坚守，让她走进了众多留守儿童的内心，倾心帮助这群孤独的孩子，感受到了来自社会的爱与暖。

2021年5月，厚积薄发的莲子经历3年多时间，与东莞本土作家香杰新合著的长篇儿童小说《东江谣》再度聚焦各界，并多次亮相国内国际书展。广东省作家协会副主席李国伟认为，《东江谣》将儿童的成长和当今中国大时代的变化并置，写出了时代更迭的对比和传承，建构了东江地域的文化形象和人性本质；深圳大学教授南翔则认为，《东江谣》不仅是一种独特的地域文化、文学的呈现，更呼应了这个时代，回应了这个社会，在传统民俗及生态环保等问题上，作出的一种文学的切入、文学的呐喊、文学的回望。2023 年 11 月，这部厚积薄发的力作，荣获广东省文学最高奖——鲁迅文学艺术奖（文学类）；同年 12 月，获得江西省文联主办的文学大奖。

回首 20 余年的文学人生路，在赣南与岭南的迢遥路途中，印满了细密跋涉的足迹，温婉而坚韧的莲子，依然在淡泊中谨守着一份信念，一份文学初心，一份客家人本色。

### 四、传承书法精髓，翰墨飘香四海

数十年潜心于基层文艺工作的邓新江，工作之余，潜沉于书法创作，成果卓著，为国家一级美术师、中国书法家协会会员，书法作品入选第三届中国艺术节全国书画家精品展，1998 年获得文化部第八届群星奖等。

邓新江，生长在石城县龙岗乡，从小深受民俗文化的濡染，加上识礼善书的堂伯的影响，艺术的种子悄然播撒在心间。在内地时曾任民办教师、县采茶剧团演员、县文化馆工作者的邓新江，一直没有放弃对书法的热爱，临碑习帖，孜孜不倦，并在县城崭露头角。之后又到江苏无锡书法艺专、河南大学等进修深造，师法众家之长，书艺日益精进。

1998 年春，改革开放的前沿阵地南粤春潮涌动，邓新江等几位县剧团的骨干，趁着劲风一齐涌向了南方，最后落脚在东莞樟木头镇文广中心。正巧这里是纯客家镇，熟悉的客家文化令他一待就是数十年，成为一名扎根基层的文艺工作者。这期间他笃心深耕、孜孜以求的仍是他热爱的书法艺术。为了在书法上追求更高的层次，邓新江还前往清华大学美术学院学习，不断探索研究书法之精髓。他认为，在书法艺术漫长的征途上跋涉，要领悟书法艺术的真谛，必须在笔法、章法、墨法上不断深化进取，才是形成自己创作艺术个性的前提。

邓新江

邓新江主张艺术上个性鲜明，广纳博取，积蓄充足的书写技能，勤于探索，而且兼通诗词、文学、音乐等姊妹艺术。他说："任何一个学习书法的人，都必须从古人的法帖中吸取营养，没有捷径可走。但书法艺术又贵在鲜明的个性，如果缺乏特性，即使传统功力再深厚，也只能是'书奴'。"在数十年的创作实践中，邓新江的作品频频入选各级大展，获得各级专业奖项，并形成了自己独到的书法艺术理念：在临摹中创作，在创作中临摹，不趋潮流，不落时弊。他还精通多门传统艺术，诗词楹联、棋琴歌赋，融会贯通，形成深厚磅礴之气蕴，笔下书写方显大气象。

中央美院教授、著名美术评论家邵人箴对其评价："因为有文化根基涵养，所以其书法显得特别高古正典，笔法纯熟，墨韵儒雅，写大字追铸摩崖正典，有汉碑石门的正大气象，也有唐碑法度的严谨端庄。"著名书画评论家林俊评价道："邓新江先生的草书创作，是基从法度、功显自由的大手笔，体势开张，纵收自如，境界高远，实践深卓。"

邓新江的书法作品，带着书以载道的精气神，写出了以山川奔涌的新气象。其书写毛泽东主席词作的书法作品《沁园春·雪》2016年被北京人民大会堂收藏，《白衣天使》（自作诗）2021年被国家图书馆收藏等。他还应邀出访日本、吉尔吉斯斯坦及中国台湾，进行书法艺术交流，将中国古老而精深的书法艺术向海外弘扬。

邓新江认为，时代在前进，审美也在变化，书法创作不能泥古不化，要符合现代社会文化背景，不应一味的高古、阳春白雪，让人觉得艰涩、疏离。笔墨当随时代变化，要创作出既符合广大民众的审美要求，又不失艺术个性的作品，艺术之路方能走得高远。

### 五、赣南大地走来的女子体操世界冠军

犹如小荷尖尖角，初露芳华与锋芒。中国女子体操队运动员陈一乐，2002 年出生于石城屏山，小小年纪就荣誉等身，而她的高光时刻，是 2018 年 8 月在雅加达举行的第 18 届亚运会上，一举夺得了女子体操团体冠军、个人全能冠军、平衡木冠军。

一乐从小活泼开朗，生性好动，为让孩子有个更广阔的成长环境，读幼儿园时父亲陈启明便将家搬到了赣州。读学前班时，赣州体校到她们幼儿园去挑选苗子，选上了陈一乐，每周要去训练几次。当时是抱着好玩的态度，没想到一乐特别喜欢那种氛围和状态，且进步非常快。后来教练带她去参加江西省体校的选拔，只训练了几个月就被江西省体校选上了，小小年纪的一乐居然乐意留在体校训练。在省城南昌练了半年多后，参加了一次全省体操锦标赛，竟然获得了几个奖项，深得教练的青睐。

2008 年奥运会在北京举行，中国体操男队、女队表现都非常出色，包揽了百分之七八十的奖牌。中国女队运动团体参赛队员 6 个，其中有两个是广东队的。细心的陈启明琢磨道：广东队能培养这么优秀的运动员，肯定有很好的师资力量，于是他专程来到广东找到了花都的训练基地。当时执教的是任升平教练，对此并没有太在意。但陈启明没有放弃，在近一年的时间中，锲而不舍地去找了三次，任升平教练才答应留一乐在他们花都基地训练，没想到这一选择对一乐的成长起到关键的作用。那几年，一乐的专业表现突飞猛进，加上她的吃苦与勤奋、灵性与悟性，她又进到广州市队、广东省队。2017 年，陈一乐顺利进入国家队，跻身国家级大平台，训练强度之大更是非同一般。

时间的指针，定格在 2018 年 8 月 18 日，第 18 届亚运会在印度尼西亚首都雅加达隆重开幕。本届亚运会是 2020 年东京奥运会前的一次重要练兵，中国代表团共派出 845 名运动员参赛。为发现新人，积累经验，锻炼队伍，中国队阵容以年轻运动员为主，运动员平均年龄为 24.4 岁，其中 74.6% 的运动员系首次参加亚运会。队伍中既有孙杨、朱婷等实力超群的奥运冠军，也有诸多充满朝气、潜力巨大的

陈一乐

后起之秀。在中国女子体操队众"小花"中，年仅 16 岁的陈一乐，犹如一颗亮眼的小星星。8 月 21 日，在女子体操全能比赛中，陈一乐以 55.95 分获得冠军；8 月 22 日，获得本届亚运会体操女子团体冠军；8 月 24 日，在女子平衡木决赛的角逐现场，陈一乐以无可挑剔的表现，又为中国体操队赢得了一枚金牌。连续斩获三枚金牌，令人热血沸腾。这一高光时刻，瞬间在中国传播开来。消息传到了广东，也传到了陈一乐的亲友和家乡赣南的父老乡亲们中。

陈一乐说，奥运会是每个运动员的终极目标，希望能成为世界冠军，最好能成为奥运冠军。在备战 2020 年东京奥运会周期，作为中国女子体操队成员，一乐是绝对的主力，年少的她正向着这个目标而努力。但因疫情原因，东京奥运会延后了一年举行，以及当时陈一乐受伤病的困扰，以致与 2021 年的东京奥运会失之交臂。

如今，正值青春芳华的陈一乐就读于华南理工大学，徜徉在知识与专业的海洋里，追求更加高远的目标与理想。

# 第十章

# 孝悌仁爱　淳朴好客

清道光《石城县志》载：石城"为江右东南一隅，左控八闽，右引东粤，南唐建县……流而为风，习而成俗，虽曰土风，实囿而唐魏。仁信乐善，淳朴好客，勤俭遗意，犹有存焉"。

一方水土养一方人。千百年来，悠悠的琴江河水哺育出的客家石城人将中华传统文化的精髓"仁、义、礼、智、信"融入祖训家训中，并一代代传承了下来。他们孝悌仁爱，淳朴好客，用实际行动续写了一个又一个生动感人的石城故事。

## 第一节　先人孝悌留芳永

百善孝为先。客家石城百姓家谱所载的族规家训，都言明："敦孝悌"。所以，古往今来的石城人都将"孝悌"予以敦行、传承、发扬。在这方面，先人已留芳迹。翻开清代《石城县志》，就能看到许多"孝子孝行""悌睦友恭"的感人历史故事，而且不难发现，这些故事并不比经典《二十四孝》逊色。今仅枚举以展。（未注时代者，皆为清代）

### 一、孝子孝行

何谓孝？孔子云："孝的直白就是孝敬父母。""孝子之事亲，居则致其敬，养则致其乐，病则致其忧，丧则致其哀，祭则致其严。"

#### （一）替父申冤

**温伯瑞** 字南峰，明代，石田人。母蚤（早）殁。父被仇诬，坐大辟。瑞年九岁，日夜哀号。有客闻而心伤之，语父可出之路。因随客入京，间关万里，奏父冤状，既而得白。瑞宁家，年十九矣。父出狱后，孝养不离左右。尤好购名书，喜吟咏，以娱亲，不愿仕进。邑大夫廉其孝行，宾礼之。卒年九十二。

#### （二）药必亲尝

**熊梦良** 明代，进贤坊人。是继母温氏无间所生。出入必告，药必亲尝。既殁，痛哀尤切。人以王祥比之。

#### （三）以身代刃

**赖君衍** 字昌期，小弼人。顺治四年，吴万乾兵掳掠其乡，人皆逃窜。昌期依父在后，被获。将受害，昌期哀告曰：有银若干，求生我父子。贼许之。持银六十两，贼不满意，允以生汝一人。昌期知贼戾，不能俱脱，与忍父死，宁忍身死。乃诺：以释父去，我为质，再办以赎。因私谓父曰："速去。儿自有脱身计，无为虑。"去数日，贼候不至，怒其谎，遂杀之。时年二十九。邑侯刘世祯以"孝烈可嘉"吊其庐。

**陈嘉谋** 字茂臣，邑廪生，大琴人。事亲至孝。父性畏暑，染热疾者屡。筑室山阴颐养，颜曰"瞻怙"。读书数奇，两荐棘闱（试院）不偶，常以不得荣亲为忧。顺治己丑，父为寇执，奔赴乞代。贼怒将刃，引颈受戮。贼义之，父子俱得释。母李氏柩在堂，火起，率子弟号救，身受重伤。发肤灰裂。葬毕，庐墓三年。先是母在日，一孤侄为贼执，母日夕悲啼。冒险走千里，重赀赎回……。当事旌其孝友。

顺治丁亥己丑，石城战乱，寇破城掳捉百姓，索资财，儿女代父母受执、受刃者还有温自厚、李学演、陈铭三人。如陈嘉谋情状，父（母）子俱得释；而赖文印、杨太诰、陈天赛三人如赖君衍情状，父母及弟得释，而自己却遭害。

**（四）赡养祖辈**

**赖吉谅**　字乃贞，秋溪人。父殁，遗腹生。幼时即知孝养，有蔬果，先奉母，然后自食。扫父墓，哀恸迫切，见者涕下。祖年七十余，患病数载，不离床第，凡粪秽衣褥，必亲洗盥。及殁，代父寝苫，枕块三年，不雉发露齿。事祖母以色养（以愉悦的颜色奉养），得其欢心，族党无间言。未几积瘵成疾，临终时嘱妇曰：“吾病不起，不能终事吾母，汝其善体吾志。”言毕而卒。乾隆九年坊表。

**赖昌维**　字方隅，监生，秋溪人，吉谅长子。幼笃天性。年十一，父丧，粥不入口者数日。祖母刘恸甚。维始强食。长继父志，克尽孝养，数十年无怠容。祖母死，苦块墨瘵者三年。母黄哭泣伤目。人告之闽省徐某善治。维冒霜雪，千里寻医，果得效。维上事两世守贞之母，下抚昌纲、昌统两弟，艰辛万状。纲后列成均（国子监），统夭无嗣，即嗣以己子，以慰母心。人称其善养志云。乾隆五十年奉题旌表。

**（五）为父报仇**

**熊骧德**　城内人。顺治己丑，张寇屠掠。与父庠生尚统俱被寇执。德年十五，叩头流血以身代。不许。戮尚统。后，贼散逃归。阅十二年庚子，陡遇贼入城。德缚贼讼于邑令郭。鞠询贼状。骧德以贼胁红痣可证。验实。杖贼三十。骧德不服，随击杀贼於南关外，诣县愿伏法。县义而释之。

**（六）虔事疯患**

**熊有广**　人呼为“广古”，上柏昌人，居城内东北间。家赤贫，捕鱼为业，又能雕镂小木为诸法相。事一老母，手自炊馔。每食必谨敬亲奉。母固病疯狂，喜怒不测。有广受挞，颜色愈加和悦。常以母故，取鱼不敢越数里外。母思饮食，有广即心动奔回。事闻，邑令万丹诏旌其孝。年七十余，语及母，必流涕。以贫不能娶终。

**张国魁** 字兆文。父立奋，五旬外疯病，拘挛痛苦，卧床三十余载。魁抚摩色笑，伺饮食，时其便溺不懈。一日，父命往高田。友人留之宿，以父病辞。固留，魁泪下若孩提状。父寿八十余卒。葬后，朝夕诣坟拜哭，群鸦环集悲鸣，人以为孝感所致。

（七）舐目复明

**姜大傅** 字乐旋，监生，职授州同，筊溪人。髫年父死，哀感族邻。大傅庶出，孝奉顺承，嫡母为之感动。生母目盲，日夕祝祷天，舐以舌，目复明。母死，日夜守坟哭。时猛虎蹂躏。大傅独无恙。盖出以至性，虎以驯伏。乾隆四十八年题请旌表。

（八）割股奉亲

**陈福朗** 字伯明，大琴人，事亲有至性。家贫，委曲承欢，值明季寇警，避乱深山。母病笃，思肉食不得，福朗乃割股奉母，以掌焚香，哀祷七日，母病竟愈。比老，股掌疤痕朗现。后居丧素食，终三年如一日，邑令王锡九奖其孝。

**黄廷诰** 字君耀，北关人。父避寇，受雨湿，得暴疾。廷诰日夕服侍，月余无懈。母病目盲，医治罔效。祷于神，梦神告曰："欲复汝母明，疗以汝股肉。"遂于密室，割股和药进。数月果复明。举家无知者。妻觉，偶雪之。众视疮痕，乃大惊。邑令尚承业以"孝感动天"匾奖之。

**温元亮** 堂下人，邑增生。遭寇警，家荡析。负老父遁深山。值饥疫，父病数月不愈。父适思肉。乃告天地，割左股，调和以进。父病旋愈。邑令王锡九奖以"纯孝格天"之额。

**温超后** 石田人。家贫，性至孝，事继母得欢心。母病，百计求适口。乞屠赊肉，不与，剐股进之，病愈。终身色养弗衰。邑令以"孝著琴江"匾奖之。

（九）尝粪告医

**赖泰旦** 字圣祥，礼上里丹阳人。以孝行称乡里。父病痛，经年不愈。

旦为口吸脓毒，下药始痊。初业儒，赴郡试，闻母染痢疾，倍道驰归；尝粪辨色以告医。越翌日，母病遂瘳。族以其行闻于县。县奖以额。

**黄　序**　字逸上，长江人。性至孝。父病痈，濒危。医言吮去滞毒方下刀圭。序即就患处吮吸，无难色。毒尽敷药，立愈。母病危，群医束手。序窃尝粪味苦以告医，服药获痊。母晚年手足拘挛，性卞急，稍拂意辄加詈。人皆不能堪。序左右扶持，十数年不稍懈。人皆称黄孝子云。

类似者还有赖世池、赖吉升、廖开泰、赖一衡四人。

（十）火中救父

**赖世典**　字经明，秋溪松山下人。孝由性生。年四岁，邻里所遗饼果，即能笑奉父母。稍长，定省不间晨昏。一日家被火。父卧未起，世典从火焰中救父出，父得活。邑侯万以"孝由格天"奖其宅。遵父命，拨田租为后学膏火，至今书香继美，人称孝道之报。

## 二、悌睦友恭

"悌"多随"孝"出现，但"悌"与"孝"的道德含义有异：悌主要体现在敬爱兄长，也指兄弟姐妹之间友爱和睦，互相尊重，互相帮助。

（一）金产相让

**陈　纲**　字月塘，陈绩，字成泉，乃兄弟俩，明代大琴人，兄弟俩同服食，同笔砚，四十余年。其父遗逸产三百余石，兄弟相让，卒（最后）授之妹。父有遗金，初迷其藏，一日，纲得之私室，不私启，同弟发之，得金一斛，金有大小锭，兄择大者归弟，弟曰："金藏兄室，父之默于兄也。"相让之再，弟卒与兄均分。后弟贫，兄复以私产百五十石、杉木数万遗之。

（二）仁悌至臻

**黄　镕**　字式陶，清代北关人，父曰晖，中年艰于举子，先尝以兄子镰为嗣。已而生子铎，旋又生镕。曰晖殁时，二子俱幼，母曾氏抚而成之。家庭之间，友好笃爱，而镕待镰尤厚。分己产与之均。镰无子，为买妾，终不能育，乃以己幼子嗣之。所居山庄，林岚可人，兄铎素好山，时时迎致，曲尽怡怡之乐。为诸生（国子监学生），有文名，岁荐家居二十年，里人推重。

### （三）愿结来生

**黄道瀰** 字仞南，北关人。爽豁有至性。十岁遭丙辰寇变，负季弟漪走长坊山中，炎暑几渴死于道。比长，共甘苦同卧起。中夜驱蚊挈被，无间寒暑。读书为定省计，不敢远就外傅。励志举子业，勤古学，凭几史册，纵横辩论。至疑难处，不质之师，即质于父钺。钺，南昌伍达行高弟也。晰义偶不当，辄设肴馔以自罚。一室师友，备极性天之乐。伯兄夭，遗服孤先鬻教成名诸生。季好外访名宿，家政皆其督理。及聚首，无纤毫芥蒂锱铢语。所居之室，雩尹元贡颜曰"怡园"。后游姑苏，遇相者曰："君友爱气溢眉表，必兄弟联芳。"至康熙癸巳恩科，言果验。年五十，自粤西染瘴毒归，累昏闷床第。漪以口探其痰。弥留之际，为诵坡公"愿结来生未了因"句。与诀。遂卒。

### （四）一门谨悌

**陈自铨** 字林材，郡庠，大琴人。博古能文，为太史张损持所器。兄自周，弟自钧，同称色养。笃友于怡怡式好，自垂髫至白首无间。钧亦雅嗜学，肄业京监，考授二尹，以亲老两檄不就。父福宾，晚年疯疾三载。铨偕兄弟日夕更侍。凡盥沐便溺，事必躬亲，不以假僮仆。先是康熙庚戌，盗结伙，夜入宅执其父，勒索重物。时铨幼。周冒死反夺盗手刃，逐盗，左股被创，入深不觉。拆爨日，父以周独劳家政，加分腴田二百石。周念二弟读书，不事生产，让之。铨、钧遵父命，彼此固让。卒储为义田。癸未冬，自周死。铨、钧每夕罗寝枢次。突火起，母衰耋在床，同坏室门入救。钧二女与母同寝处，钧仓皇负母不暇顾，二女焚死。又同伯诸孤，以絮衾濡水蒙自周榇，从烈焰中拖出，俱被伤。周第五子生曜，伤尤重。一门天性，险难中益徵诚笃。

（五）六世同居

**郑元修** 字太爵，邑庠生，井溪人。与弟隆吉（字大栋）同为节母陈氏子。性友爱，小时啖果相推让。母分拨乃各取。长而各业。栋属理财，多远出。爵筑房屋后以肄业，暨晨夕得聚首言欢也。事母有所供奉，必躬亲以进。母因恸过成心癖，常发不治。徒步四百余里，诣宜黄大华山祈神佑，经三宿乃返。爵家居，斋沐设香案焚疏行祷，施茶屋后衢路解行人渴，为母却病。果愈。钱谷秉掌于栋，而区画受裁于爵。有不当意，兄执而弟忍，怒过而和。见一饮一食不逮，必不先。兄去世，历有时，语及手足，不禁泪涔涔下。各举一子，告诫督课，无分毛里，阃内被化，翕然如一。厥嗣绥先、咨若，皆不失父风。乡里群以孝友归之。同居至六世，家口繁衍，始析爨。

（六）轮收祭产

**熊承绎** 字殷士，邑庠生，城内人。幼出继伯父，以孝闻。绎行三，同怀性刚，绎循循恭顺，至老不衰。祭产数百，与二兄作三股轮收，不以出继得半为辞也。祖乏祀，为生息起祭。操行端方，治家以《朱子格言》为要。临终焚券七百余金。

（七）悉让遗产

**黄琰** 字锡臣，北关人。弱冠失怙，哀毁骨立。父所遗产，悉让两兄，自以舌耕谋食。故宅二处，两兄出售，不取分文，携妻子僦凭别居。一日远归，路遇从弟落魄失所，泫然涕下，即解衣衣之，日赡升斗。好读书，与从兄立堂相琢磨。为文挥笔立就，尤长于诗学。

（八）抚侄成家

**熊达绪** 字绍鸿，国学生，进贤坊人。起于贫困，性秉孝友。兄死，遗孤廷英，资从名师游。（廷英）既入庠，应例，授江苏吴县巡检。廷英性旷达，官三十年，不为阿堵计得。以无内顾忧者，实赖贤叔父也。达绪视从侄不异己子。与人交，有一诺千金之誉。侃直无私，凡赞襄公役，竭尽心力，纤尘不染。邑乡敬服。

**潘大勋**　字冀乔，邑庠生，旸谷人。赋性慷慨，事父母能得欢心。兄弟友于。弟殁，哀感行路。从侄有以孤托者，勋为之抚、婚娶、授产无异已子。赈荒济乏，焚券捐逋。盖人人乐道焉。

类似者还有：熊钥、黄世铭、温名俊、邓钟隆、赖朝正、吴信崇、张朝仲、陈国和、温儒基、周庆云、熊先椿十一人。

**（九）哺育弟侄**

**朱明任**　字降儒，监生，北关人。秉性正直，识大义。幼从父贸易，得父欢心。中年丧父，兄弟九人，任居长。异母弟四，视若同怀。诸弟教养婚娶，独立维持。子侄数十，长幼赖以衣食。后疯疾，手足不能运动，始分爨。

**（十）立继延嗣**

**陈双莲**　字潏川，陈坊人。读书能文。事父母以孝闻。事继母，亦如生母。兄弟四人，次弟继叔父，早卒。莲将次男继之，教养成名。三弟亦早卒，无嗣；弟妇孀居，贫甚。莲将四男继之，维持教养，至于成立。

# 第二节　孝亲敬老风范扬

习近平总书记号召，要建设具有民族特色、时代特征的孝亲敬老文化。客家石城人继往承先，将"孝亲敬老"的中华民族美德铭记于心，付之于行，发扬光大，涌现出一批批新时代的"石城好人"。

### 一、久病床前有孝子，默默付出无怨悔

**李小亮**　小松镇丹溪村村民。2016 年，父亲因高血压继发脑梗、心脏病、哮喘病，伴随腿肌无力，多种疾病同时缠身，从此瘫倒在床。突如其来的变故，让本在经商的李小亮成为一名家庭妇男。俗话说"久病床前无孝

李小亮

子"，但是李小亮却一直守在老父亲身边寸步不离，无微不至地照料他。

停下生意，全力照顾父亲。父亲病情加重，渐渐地生活不能自理。李小亮将父亲接到自己新建但尚未装修的一层楼房内，为方便照顾，他停下手头的生意，专门在家全力照顾父亲。每天天一亮，李小亮便早早起床，为父亲洗漱，穿衣，喂饭，一日三餐不曾落下。由于父亲肠胃消化功能下降，饭菜都是用粉碎机打碎后再给他吃。

天长日久，照料无微不至。长期以来，李小亮不仅把父亲的生活起居安排得井井有条，更把耐心和温馨融入父亲的晚年生活。为防止父亲大小便失禁弄脏身体，李小亮就上午、下午和夜间各一次，背他上卫生间。他还向年轻人学习，从网上购买尿片给父亲使用。有时遇到大小便失禁，他也毫不嫌弃地为父亲擦身洗澡，清洗衣物。这些年来父亲身上总是干干净净，清清爽爽。春夏秋冬，只要天气晴朗，李小亮都会用轮椅推着父亲在家门前散步，带他看风景，认识人。李小亮对父亲的照顾无微不至，一如当年父亲对子女的照料，如今角色互换，温暖如旧。

示范影响，传承文明风尚。李小亮孝老爱亲的善行善举，这些年也在不断影响着身边的人。李小亮未成家，同邻里从未有过争执，与家中兄妹更是几十年团结和睦。身边的邻居知道他照顾家人"有一套"，遇到与父母、老伴发生分歧的事，都会来找李小亮帮忙协调解决，他从不推辞，尽己所能为大家排忧解难。李小亮孝顺父亲、敬重父亲的举动，既广受好评，也深深感染了周边村民。李小亮将孝心融入生活的点点滴滴，用朴实的行动传递正能量，谱写出一曲"孝老爱亲"的赞歌。

### 二、照料公婆二十载，儿媳胜似亲闺女

**管细秀** 珠坑乡高玑村村民。她中年丧偶后，以妇女之躯比肩男儿，毅然挑起家庭重担，几十年如一日地悉心照料孝敬公婆，用温暖实际的行动诠释着"百善孝为先"的美德大爱。

突遭变故，一人撑起一个家。2004 年，一场意外带走了管细秀的丈夫，留下两个年幼的孩子和年迈的父母。丈夫的离世，让公婆深受打击，公公更是卧病不起。突发的变故把生活的重担一下子压在管细秀身上，伤心和焦虑使她一夜白头，而面对一家老小，她只能马上振作起来，一边独自耕种家里 20 余亩农田以维持生活，一边担起儿媳的义务和母亲的责任，悉心照料公公，耐心教导儿女，用爱撑起这个家。

细致入微，孝敬公婆好媳妇。2019 年婆婆不慎摔跤，瘫倒在床，生活不能自理，照料护理老人的重任自然又落到了管细秀身上。她每天拖着疲惫的身体回家，放下农具，顾不上休息，就给两位老人泡脚、揉肩、按摩，天气好的时候，还得推着老人出来晒太阳、赶集。"婆婆也是妈，嫁过来 30 多年了，一直以来，公公婆婆对我就像亲生女儿一样，我必须得照顾好他们。"管细秀的孝心感动着周边邻居，他们常说："她一个农村媳妇，既要种地又要照顾两位 90 多岁的老人，一把屎一把尿都是她一手一脚带过来的，大家都看在眼里，真的是不容易！"公公婆婆也常说自己有福气，能有这么一个好媳妇。2020 年公公去世，管细秀料理后事忙前忙后，邻居亲朋、族中长辈都纷纷感叹："亲生女儿也不过如此，这

管细秀

个家庭后代有福了。"

言传身教，教导子女好榜样。如今一双儿女均已成家，管细秀在县城务工，生活条件也得到极大改善，而她对生活的乐观从容、对父母的敬爱孝顺、对邻居的亲切和善，都早已深植孩子心里。两个孩子虽然大部分时间不在家，但是几乎每天晚上都会和母亲、奶奶通视频电话，嘘寒问暖，儿媳也经常说婆婆管细秀是她最佩服的人。上敬老人，下教子女，管细秀也成了村民学习的榜样，每每提到她，大家都纷纷竖起大拇指。管细秀用一己之力撑起一个家，让公公婆婆老有所养，一双儿女幼有所依，怀着"孝上教下"的朴实道理，她用实际行动，有力践行着人世间的孝道大爱。

### 三、好媳妇不畏多难，真榜样诠释孝道

**许生秀** 在小松镇丹溪村，只要一提起许生秀，全村无人不知无人不晓，无人不夸。她是一家人的精神支柱，老公李崇义，5 岁的时候就得了小儿麻痹症，但是并不影响他们夫妻俩的感情，两人相敬如宾，辛勤抚养两个儿子。不幸的是小儿子李有根 3 岁的时候被诊断为智力低下，如今 30 多岁了，智商还是停留在 3 岁左右，而这并没有击垮她，她一如既往地操持着这个家，大小事宜都由她一个人操办。她深知老人需要她，老公需要她，儿子需要她，地里也需要她，自己不能倒下，为了这沉重的家扛起来，过下去，她恨不得把自己掰成两半。

尽职尽责，让邻里赞不绝口。作为农村妇女，她不懂得什么大道理，只知道人生在世要有责任，敢担当。生活中她时时处处想着一家老小，农活再忙也不忘按时准备好一日三餐，把家人的饮食起居照顾得井井有条。她忙里忙外，从不抱怨，她说为了儿子、丈夫、公婆有口饭吃，再苦再累她都能坚持。面对生活的困难，她没有怨气，反而经常安慰自己的公婆，这让常年躺在病床上的老两口倍感欣慰。她勤俭持家，尊老爱幼，几十年如一日，默默履行着一个家庭主妇的责任与义务，用柔弱的肩膀挑起家庭的重担，用爱心

和耐心一点一点凝聚着这个苦难破碎的家庭。提起许生秀，邻里常常交口称赞。

悉心照料，让老人倍感幸福。2019年，80岁的公公突然中风，生活不能自理且情绪烦躁。许生秀并没有抱怨，不仅非常耐心地开导公公，还不怕脏，不怕累，端水喂饭，端屎接尿。为了能让公公早日康复，不管多忙，她每天都扶公公下地练

许生秀（左一）

习走路。常言道"久病床前无孝子"，但她不厌其烦地为老人洗澡、梳头、理发、捶背，精心伺候。不幸的是，婆婆也突患脑梗，半身不遂，大小便不能自理。突如其来的打击也让她一度崩溃，但是一想到"你倒了，这个家可就塌了！"她就迅速振作起来。许生秀身上的重担又加了千斤，每天五点起床，帮两个中风老人穿好衣服，洗完脸，喂好饭，全部安顿好以后，自己再下地干农活。许生秀还专门为两个老人准备一个大药箱子，里面整齐有序地摆放着各种药品，久而久之，老人对这个儿媳特别依赖。不管平时多忙，她都会抽出时间陪老人聊天，给老人按摩，为老人排忧解闷。年复一年，在她耐心细致的照顾下，两位老人在病床上也得以享受亲人孝顺侍奉的天伦之乐。

言传身教，让家庭其乐融融。许生秀始终认为："要想家庭和睦，媳妇一定要孝顺公婆。"多年以来，她将婆媳关系处理得极为融洽，邻居说婆媳俩从未红过脸。平常，许生秀对待孩子也十分注重言传身教，以德育人。在良好的家庭环境和榜样的示范带动下，她的儿媳也深深地被打动，说道：

"都说婆婆孝顺，如今亲眼所见，我很佩服她，我也要向婆婆学习孝顺长辈，爱护子女。"如今，只要一有空，儿媳就带着孩子回老家一起帮忙照顾爷爷奶奶，闲聊唠嗑，分享趣事，经常把老人逗得开怀大笑。就这样在一件件平凡小事中，孝老爱老的传统美德代代相传。

### 四、赡养非亲孤寡老，三十余年如一日

**黄荣松、熊香秀** 这件事发生在 20 世纪中后期。屏山亨田村社公垅有位命运多舛的老妇人，其丈夫名叫黄国清，所以人们都叫她国清太。国清太一家四口人（丈夫、自己、家婆、儿子），日子过得并不差，可谓比上不足，比下有余。

然而，国清太 50 岁左右时，运际华盖。丈夫得了一场暴病，与她永别。她没有再嫁，寡居撑持家庭，奉养婆婆，抚育儿子长大。国清太 60 岁那年，家庭又发生重大变故，婆婆、儿子先后因病离世。为了延续香火，国清太便抱来一个男孩为养子。未过几年，其养子暴病身亡。这时国清太成了一个经济拮据、无依无靠的孤寡老人。她悲痛万分，身心疲惫，生活陷入绝望。

这时，县水电局临时工黄荣松及其妻熊香秀，得知国清太的遭遇后，十分同情，便向她伸出援手。他俩与国清太虽属同村，但非亲非故。黄荣松辞去工作，回到家乡，与妻子一道去安抚国清太的心，帮助老人树立起生活信心。从此，夫妻二人每日数次翻过两座山头上门照料国清太，挑起赡养这位孤寡老人的担子。

一晃十几年过去了。国清太 80 岁后，长年疾病缠身。黄荣松夫妇索性搬至国清太家里，与其共同生活，全天候照料她，千方百计为她医治。国清太病中常常举止反常，如数九寒天要吃鳅鱼，黄荣松夫妇便汲水挖泥，抓鱼，满足老人的愿望。这样折腾了几年后，老人大小便失禁，饮食艰难。黄荣松夫妇不但找医师上门诊治，更是寸步不离其寝榻，为其喂汤喂药。最后

由于老人内脏坏死，窍窦流脓生蛆，熊香秀用以蜂皇浆吸管用口将药吹入其窍内，为其救治。国清太得以活到 92 岁高龄而善终。

黄荣松、熊香秀以无比的爱心、耐心，赡养照料了这位孤寡老人 30 多年，书写了大爱无疆的感人篇章。

## 第三节　敬业仁爱遐迩誉

《孝经》云："爱亲者，不敢恶于人；敬亲者，不敢慢于人。"是的！一个能孝亲的人，在家懂得敬爱父母，到了社会上也会尊重他人父母，敬爱天下人的父母，才能仁爱大众。这样的人，不管为官为民，无论从事何种职业，无论何时何地都能广敬博爱。当人民大众需要他担当作为时，他都会毫不犹豫地挺身而出，贡献自己的一切，甚至生命。古往今来，客家石城人中也有不胜枚举的示范。

### 一、跣足走赣请救兵

**黄日曦　黄　鉴**　清顺治六年（1649）十一月二十日夜，严寒雨雪，流寇张自盛（南昌金声恒之部属）从宁都东龙驱兵袭石城县城，城陷。城内火光冲天，无辜居民惨遭掳掠杀戮，署县事郭自修、典史吴遵文均被杀。

北关人选贡黄日曦（字旸谷），岁贡黄鉴（字于民），父子俩乘乱从通往城外的阴沟逃出。冒着严寒风雪，跋山涉水，昼伏夜行，曾堕危崖，几乎丧命。遇山贼郭伯泰欲将加害，父子俩设计逃脱，沿途乞讨，忍饥挨饿，艰苦备尝，赤脚步行七昼夜才到达赣州府衙，请到官兵，导引回县，驱剿匪寇，解救被掳居民，召回逃亡者，使县城重获安宁。

事后，知府将此事上报布政使司（省），上宪赐联曰："七日山溪苦，千秋俎豆香。"清代《赣州府志》《宁都直隶州志》及三部《石城县志》均载之，对黄日曦还评道："读书尚气节，常为一邑倚赖""乐善好义，拯人于厄，每不自见其德。"

### 二、冒险开仓赈灾民

邓　澜　字观亭，号达泉。小松镇石田村人。历任镇远县（今贵州镇远县）知县、婺川县（今贵州务川县）知县、威宁府（今贵州威宁彝族自治州）通判、黔西州（今贵州黔西县）知州等职。他为官一生清廉、心系百姓的故事广为流传与记载。

在石城县小松镇石田村的邓氏老宅前，一座十来米高，嵌有大小不等的 12 块版画的麻条石牌坊门楼格外显眼。门楼顶部石匾上还刻有"崇仁第"三字，点画劲挺，笔力遒劲。石匾下侧还有题字落款"邓澜，乾隆戊辰"。

清雍正二年（1724），邓澜在江南乡试获得举人功名，被任命为贵州东南部的镇远县知县。如今的镇远古城山水秀丽，景色迷人，奇石奇景荟萃。然而在过去，镇远县因处于贵州高原东部武陵山余脉的崇山峻岭之中，不仅地理环境恶劣，还常常经受泥石流、山洪等自然灾害。

邓澜到任镇远县知县不久，就遭受了长达半年多的水灾。眼见着百姓们一年的期盼就在洪水中化为泡沫，邓澜心急如焚，更让他感到棘手的是，洪灾过后疟疾泛滥、粮价暴涨。许多百姓因买不起价格昂贵的粮食只能吃野菜、草根过活，更有食不果腹之人以观音土充饥而丧命。邓澜多次上书请求开仓放粮，以平价粜粮，从而调节粮食价格，却屡屡被拒。饥荒如一个贪婪的恶魔，吞噬一个又一个鲜活的生命。一时间社会动荡，百姓挣扎在死亡边缘。最后，在邓澜的坚持上书下，朝廷批准发放存粮的十分之三，但对于庞大的灾区和众多灾民来说，这犹如杯水车薪、无济于事。为帮助百姓渡过难关，他不顾朝廷指令，将仓库中的粮食全部粜出！

这一次的舍命冒险换来了百姓的喜笑颜开。市场因有足够的粮食调剂，价格趋于稳定，许多百姓得以顺利度过饥荒并逐渐恢复生产。秋收后，为弥补存粮不足，邓澜派出部下到粮食丰收的襄阳、汉江一带购买大量粮食并运回县仓，以此充实粮库，为抵御今后灾荒做好充分准备。

朝廷了解此事后，不仅没有责罚邓澜，还对他的做法高度赞赏，并任命他为修文县知县。

山迢迢，水迢迢，山水迢迢路遥遥。邓澜卸任离别之际，镇远县百姓争相载酒相送，并高举锦旗，上面写着"活我万家"四字，以谢知县邓澜开仓放粮之恩！

### 三、夺刀救人勇献身

**陈　龙**　22 岁的石城籍大学生陈龙，在紧要关头，为保全别人牺牲自己。他是故乡的一朵"小青莲"，永远绽放在人们心间。2017 年，陈龙被广州市南方医科大学授予"见义勇为先进个人"荣誉称号，入选"中国好人榜"。他的事迹感动了家乡石城的乡亲，也感动了广州市民，南方医科大学上万名师生为他开追悼会。

见义勇为英勇献身。1995 年出生的陈龙是丰山乡大琴村人，是南方医科大学生物医学工程学院 2013 年级电子信息工程专业本科生。

2017 年 3 月 22 日晚，南方医科大学 2013 级学生刘某携带长刀闯入陈龙宿舍，欲杀害室友徐某，陈龙挺身阻止，夺去长刀，极力保护徐某，却不料被刘某从怀里拔出的匕首刺中心脏，生命永远定格在 22 岁的青春年华。

"晚上 11 时我接到学校老师电话时，第一反应是诈骗电话。"父亲陈必相怎么也不相信，生龙活虎的儿子会突然去世。陈必相连夜坐车来到了广州，却依然没有见上

陈　龙

儿子最后一面。

案发第二天，陈龙的事迹在学校里传开了。300多名师生自愿前来看望陈龙的父母，致哀慰问。学校临时成立见义勇为基金会，授予陈龙"见义勇为先进个人"的荣誉称号，并专门举行了追悼会。广州市见义勇为评定委员会已正式认定陈龙见义勇为行为。

品学兼优勤俭节约。"从小到大，他从来没让父母操过心，每次带回家的都是得奖的好消息，村里人都把他作为学习的榜样。"走进大琴村陈龙家，斑驳的墙壁上满满当当的荣誉奖状让简陋的房屋亮堂起来。

陈龙出生在一个普通的农民家庭，父母多年在外务工，小学到高中都是爷爷奶奶一手带大，还有一个读小学的弟弟。大学期间，每个月生活费只有500元。贫困不仅没有消磨他的意志，反而锤炼了他自强自立的品质。大学四年来，陈龙的成绩在年级中专业都名列前茅，多次荣获"国家励志奖学金"和"南方医科大学学年奖学金"。"他生活节俭，几乎没买过新衣服，直到研究生复试前夕才买了一套便宜的正装。"陈龙同学刘华金说道。

"他说后天要去参加中山大学研究生面试。每天都要坚持对着镜子练习英语口语。"父亲陈必相含泪说。原来陈龙已经在2017年全国硕士研究生笔试考试中以高出录取分70多分的成绩进入中山大学复试。

党徽闪光精神永留。"我爷爷是红军，他去世时，我才六岁，那时一辆载着花圈的吉普车开进了村里。没想到50多年后，同样在党员默哀场景中，却是送别自己的儿子。"陈必相哽咽地说。

原来，陈龙的曾祖父是红军老战士。陈龙也一直思想先进，积极进取，大学入学不久后便向党组织递交了入党申请书。2015年12月正式成为一名光荣的共产党员，并被评为2016年度学校优秀党员。

求学期间，他时刻以一名党员的标准严格要求自己，发挥党员先锋模范作用。

"陈龙每天清晨都要去图书馆看书，晚上一般也是要等图书馆闭馆之后才回宿舍。上课总是坐在教室第一排，认真听课，遇到困惑会主动请教同学和老师。"大学同学刘华金说。

宿舍脏了，他总是主动打扫；宿舍搬迁时，他汗流浃背帮同学搬行李；同学有事找他帮忙，他从不推托。回想起陈龙生前助人为乐的点滴，同学们不禁潸然泪下，惋惜不已。

### 四、忠诚严谨卫人民

**陈　敏**　钻研业务，业精技强，被公安部评为"破案会战优秀现勘人员"，被江西省公安厅评为"采集录入能手"。他，是一名优秀刑事技术人员，却屡屡冲锋在前，与违法犯罪分子殊死搏斗，为保护人民用英勇无畏书写刑警本色……他，就是倒在"五一"劳动节安保执勤岗位上的石城县公安局刑侦大队副大队长陈敏。2018年4月30日，陈敏在工作期间遭遇交通事故，经医院全力抢救无效，不幸以身殉职，年仅32岁。

心细如发，屡破大案要案。心思缜密，静得下来，很有耐心，洞察能力也很强，这是同事们对陈敏的一致评价。

在2013年的"2·26"沿江路爆炸案中，陈敏作为专案组成员，冒着冰冷的雨水仔细勘查现场，连续3天从草丛、泥土中扒出几百块细小的爆炸物碎片，经过反复比对，最终提取到线索，为日后认定犯罪嫌疑人奠定了坚实的基础。在同年9月发生的一起绑架案中，陈敏调阅案发前后几天的监控录像，一看就是6天，最终在手提箱上发现异常，一举击溃犯罪嫌疑人温某荣的心理防线，最终破案。

每一起案件的现场勘查他都认真仔细，不放过任何一点可疑的细节，"刑事技术岗位，天天面对的是现场、痕迹，心细如发是一名优秀刑事技术人员的品质，而在陈敏身上体现得尤为明显，近些年发生的大案要案得以侦破，陈敏功不可没。"分管刑侦工作的石城县公安局副局长曾星明这样说。

英勇无畏，总是冲锋在前。刑事技术是较为特殊的工作，操此业者大多

陈　敏

数身居幕后，然而陈敏既当技术员也当侦查员、战斗员，英勇无畏，冲锋在前，始终坚守在打击犯罪、侦查破案的前沿。

"一旦发生大要案，专案组成员里总少不了他，无论是侦破关键时刻，还是抓捕危急关头，他都有出色表现。"石城县公安局党委委员、刑侦大队长温轶峰说。"当刑警就得破案，刑警的天职就是打击犯罪，不管一线还是幕后。"陈敏是这样说的，也是这样做的。

2015年年底，石城县发生多起三轮车被盗案。通过前期工作，基本摸清了犯罪团伙的作案时间、逃离路线。为了将该犯罪团伙一网打尽，决定选择在犯罪嫌疑人再次作案逃离县城的乡间小路上设伏围截。陈敏主动要求坐在车内，把危险留给自己，同事埋伏在路两旁。怎料现场嫌疑人看到横向急停在路中的车辆，瞬间红了眼，紧踩油门猛地撞去，后弃车而逃。受到剧烈撞击，陈敏来不及多想，打开车门跳下来，追了上去。借着微弱的车灯，陈敏紧追不舍，扑向嫌疑人，死死拽着嫌疑人的脚，忍着被脚蹬踢的伤痛，在同事的协助下，捕获犯罪团伙6人。

事后同事欧阳海强问陈敏，当时你不怕吗？万一嫌疑人身上有作案工具，可能就会有生命危险。陈敏淡淡地说，来不及想这些，当时想的就是不让嫌疑人在眼皮底下跑了，让更多的群众受害。

敬业奉献，一心扑向工作。"刑事技术室只有4人，人员少，任务重，年平均要现场执法900余起，还要值班备勤，超负荷工作是常态。陈大看到我们几个是外地人，节假日的值班，他常常顶岗，让我们回家过节。"石城县公安局刑事技术室主任周俊祺说。

2018年4月30日，正值"五一"假期，原本在单位备勤的陈敏，便早早地来到了办公室。他像往常一样，打开现场勘查录入系统，看到仍有一部分发生在乡镇的案件没有及时采集到相关信息，影响到案件的侦办。陈敏放心不下，请示领导后，便独自驾车到几处案发现场采录相关信息，没想到在路途中发生了交通事故，以身殉职。

"到现在，我们还觉得陈敏活着，只不过是出差到外地去了，他是我们的好战友、好领导，始终与我们在一起。"说起陈敏，很多同事都接受不了这个事实，泪水在眼眶里打转。

他是一个不知疲倦的人，工作起来非常忘我，这是许多人对陈敏的评价。"他可以几天不出办公室，吃喝拉撒睡全都在刑警队办公楼解决了！"和陈敏共事的县公安局刑警大队办公室主任温智超如是说。

2011年"清网"行动期间，两个同事被抽调去参加行动，技术室只剩下陈敏一个人，一个人值班，一个人勘查全县所有现场，3个多月的时间里，陈敏每天都坚持在单位值班，每天都坚持把现场勘查好，录入好，从来没有一句怨言。

工作很忙，连吃饭的时间都匆忙。一次同学聚会，菜还没上几个，陈敏匆匆扒了几口饭，就跟同学提出要回去加班。而且，每次同学聚会，陈敏从来不喝酒，因为他总是推托要值班或者可能要出警。

2017年11月21日，陈敏出生才6个月的女儿感冒发烧，当时陈敏正在乡下出案现场，没有时间带女儿去医院看病，在银行工作的妻子也无法分身。无奈之下，来自农村的陈敏妈妈只好独自一人带着孙女到医院看病。待陈敏从乡下出案现场回来时已是晚上。

沉浸在丧夫之痛中的陈敏的妻子一次又一次翻看手机和家里的抽屉，却找不到一张一家三口的合影，原本和陈敏约好过些日子带着女儿照个全家福，为满周岁的女儿庆祝，因值班、临时任务，推延了好几次，没想到竟是终生的遗憾。

### 五、医者仁心护民康

**温昌喜**　幼时的苦难没有将他击倒，他立下宏愿，要做悬壶济世、救死扶伤的医生，他刻苦认真学习后，便回到了家乡木兰乡杨坊村，成为一名乡村医生。40多年来恪尽职守，靠着过硬的医术，奔忙于山乡之间。应村民患者需要随叫随到，从不推诿，从不计较个人得失，他就是全村人最贴心的"金牌医生"——温昌喜，于1989年被评为"全国优秀乡村医生"。

自强不息，立志从医。温昌喜家住偏远山区，6岁那年，由于家境贫寒加上当时的医疗条件落后，一场高烧让他的一条腿落下残疾，给他留下了终身的伤痛，但也使他坚定了学医的理想。中学毕业后，他自费前往石家庄中医职业学校学习，从西医到中医，从理论到临床实习历时4年，回乡后又多次参加县里举办的医学知识技能培训。他自费订阅了各种医学报刊，从中学习新的医疗技术，他每每想起自己因为一场疾病导致终身残疾，便下定决心不让这样的悲剧再次发生。他毅然放弃出外"淘金"的机会，扎根生养他的家乡，做一名乡村医生。他行医40多年，通过不断地刻苦学习，积累了丰富的经验。如今，他能熟练地处理村民的各种常见病、多发病，真正实现了村民"小病不出村"的朴素愿望。

情系患者，医者仁心。木兰乡杨坊村有15个自然村组，其中5个地处偏远，平均路程在3公里以上，给村民看病带来极大不便，因此作为杨坊村唯一一名乡村医生，温昌喜出诊频繁，不论白天黑夜、刮风下雨，时常能见他穿梭在乡村小道的身影。由于道路崎岖陡峭，他又有一只腿脚不便，跌倒摔伤是常有的事。2022年，一次寒风刺骨的深夜中，村民温某财母亲突发高烧。已进入梦乡的温昌喜被一阵急促的敲门声惊醒，了解情况后他二话没说，背起药箱走入黑夜。高一脚，低一脚走着，路滑坡陡，竟然掉倒，滑进了1米多深的土坑里，他顾不得擦洗伤口，爬起来又继续赶路。终于艰难地赶到患者家里，为病人诊疗后，回到家中已是凌晨3点多，这时才发现自己的臀部及肘关节沾满了鲜血，伤口开始火辣辣地刺痛。第二天，温某财登门道谢，看到他为了诊治自己母亲的疾病而受伤，心里既感动又愧疚。温昌喜从医40余年来，把治病救人作为第一要务，从不过问患者诊疗费用的多少，对贫困户、残疾人患者、危重病人直接免收费用。他常说："生命是高贵的，而高贵的生命是金钱无法衡量的。"

温昌喜

任劳任怨，无私奉献。基层的工作千头万绪异常复杂，加班加点是常有的事。在负责的健康档案的建立和重点人群的随访工作中，他任劳任怨，面对群众不理解的问题，也总是耐心细致、不厌其烦地解释宣传。每次重点人群随访结束，无论多晚都要第一时间把随访结果录入电脑，由于年龄偏大电脑操作不熟练，常常是饿着肚子一忙就到深夜。村民受传统思想误导，对健康体检不理解，不重视，每年开展健康体检工作都是一个难题，而他总是挨家挨户进行思想动员，一次不行，就二次、三次，直至每人都理解参加体检。他走遍每一个角落，不丢掉一个对象。他看淡钱财，免费为全村60岁以上341位老人检查身体，量血压、测血糖……，他为患者垫付医药费，也就成了一件常有的事。竹山下小组何某云年老体弱多病，无法参加劳动，妻子双目失明，家庭生活极其贫困，其妻子经常剧烈头痛，经常到诊室治疗却付不起医药费，后来感到欠的药费过多，不好意思到他开办的卫生室就诊治疗。温昌喜通过邻居了解到这一情况后，便定期背上药箱，免费为何某云的妻子治疗。几十年来，免费服务全村的患者达到3000多人次，减免困难患者医疗费用达2万余元。

"医者仁心、大爱无疆。"温昌喜40多年如一日地一直奉行着这一信念。

# 第四节　淳朴好客风情浓

淳朴好客是客家人最显著的特征。客家石城人血脉里流淌着的淳朴好客，犹如一颗珍珠，无论在哪个时代的长河里都散发着熠熠光芒……

## 一、风行请客不收礼

石城请客不收礼历经了"请客收礼""以宴答善""请客退礼""不收不送""请客不收礼、节俭办宴席""婚丧从简"等6个阶段20多年的破与立，成为全省移风易俗改革领域的示范品牌。

### 从"请客收礼"到"以宴答善"

早年间，石城还是一个落后的山区小县，群众虽生活拮据，但尊师重教蔚然成风，不少农村孩子考上中专或大学后，父母东借西凑后，只好通过办一场酒席"请客收礼"来凑齐学费。婚丧嫁娶、搬家乔迁、生日祝寿等宴请也普遍存在"请客收礼"现象。

随着百姓生活水平的提高，酒席名目日益增多，且礼金数额和酒席规模也节节攀升。群众常常因为"请客送礼"而背负沉重的人情负担和经济负担。

为尊重老人，减轻他们的送礼负担，群众对年事已高、收入有限的叔伯等老人群体进行"退礼"。然而真正引发大范围不收礼的是宗族精英、外出返乡人群出于声望选择的不收礼。

屏山镇长溪村是一个千年古村，村内尊师重教，学风浓厚，人才辈出。村里不少年轻人外出务工，留守老人、小孩受到淳朴乡邻的热情关切、悉心照料。部分乡贤返乡后，心怀感激，就借助父母生日等机会宴请村民以表感谢。这种"感谢宴"自然是没有收礼的，而这也是石城请客不收礼的雏形。

从"先收后退"到"不收不送"

20 世纪 90 年代后,石城县历任领导班子看到群众因为"请客送礼"而苦不堪言,便开始在一些会议上或公众场合要求党员干部带头净化风气,对请客不收礼、节俭办宴席等行为进行小范围的规范引导。

全县第一个"吃螃蟹",率先带头请客不收礼的党员是屏山镇长溪村退休教师赖德水。

1997 年,赖德水举办 70 岁寿宴,他在请柬上特意注明:"来了即是心意,喝酒不必送礼"。

寿宴当天前来拜寿的宾客们依旧手持红包,赖德水便一一记录在册,宴席结束后逐一登门退礼。

一时间,"赖德水请客没收礼"迅速在周边村庄传开。在老党员、老干部的参与和示范带动下,长溪村于 1997 年成立赖氏宗祠祠委会。祠委会成员首先带头"请客不收礼",然后在宗祠后裔中推广,同时要求亲朋好友带头响应。渐渐地,越来越多村民也开始效仿……长溪村率先在全县刮起一股"请客不收礼"的新风。

经过一个反复、渐进的过程,来自长溪村的新风,逐渐吹到所在乡镇乃至县城。为了让这股新风吹遍大街小巷,石城县因势利导,要求党员干部示范带头,引导群众自觉参与,一石激起千层浪,"请客不收礼"受到广大群众积极响应。

同时,结合客家宗祠维系亲情、传承文化的特性,石城县建立了"党建 + 宗祠 + 乡风文明"的模式,通过发动宗祠成员和德高望重的老党员、老干部等言传身教,全力宣传推介文明新风,"请客不收礼"渐渐成了群众自觉行动和社会共识。

2007 年,主人请客时会先申明不要送礼,有的客人赴宴时仍会随身带红包,主人则当场拒收退回,慢慢形成主人不收、客人不送礼的习惯。

直到 2010 年,"请客不收礼"的风气在石城百姓心中基本达成了共识。

"请客不收礼"
深入人心

### 从"石城免礼"到"婚丧从简"

"请客不收礼"的范围从祝寿、升学、开业，逐步延伸到乔迁、结婚、丧事等所有类别，不收礼对象也扩展至所有宾客。

近年来，石城县积极探索创新，进一步深化移风易俗改革，全力推进"婚事新办""丧事简办"，扎实做好"请客不收礼"的后半篇文章。组建"喜事新办"和"丧事简办"两支服务队，引导村民节俭设宴办喜事、文明庄重办丧事。

喜事方面做细婚事礼俗引导，用好婚俗基地，提供新婚礼仪辅导、集体颁证、集体婚礼等服务，大力弘扬简约适度、现代文明的婚俗新风；丧事方面充分用好"丧事简办"服务队，革新传统丧俗，简化流程、缩减时间、节省开支，目前一场新式丧事办下来只需两万元，足足省下三四万元。过去大操大办、厚葬薄养的旧习气被彻底改变，"婚事新办、丧事简办"逐步被群众所接受，成为石城县新的文明礼俗。

### 二、提酒上门客情浓

客家习俗源远流长，丰富多样，正月初一的祖堂"拼桌共庆""提酒上门"宴请、元宵"请新年客"、春天请帮工插秧的"栽禾东道"、小年前后宰杀年猪的"杀猪饭"、正月十一庆贺头年新增人丁的"添丁酒"等，无一不体现着石城客家人的热情好客与质朴友善。

"提酒上门"的风俗最早来自"回门"。"回门"是石城客家女子出嫁后首次回娘家探亲，新女婿要备厚礼上门且讲究颇多。岳母大人在准备宴席时，还要亲手煮一碗酒娘蛋招待新女婿。新女婿要坐上席，除了女方男丁和叔伯作陪外，附近的亲戚和邻居们听闻新女婿上门的爆竹声响后，还会自备酒菜，用竹篮提到出嫁女子家，共同接待这位新女婿，并依次轮番敬酒，以上宾礼待之。

"提酒上门"基于两方面因素，一是继承了客家人热情好客的传统，二是因过去物资匮乏，特别是七八十年代以前，乡亲们的生活普遍拮据，拿不出太多像样的酒菜来接待新女婿，故而亲戚邻居"提酒上门"，帮衬女方把这桌"回门宴"办得更像样、更体面一些，而不至于让女方家在新女婿面前丢了颜面。

随着时代的进步和群众生活条件的改善，"提酒上门"的习俗也在不断地演变，改为挨家挨户宴请新女婿，即亲戚邻居各家自摆一桌，请一对新人上门享用宴席。有的每到新年，新女婿给老丈人拜年时，也会被亲戚邻居们请去各家享宴。

近年来，随着百姓生活条件进一步改善，"提酒上门"帮衬的习俗也渐渐淡化，但石城客家人刻在骨子里的热情好客却没有消失。

不少村里的乡贤在外开办企业，致富后不忘桑梓情，捐钱回村修路、修桥、扩建校园、资助困难学生、解决村民就业等。乡贤回乡时，有的村民也会提着酒菜上门以表感激之情。

"提酒上门"只是客家石城人表达热情、好客、友善的一种方式，只要热情、好客、友善的客家精神从未改变，"提酒上门"的习俗就不会消失，尽管它以各种方式演变着……

### 三、知青岁月情谊长

在 19 世纪 70 年代，数百名十五六岁、初中刚毕业的上海娃子来到距离家乡上海 1800 多公里外的偏远乡村——石城县，接受"贫下中农的再教育"。从繁华大都市的车水马龙到穷乡僻壤的物质匮乏，从家里的宝贝疙瘩到换上粗布衣裳，他们能很快适应环境，离不开淳朴的石城老表的真情接纳和实诚相待。

在上海知青胡翔记忆中，来到石城的最初几个月，自己因水土不服，脚上大面积起脓包、发痒、溃烂。乡知青办得知情况后专门送来了膏药，但效果甚微，村民见状还为他采来了草药治疗。同时，石城百姓质朴热情，家里有什么好吃的，总想着拿出来招待他们。

同样被历史巨浪"拍打"到石城，被分配在小松罗源大队 15 队的上海知青吴兆华记忆中，因她害怕老鼠、蟑螂，生产队队长让他女儿每晚过来与她做伴，陪她一起入眠。

让吴兆华记忆最深的是生产队队长的父亲，一位 57 岁的廖老伯！每次出工前，他总是缓缓地一边抽着水烟，一边安排农事分工，然后扛起锄头，挥一挥手说道："兆华，跟我走！"

起初，吴兆华分不清杂草和水稻，她总是被分配与廖老伯一起给豆田锄草的工作。四垄豆田，廖老伯总是自己锄三垄较长的田，只留下一小垄给她锄。到了要挑谷子的时节，廖老伯总是说："兆华，挑那个小箩筐跟我走！"他还多次特别吩咐其他村民不要给吴兆华挑的担子里装那么满……

年近七旬的上海知青梁长根一直珍藏着一个不太起眼的小红布包，里面装的是一张张被他视若珍宝的泛黄信笺。

原来，那是梁长根在石城任教 5 年后的 1979 年，他要回到上海之际，学生、同事、领导纷纷送上的临别赠言，以表对他的不舍之情。小松小学校长邓继鸿写道："长根友来赣十个春秋，根深叶茂友谊花更鲜。拜农为师态度谦，祖国需要乃志坚。认真教学效果真，鲜红历史还需耐心填。路遥方知马力足，并有长征永向前。"好友兼同事的李佑生写道："长根友，来赣已度十春秋。十春秋，为人忠实，品质优秀。今日将要返沪去，实现四化出智谋。出智谋，祖国壮丽，江山景秀。"字里行间充满着石城百姓对梁长根的不舍与祝福，而保存了半个世纪的泛黄信笺也是梁长根对石城老表的想念与牵挂……

在梁长根的回忆中，住在他旁边的石城百姓李发松和李发茂对他特别好，他自己独立下厨房做饭，开始时其蔬菜基本上都是他们两家供应的，"俩李"家里有点好吃的就要请知青们去。李发松的小女儿是孩子王，带一帮孩子帮知青们砍柴。生产队长李石秀对知青也很照顾，总是拣一些轻松的、干净点的活给他们，还经常请他们吃饭。

吴兆华（中）
演出剧照

在淳朴的石城百姓们都抢着送温暖的氛围下，一批批上海知青很快适应了石城的生活，渡过了生活成长中一道道的难关。

### 四、街头巷尾真情在

他们是你我身边最普通的一群人，他们在石城这个小县城中过着大多人般平凡而普通但又踏实的生活，他们或许正与您擦肩而过，或许在某个转角处向您迎面走来，也或许您就是他们中的一员……

十年不变的"无人豆腐摊"。在县城东城北大道的一家超市附近，有一个无人售卖的豆腐摊。过往行人自助购买豆腐，十年来摊主几乎没有损失一分钱。

原来，摊主刘某在 2014 年因缺人手，抱着试一试的心态，把一摊豆腐放在人流量较多的县西华北路复烤厂（现改建为县博物馆）附近售卖，边上放个塑料袋供顾客"自助结账"。令他没想到的是，一天下来，豆腐一售而空竟没少一分钱。有了这次大胆尝试，之后摊主便每天用铁架在路边的屋檐下撑起了"无人豆腐摊"。虽没有摊主，但前来购买的顾客已习以为常，自行选购、结账、打包，全程自助。

2019 年，摊主刘某因搬家，把豆腐摊挪到了东城北大道。他每天将价值 200 多元的豆腐、豆腐干和油豆腐摆放在摊上，就去忙其他事。虽然豆腐摊的地址变了，但不变的是每次算账都分文不差，也从未发生钱物被盗的现象。卖家对顾客放心，买家也用实际行动回应了摊主的信任。小小的"无人豆腐摊"不仅见证了人与人之间的诚信，更展现了石城县的淳朴民风。

原味十足的石城水饺店。石城薯粉水饺是客家先民在南迁途想念北方水饺，便就地取材，用红薯粉与芋头混合，搅拌揉捏制成饺子皮，包以馅料，流传至今。

位于石城县琴江镇东华北路，有一家 40 年的石城水饺店。这个店面积不大，墙上却挂着不少牌匾："海峡两岸首届客家小吃比武特金奖""石城县餐饮行业商会优秀副会长"……

店长黄师傅认为，包饺子跟做人一样要讲实诚，食材一定新鲜优质，且用足。原来，薯粉水饺制作时一定要用新鲜的前腿猪肉做馅才有鲜甜味，薯粉与芋头的比例必须是一比一才有嫩滑的口感。哪怕是少放一两肉、少放两个芋头包出的饺子口感都会一落千丈！

薯粉水饺

本着实诚用料的原则，黄师傅家的水饺皮薄馅多，鲜香滑嫩，备受顾客喜爱。来店里打短工、当学徒的人也纷至沓来，黄师傅都毫无保留地把包饺子的精要倾囊相授。

"实诚做人，传承和发扬石城客家美食"是黄师傅一直以来的宗旨与梦想。他不仅仅让石城美食香飘万里，更把"实诚"精神用美食的方式呈现在大众眼前。

诚信待客的外籍人饭店。位于琴江公立幼儿园旁有一家宁都饭店。小肉丸、大块鱼、三杯鸡、牛三宝、口水鸭……菜品丰富、种类齐全。

有位顾客结完账正准备走时，被老板娘拉住了！原来是顾客多付了餐费，老板立即把多付的钱退给顾客。

老板娘说道："我们虽是小本生意，但也要以诚信为本，这样才会有回头客呀！不要说几十元钱，上周有位顾客把包落在店里，我们也是原封不动地还给他的，里面还装了几千元现金呢！"

"是呀，石城人实诚，民风淳朴，我们才决定来这里安家落户、开店谋生，石城本地人对我们外乡人都很友善包容，我们更要以诚信的行为对待每一位顾客！"来自宁都县的饭馆老板走过来接着说道。

大道至简，平凡见真章。石城正是以诚信友善、热情好客之心张开双臂，包容与迎接每一位外来创业者，兰州拉面、沙县小吃、重庆火锅、东北炖锅、潮汕砂锅粥、老北京铜锅……五湖四海各界美食纷至沓来，宜居宜业宜游的"石泉食美"石城喜迎八方来客。

## 五、客家茶道淳朴情

赣南的东北角石城县，毗邻福建宁化，是古时客家人迁徙的中转站，属纯客家县。当地流行吃茶的风俗，稠度近粥的是"米茶"，汤多色斓的是"擂茶"。同为"茶"，两者色泽汤底不一、材料制法不一、用途场景不一，但都能令人唇齿留香、充饥饱腹。

擂茶，在石城也叫盐茶，用上擂茶三宝——擂钵、擂杵、竹篾捞子工具操作。先把茶叶、车前草、薄荷叶、陈年猪膏、生姜、芝麻等原料，放擂钵内，用擂杵反复舂捣、研磨至泥糊状，俗称"茶泥"；同时将粉干、腰豆、豇豆、豆干、小肠等食材烹炒备用。

食用时，先放粉干等熟料放入碗中，加上一勺热水冲泡的茶泥，佐上炒米、花生、豆子，一碗集香、脆、辣于一体的盐茶就呈现在眼前了。除了米茶的饱腹作用，擂茶还具有生津止渴、防风祛寒、开胃健脾、清热解毒、清肝明目、润肤美容、延年益寿之功效。劳作后回来喝上几碗，一天的辛苦便烟消云散；客人远道而来，喝上一碗，便可提神醒脑，充饥益体。真可谓"药食兼佳，味中有味"。

相比擂茶，石城还有一种更显正式的"茶"，那就是米茶了。

米茶略稠如粥，色灰如浆，制作程序稍显复杂。先要在头晚把粳米浸泡，清早磨成米浆，倒入锅中文火熬制，浓稠后加入炒制好的香菇丁、豆干丁、萝卜丁、豇豆丁、红腰豆、姜丝、油豆腐丝等物，加料调味。入碗后，佐上花生碎、豆子，配着油炸糕吃。就这么吃上一碗，唇齿留香，充饥饱腹。

米茶更显正式，饱腹感更强，适合秋冬季节食用；擂茶食用简便，汤多料丰，适合春夏季节食用。

盐茶

石城的吃"茶"习俗，有人说源于三国，也有人说起于中原，具体已无法考证，只知石城人就是这么一代一代传承下来，婚嫁寿诞、乔迁之喜、金榜题名、亲朋聚会、邻里串门，以"茶"相待；大碗敬，小碗添，尽显主人好客之情。

吃茶的场景，那真是门庭若市、宾朋满座、热闹非凡。帮忙煮茶的，灶前忙灶背，都是自发前来，无须主人邀请；前来吃茶的，门里挨门外，坐蹲靠随你意，无人多劝，反正碗里永远是满的，刚吃到半碗，马上就有帮厨妇人拿勺添上，吃撑走人，因为要给下一波吃茶人腾地。那时，一个屋场、一个村组、半条街……只要有一户人家煮茶，其他家里一般是不开火做饭的，一家全上，主人也笑脸欢迎。吃茶人越多，人气越旺，祝福越多，主人就越高兴。有时遇到路过的陌生人，也会在邀请之列，尽显客家人的热情好客。

市井里巷，聚拢来是烟火，摊开来是人间。这浓浓的好客淳朴情感，犹如客家茶道，化作缕缕香尘。

### 六、热闹过漾好客风

石城县有一个很有特色的客家习俗，在 2020 年 11 月入选了赣州市非物质文化遗产名录，这个习俗就是：过漾。

"漾"在石城客家方言中，含人来人往，人山人海之意，有"喜庆""热闹"的意思。"过漾"即众人来往欢聚，祈福求平安。

关于"漾"的起源及命名。石城县"过漾"习俗，以县东北部的高田镇岩岭片区及靠近福建省宁化县一带的山村为典型代表。以前，此地距离县城70余里，山路崎岖，交通不便，通信亦不发达，村民出于对文化、情感、贸易及婚姻等方面的需求，结合庙会出神、牛马交易日、节日串亲等固有的活动，慢慢形成了"过漾"习俗。

"过漾"起于何时？暂无定考。翻遍历年"石城县志"均无记载，从当地家谱和耆老口口相传得知，从明朝时期起就有这个习俗。据了解，毗邻的福建西部的宁化县也有"过漾"习俗，两地紧连，同为客家迁徙移民，也有类似的"过漾"习俗，可以初步认为，石城"过漾"习俗融入了闽西传统祭祀节日的特色，所以在当地也把该节日称为庙会、出神（菩萨出游）。这是一种民间祈福求平安活动，寄寓安定祥和、风调雨顺、五谷丰登、兴旺发达之意。

"过漾"的"漾"字刚开始在石城文人墨客中还是有过不少争议的。有的说是"漾"，从石城客家方言的意思出发，表示人多热闹，也体现了百姓生活的幸福荡漾；有的说是"穰"，体现人多，往来浩穰；有的说是"禳"，从活动本身的祭祀形式出发，表示祈求风调雨顺、国泰民安。"漾"字更为通俗，被更多人接受，官方也最终认定了"过漾"这个词。其实"漾""穰""禳"含义互兼。

"过漾"虽同在岩岭一域，但每个地方的时间各不相同：黄柏村、堂下村、桂竹村等一般为正月初二至初六，岩岭村为正月初十左右，上柏村为农历五月十三，朱家村为农历七月十六，大秀村为农历八月十五，小秀村为农历八月十六……

"过漾"当天，家家户户尽显好客之情。从早上开始，女主人就将屋里屋外打扫得干干净净，然后，在桌上摆上果品、好菜好酒等待到访客人。不论远亲近邻还是陌生人，凡进屋的人都会被热情邀请喝茶饮酒、吃饭吃菜。

除了摆设酒宴、亲朋聚会，祭祀也是"过漾"的一项重要活动。"过漾"当天，村民会将寺庙的神像抬出巡游周边。要热闹一整天，上午、下午和晚上都非常热闹，寺里白天上演传统的采茶戏，直到晚上。鞭炮齐响，巡游队伍将神像护送回庙宇，"过漾"活动才算结束。

过漾，其丰富的活动形式、内容都令人难忘，热情友善、质朴憨厚的村民，让石城的民俗得到更好的彰显、传承。

琴泉奏不息，石邑响无穷。千载石城，积淀深厚，山川形胜，人文风流。回眸过去，人文和地理辉映，石城的人事景物纷至沓来，犹如一幅风光旖旎的画卷，徐徐展开；历史与现实交融，石城的风土人情余音绕梁，恰似一篇翰墨飘香的诗话，娓娓道来。生养于斯浸润于斯的石城人，徜徉于客家古韵、非遗文化、山川田园中，饮水思源、把根留住之心悄然萌生；流连于红色文化、人物春秋、城乡巨变时，见贤思齐、厚德励志、建设家乡之情潜滋暗长。展望未来，前路漫漫，实诚的石城人，必将继续汇入盛世中国新时代发展洪流，凝心聚力、奋发进取，让锦绣石城更加妖娆，让实诚名片更加亮丽，永续传扬。

过漾接神

塔桥辉映

古城新姿

# 后 记

　　为全面介绍石城山水风情、宣传石城人文精神，扩大石城影响力、提升石城美誉度，根据县委主要领导点题，2022 年县政协开始策划《石城是我家　我是实诚人》一书，赖松林任主编，董外院任副主编。该书力求充分展现石城人民实实在在、诚心诚意的人文风貌和精神价值，既是县政协编纂的文史专辑，也是传承"实诚精神"的乡土教材。是年底，我们精心挑选写作能力强且有兴趣爱好的人员组成专班，起草提纲，明确分工。2023 年 2 月 28 日，召开第一次编撰委员会成员会议，重点讨论编撰提纲，提出工作要求，标志着该书编撰工作正式启动。

　　根据安排，刘敏负责上篇"石城是我家"，黄泳川牵头负责下篇"我是实诚人"。下篇部分，黄泳川负责第一章"家国与共，忠诚担当"，黄运洋负责第二章"崇文重教，育才兴邦"，刘敏负责第三章"固本守正，清正廉明"，赖礼三、谢莲秀、廖令鹏负责第四章"敬业乐业，自立自强"，曾松根、李方圆负责第五章"诚信友善，淳朴好客"。严有华负责对外联络及文稿收集。为抓紧时间完稿，编委会每月召开一次调度会，作者汇报工作进展情况，对存在的问题研究相应对策。

　　2023 年 3 月 22—24 日，副主编董外院率部分作者分别到东莞市、深圳市召开相关座谈会，并采访部分石城籍商界精英，为写好"敬业乐业，自立自强"打下了坚实基础。在编辑整理过程中，我们参阅了《石城县志》《人文石城》系列丛书等史料志书。同年 8 月初，全书文稿基本完成。编委会成员审阅后发现存在重复、遗漏等不足之处，遂组织作者进行修改。9 月底，收齐全部修改稿。10 月，刘敏、黄泳川对全书文稿统稿校对。11 月，编委会成员再次对全书文稿进行讨论，提出一些修改意见。

2024 年上半年，重点对下篇第五章进行修改，并将"诚信友善，淳朴好客"改为"孝悌仁爱，淳朴好客"，并邀请巫志强负责从"中国好人""江西好人""赣州好人""石城好人"榜中收集石城籍人物典型事迹，黄运洋负责收集古代"孝悌仁爱"典型事迹，6 月底最后定稿。历时一年半，《石城是我家　我是实诚人》一书的编撰工作到此画上句号。其间，主编赖松林、副主编董外院对全书文稿进行反复审阅，并提出许多宝贵意见。

由于"实诚精神"涉及内容广泛，很难精准概括，加之编者水平有限，因此，本书难免存在错漏和不足之处，敬请广大读者批评指正。本书编撰工作得到中共石城县委、石城县人民政府的高度重视和大力支持，县财政安排了专项工作经费，在此一并致以诚挚谢意。

《石城是我家　我是实诚人》编委会

2024 年 6 月